Hans Partschefeld
Viel zu schnell erwachsen

Hans Partschefeld

Viel zu schnell erwachsen

Zeitzeugenbericht eines Flaksoldaten

rosenheimer

Erzählt nach dem Bericht des Autors. Die Geschehnisse militärischer und ziviler Natur entsprechen den Tatsachen. Wo Persönlichkeitsrechte der seinerzeit beteiligten Personen verletzt werden könnten, sind die betreffenden Eigennamen geändert bzw. verfremdet worden. Eventuelle Ähnlichkeiten mit derzeit lebenden Personen sind daher rein zufällig und unbeabsichtigt.

© 2006 Rosenheimer Verlagshaus GmbH & Co. KG, Rosenheim

Lektorat und Satz: VerlagsService
Dr. Helmut Neuberger & Karl Schaumann GmbH, Heimstetten
Titelfoto: Köln, zerstörte Hohenzollernbrücke: © Ullsteinbild; Klassenfoto und Zeugniskopie © Hans Partschefeld
Druck und Bindung: Ebner & Spiegel, Ulm

ISBN 3-475-53679-X

Inhalt

Meiner Frau Helga
in Liebe und Dankbarkeit

Vorwort

Ein Buch, das den Kriegsdienst eines Siebzehnjährigen
zum Ende des Zweiten Weltkrieges zum Thema hat,
bedarf meines Erachtens heutzutage eines Vorwortes.
Zu Lebzeiten Konrad Adenauers wäre das noch nicht
notwendig gewesen. Für mich war er, der große Alte aus
Rhöndorf, zum Zeitpunkt meiner Flucht aus der DDR
Anfang Mai 1957 eine Lichtgestalt, ein Leuchtturm der
Freiheit für einen von Hitler für dessen Ziele miss-
brauchten und später von den Kommunisten des SED-
Regimes bitter enttäuschten jungen Menschen.

Eines der dramatischen Ereignisse, die meine kurze
Zeit des Kriegsdienstes kennzeichnen, geschah am 13.
April 1945. Damals versuchten wir, zwanzig aus Leipzig stammende Jungkanoniere einer 8,8-cm-Flakbatte-
rie, befehlsgemäß den von den Amerikanern um den
Ruhrkessel gezogenen Ring bei Bergisch-Gladbach zu
durchbrechen. Schwer bewaffnet waren wir im Morgengrauen von der nur wenige Kilometer von dieser

Stadt entfernten kleinen Ortschaft Voiswinkel aufgebrochen. Der Leutnant, wenige Tage zuvor noch Oberfähnrich, ein harter, aber zugleich tapferer Mann, führte uns an. Kurz vor dem Auftauchen der ersten Häuser
sprangen wir von unserem LKW, entfalteten die mitgeführte Reichskriegsflagge, stimmten das Deutschlandlied an und stürmten nach Bergisch-Gladbach hinein.
Dort allerdings hingen bereits die weißen Fahnen aus
den Fenstern.

Wir 20 17-Jährige, von denen ich eben sprach und
ausführlich noch erzählen werde, wollten keine Helden
sein. Aber mit Recht hätte man uns als Patrioten
bezeichnen dürfen. Was ist ein Patriot? In der Literatur
habe ich eine Definition gefunden, die ich jederzeit
akzeptieren kann. Hiernach ist ein Patriot ein Mensch,
der sein Vaterland, seine Heimat, sein Volk liebt und
diese Haltung verbindet mit der Achtung vor den
Angehörigen anderer Völker. Auch von dieser Achtung
anderen gegenüber werde ich aus meiner Kriegszeit
berichten können.

Es ist zum Zeitpunkt des Erscheinens meines hier
niedergelegten Zeitzeugenberichtes für einen Deutschen nicht selbstverständlich, sich offen als Patriot zu
bekennen. Umso mehr hat es mich gefreut, in Sebastian
Haffner, dem 1999 verstorbenen Journalisten, einen
Fürsprecher zu finden. Dieser von mir hoch geachtete
jüdische Autor, der brillante Schriften über das Wesen
des Dritten Reiches veröffentlichte, schließt seine
»Anmerkungen zu Hitler« (Berlin 1978) mit den Worten: »Und noch weniger gut ist, dass viele Deutsche sich
seit Hitler nicht mehr trauen, ein Patriot zu sein …«

Einberufung in Leipzig

Am 1. Januar 1945 begann ein schicksalhaftes Jahr für Deutschland, für die Welt, aber auch für mich ganz persönlich. Im April 1945 starben drei Politiker kurz hintereinander: Franklin D. Roosevelt, den seit 4. März 1933 regierenden 32. US-Präsidenten, ereilte der Tod am 12. April. Der italienische Diktator Benito Mussolini, der »Duce«, wurde am 28. April von italienischen Partisanen erschossen und am nächsten Tage aufgehängt. Hitler starb von eigener Hand am 30. April. Am 8. Mai 1945 kapitulierte Deutschland. Damit war der Zweite Weltkrieg zunächst in Europa zu Ende.

Noch an Roosevelts Todestag hatte Hitler in seinem Bunker unter der Reichskanzlei Hoffnung geschöpft, die Allianz seiner Gegner könnte zerbrechen, und sein Propagandaminister Joseph Goebbels bestärkte ihn in diesem Glauben. Beide dachten an »das Wunder des Hauses Brandenburg«. Aber die Wunder, die Friedrich den Großen 1759 und 1762 retteten, traten im April 1945 nicht ein. Wie war es im Siebenjährigen Krieg (1756–63) zu diesem »Wunder« gekommen?

1759 verlor der Preußenkönig Friedrich II., den man schon zu Lebzeiten den »Großen« nannte, die Schlacht bei Kunersdorf. Es war dies der schwerste Schlag, der den König je getroffen hat. Seinem Minister, dem Grafen Finkenstein, schrieb er damals: »… mein Rock ist von Kugeln durchlöchert, zwei meiner Pferde wurden erschossen. Mein Unglück ist es, dass ich noch lebe.

Unsere Niederlage ist sehr beträchtlich: Von einer Armee von 48 000 Mann sind mir knapp 3000 verblieben. In dem Augenblick, wo ich dies berichte, flieht alles und ich bin nicht mehr Herr meiner Truppen ... Ich habe keine Ressourcen mehr und glaube, offen gestanden, dass alles verloren ist. Ich will nach dem Untergang meines Vaterlandes auf keinen Fall weiterleben ...« Jedoch brachte dieser Sieg für die verbündeten Russen und Österreicher nicht den erhofften Gewinn der später »Siebenjähriger Krieg« genannten Auseinandersetzung. In Anbetracht der beträchtlichen Verluste der Russen, sie verloren in dieser Schlacht 24 000 Mann, konnte man fast von einem Pyrrhussieg sprechen. Daher weigerte sich der russische General Saltykow, seine erschöpften Streitkräfte gemeinsam mit der unter dem Befehl des Generals Laudon stehenden österreichischen Armee auf die von preußischen Truppen entblößte Hauptstadt Berlin marschieren zu lassen.

Friedrich II. nutzte die Unschlüssigkeit seiner Gegner. Er ließ die letzten Reserven an Menschen und Material heranführen und befreite sich aus der Umklammerung. Dann ergriff der König, dank seiner unbestrittenen strategischen Fähigkeiten, wieder die Initiative in einem Kriege, in dem er, nach Einwohnern gemessen, gegen eine 20fache Übermacht kämpfte!

Gerettet wurde Friedrich der Große schließlich durch den Thronwechsel in Russland. Seine ärgste Feindin, die Zarin Elisabeth, starb am 5. Januar 1762. Der Nachfolger, Peter III., ein Neffe der verstorbenen Zarin, war ein glühender Bewunderer des Preußenkönigs. Er schloss kurz nach seiner Thronbesteigung einen Sepa-

---

* Zit. nach Christopher Duffy, Friedrich der Große – Die Biographie, 2001 Patmos Verlag

ratfrieden mit Friedrich II. und gab die eroberten Gebiete an Preußen zurück. Peter III. schickte sogar dem Preußenkönig ein 20 000 Mann starkes russisches Korps zu Hilfe.

Das Ausscheiden der Russen aus der Allianz führte schließlich zur Auflösung der Kriegskoalition jener Mächte (Russland, Österreich, Frankreich, Schweden, Sachsen und die deutsche Reichsarmee), die, wie die österreichische Kaiserin Maria Theresia, in dem Preußenkönig die »Inkarnation des Bösen« sahen.

Der Siebenjährige Krieg endete 1763 mit dem Status quo. Friedrich der Große blieb im Besitz Schlesiens, das er 1740/42 im Ersten Schlesischen Krieg erobert hatte.

Eine derartige Wende des Kriegsverlaufes wie 1762 erhoffte sich im April 1945 Hitler noch kurz vor seinem Untergang vom Tode des US-Präsidenten Roosevelt. Aber konnte er wirklich annehmen, dass der neue US-Präsident Truman im April 1945 die Fronten wechseln würde, um mit Hitler ein Bündnis gegen die von Kommunisten regierte Sowjetunion zu schließen? Friedrich der Große betrieb zwar eine aggressive Kriegspolitik, bewegte sich in seinem Denken und Handeln aber im Rahmen der Wert- und Moralmaßstäbe seiner Zeit. Hitler hingegen hatte sich durch Rassenwahn und Völkermord außerhalb der gültigen menschlichen Sittengesetze gestellt.

---

* Theodor Schieder, Friedrich der Große, Ullstein Verlag, Berlin

Am 1. Januar 1945 hatten wir, meine Pflegemutter, von mir immer »Tante Lissy« genannt, ihr fünfjähriger Sohn Peter und ich, der Pflegesohn, meinen Pflegevater, von mir immer »Onkel Kurt« genannt, zum Leipziger Hauptbahnhof gebracht. Onkel Kurt, Jahrgang 1906, war seit 1943 Soldat. Sein Weihnachtsurlaub 1944 lief nun ab. Er musste an diesem Neujahrstag die Rückreise zu seiner in Kopenhagen stationierten Wehrmachtseinheit antreten.

Für die Verabschiedung bot der von den Luftangriffen schwer in Mitleidenschaft gezogene Hauptbahnhof eine triste Kulisse. Eine Bombe hatte den Querbahnsteig getroffen, der eingestürzt war. Nur über Planken gelangte man noch zu den Bahnsteigen der insgesamt 26 Gleise dieses Kopfbahnhofes. 1915, im Jahre seiner Vollendung, hatte er als der größte Bahnhof der Welt und zugleich der schönste in Europa gegolten. Wir Leipziger waren immer stolz auf »unseren« Bahnhof gewesen und hatten das auch gezeigt, wenn wir dort Gäste begrüßen und abholen konnten. Daher tat es uns geradezu körperlich weh, wenn wir das geschundene Gebäude betreten mussten.

Noch am zweiten Weihnachtsfeiertag 1944, es war ein Dienstag, hatte sich die vielköpfige Familie Hillmer bei den Großeltern versammelt. Vor allem die Eltern und die Geschwister wollten dem Sohn bzw. Bruder Lebewohl sagen, ihm noch einmal die Hand drücken. Zu diesem Zeitpunkt wusste ja keiner, ob und wann sie ihn wiedersehen würden. Tatsächlich kam er erst 1948 aus englischer Gefangenschaft zurück.

Es war kein fröhliches Weihnachten in dem zu Ende gehenden Jahr 1944. Wohl hatten die Kerzen an einem wunderschönen Tannenbaum gebrannt, und die Großmutter hatte auch noch für jeden ein Geschenk in

Weihnachtspapier eingepackt. Für die Großen war es etwas kleiner ausgefallen als für uns Enkelkinder. Aber jeden der Erwachsenen hatte die unausgesprochene Frage beschäftigt: Was wird aus Deutschland, wenn wir den Krieg verlieren?

Jeder kannte die aktuelle Kriegslage. Sie ließ kaum mehr Hoffnung auf einen deutschen Sieg aufkommen. Weder die so genannten Vergeltungswaffen, V 1 und V 2, noch die zum Ende des Jahres 1944 im Westen gestartete Ardennen-Offensive hatten die Wende gebracht. Einige seiner Geschwister, allen voran seine Schwester Hilda, hatten daher an diesem zweiten Weihnachtsfeiertag ihrem Bruder Kurt geraten, zu desertieren und bis Kriegsende unterzutauchen.

Onkel Kurt hatte bis zu seiner Einberufung zum Wehrdienst im Frühjahr 1943 als Werkmeister in der weltbekannten Leipziger Wollkämmerei gearbeitet. Er war kein Nazi, wohl aber ein von klaren Prinzipien und Wertvorstellungen geprägter Mensch. Aus seiner Einstellung machte er Dritten gegenüber kein Hehl. Er erklärte, er habe einen Eid geschworen. Seine Kameraden, die ihren Dienst in Dänemark leisteten, würden fest mit seiner Rückkehr rechnen. Er müsse seine Pflicht tun und könne sie daher nicht im Stich lassen. Selbst sein jüngerer Bruder Herbert, der als Soldat im September 1939 bei den Kämpfen um Warschau sein rechtes Bein verloren hatte, meinte, Kurt solle so handeln, wie es ihm sein Gewissen befehle.

Tante Lissy, die ihren Kurt genau kannte, hatte, trotz aller Sorgen um den geliebten Mann, gar nicht erst versucht, den Einflüsterungen seiner Geschwister mit ihrer Stimme Gewicht zu verleihen. Auch seine Eltern, also meine Großeltern, achteten den Standpunkt ihres Sohnes Kurt.

Auf dem Bahnsteig konnte Tante Lissy nur mühsam die Tränen zurückhalten. Auch mir fiel kein passendes Abschiedswort ein. Onkel Kurt, der früher so frohe und zu Scherzen aufgelegte Mann, schaute uns mit traurigen Augen an.

Ich dachte zurück an die Jahre 1938 bis zu seiner Einberufung im Jahre 1943, wo er mit mir in seiner Freizeit oft Tischfußball gespielt hatte, als wäre er selbst noch ein Junge. Verlieren wollte damals auch er nicht. Es ging immer hoch her. Es wurde zweimal zehn Minuten gespielt, genau nach der Uhr. Manchmal fiel erst im letzten Moment das Siegtor. So musste ich mich jetzt arg zusammennehmen, um nicht einfach loszuflennen. Abschied nehmen am Bahnhof, das ist schon in Friedenszeiten oft eine traurige Sache, aber unter solchen Gegebenheiten berührt die Trennung Herz und Seele.

Noch war der Urlauberzug am Gleis 17 nicht eingefahren. Zwar sollte er planmäßig bereits fünf Minuten später den Bahnhof in Richtung Hamburg verlassen. Aber wer wusste schon, wo der Zug, der aus München kam, hängen geblieben war. In diesen Zeiten war Pünktlichkeit relativ.

Über Halle, Magdeburg, Stendal, Salzwedel, Uelzen nach Hamburg würde die Strecke führen; dann weiter über Neumünster, Flensburg, auf dänischer Seite nach Fredericia gehen und schließlich nach nahezu eintausend Kilometern in Kopenhagen enden. Eine fast 24 Stunden dauernde Fahrt würde viel Zeit lassen für einen Rückblick auf alle früheren Stationen des Lebens, aber auch zum Grübeln über den anzunehmenden Kriegsausgang und dessen Konsequenzen.

Plötzlich machte sich Unruhe unter den zahlreichen Wartenden bemerkbar. Der Zug kam und hatte doch nur eine Viertelstunde Verspätung. Hastig griff mein

Pflegevater nach seinem Tornister und dem Karabiner. Er warf seine große Reisetasche durch ein offen stehendes Abteilfenster. Es dauerte eine Weile, bis alle Soldaten einen Platz gefunden und das Gepäck verstaut hatten.

Nun begann das eigentliche Abschiednehmen. Schon rief der den Zug begleitende Beamte: »Bitte beeilen, der Zug fährt in wenigen Minuten ab!«

Tante Lissy ließ nun ihren Tränen freien Lauf. Auch ich umarmte den geliebten Pflegevater immer wieder, und Sohn Peter klammerte sich an dem Vater fest. »Bitte, alle nicht mitfahrenden Personen mögen den Zug verlassen!«

Die Aufforderung war klar und deutlich aus dem noch intakten Lautsprecher zu vernehmen. Jetzt standen alle, die von ihren Soldaten Abschied nehmen mussten, an den noch immer offen stehenden Abteilfenstern, manche an den geöffneten Zugtüren.

»Türen schließen«, hieß es jetzt. Der Bahnhofsbeamte hob die Kelle und gab das Zeichen für die Abfahrt des Zuges. Langsam setzte sich dieser in Bewegung. Fast schien es, als wäre er lieber im Bahnhof geblieben.

Wir drei, Tante Lissy, Peter und ich, schauten wie viele andere dem Zug nach, der jetzt die zerstörte Bahnhofshalle verließ. Noch lange glaubten wir, das Tuch zu sehen, das der Mann, der hier Ehemann, Vater und Pflegevater zugleich war, aus dem fahrenden Zug flattern ließ.

Erst jetzt bemerkten wir die klirrende Kälte. Am Morgen dieses Tages hatten wir am Thermometer 15 Minusgrade abgelesen. Wir verließen wortlos den Bahnhof. Auf dem Vorplatz bestiegen wir einen Wagen der Straßenbahnlinie 2 und fuhren bis zur Endhaltestelle im Stadtteil Sellerhausen. Selbst Peter verhielt sich ganz ruhig. Es war ein besonderes Glück in jenen Tagen, dass unsere Wohnung in der Macherner Straße 4 bisher unzerstört geblieben war. Gegen 22 Uhr ging ich an diesem traurigen Neujahrstag zu meinen Großeltern. Denn Onkel Kurt, mein Pflegevater und Vormund, war, als er 1943 von seiner Einberufung zum Wehrdienst erfahren hatte, mit seinem Vater, also meinem Großvater, übereingekommen, dass ich bis auf Weiteres bei den Großeltern leben sollte.

Am 1. April 1944, damals war ich 16 Jahre alt, hatte ich in Leipzig meine Ausbildung zum Exportkaufmann in der Druckfarbenfabrik Berger & Wirth begonnen. Dieses im Stadtteil Schönefeld in der Waldbaurstraße 2 gelegene, mit 120 Beschäftigten relativ kleine, jedoch weltbekannte Unternehmen exportierte in Friedenszeiten seine Produkte in aller Herren Länder. Der Kriegsverlauf schränkte den Aktionsradius aber immer weiter ein.

Berger & Wirth bestand seit 1823 und würde demgemäß 1948 sein 125-jähriges Firmenjubiläum feiern. In der Messestadt genoss dieses Unternehmen hohes Ansehen. Leipzig war damals Verlagshauptstadt Deutschlands und Sitz weltbekannter Verlage und Druckereien.

Firmen wie Breitkopf & Härtel, die im 19. Jahrhundert den Notendruck mit beweglichen Lettern entwickelt hatten, F. A. Brockhaus mit seinem »Conversationslexikon«; Philipp Reclam mit der weltgrößten Buchreihe, Baedecker mit seinen weltberühmten Reisehandbüchern, und Giesecke & Devrient, Spezialisten für den Druck von Banknoten und Wertpapieren, haben zusammen mit vielen anderen zum hohen Ansehen der Messestadt Leipzig wesentlich beigetragen.

Das gute Betriebsklima bei der Druckfarbenfabrik Berger & Wirth wurde weithin gelobt. Wesentlich hierzu beigetragen hat der Firmeninhaber, Herr Dr. Worlitzer. Er bewies ein hohes Maß an sozialem Engagement. Jeder Betriebsangehörige, auch der Geringste unter den Arbeitern, konnte in schwierigen Situationen, seien sie betrieblicher oder familiärer Natur, den Chef um eine Unterredung bitten. Man musste sich nur bei der Chefsekretärin, Frau Wölfel, anmelden und dort kurz sein Anliegen schildern. Dann bekam man alsbald einen Termin für ein Gespräch unter vier Augen.

Meinem Leben hat diese Möglichkeit, den Firmeninhaber persönlich sprechen zu können, im Herbst 1946 eine entscheidende Wendung gegeben. Dort ist mir der Weg zum Studium der Betriebswirtschaftslehre an der Universität Leipzig geebnet worden. Gemäß einer Vereinbarung zwischen Dr. Worlitzer und der Betriebsgewerkschaftsleitung wurde mir von 1946 bis 1950 ein Stipendium gewährt. Nach zwei Semestern versagte mir die Universität aus politischen Gründen die Befreiung von den Studiengebühren. Daraufhin hat die Firma Berger & Wirth bis zum Diplom auch diese Kosten übernommen.

Dr. Worlitzer war zu Beginn des Jahres 1945 wohl 60 Jahre alt und sah aus, wie man sich einen Universitätsprofessor vorstellt. Er hat geholfen, wo er konnte, mit Rat und Tat. Als ich im Frühjahr 1944 meine Lehre begann, spürte ich sofort die Hochachtung, die dem Firmeninhaber von Arbeitern und Angestellten entgegengebracht wurde.

Die Verbundenheit Dr. Worlitzers mit seiner Belegschaft verhinderte auch, dass er, obwohl nominelles Mitglied der NSDAP, nicht sofort nach Kriegsende von den Kommunisten enteignet wurde. Ende 1945 sprachen sich fast alle Arbeiter und Angestellten in einer Abstimmung offen gegen eine Verstaatlichung der Firma Berger & Wirth aus! Sich in der sowjetischen Besatzungszone für einen Kapitalisten einzusetzen, dazu gehörte in jener Zeit großer Mut.

Ab 1952 bin ich dann in leitender Position tätig gewesen, zunächst in Großbetrieben der ehemaligen DDR und nach der Flucht 1957 in Großunternehmen der Bundesrepublik Deutschland. Dadurch bekam ich auch Einblick in die Unternehmensphilosophien der Top-Manager auf beiden Seiten. Mit Fug und Recht kann ich daher den Inhaber der damaligen Firma Berger & Wirth in Leipzig als eine Unternehmerpersönlichkeit mit stark ausgeprägtem sozialen Engagement bezeichnen. Von ähnlicher Statur waren auch, das darf ich als ehemaliger Quelle-Mann sagen, die Gründer des Versandhauses Quelle in Fürth, Gustav und Grete Schickedanz. Nicht ohne Grund nannte jeder Betriebsangehörige die Chefin nur die »gnädige Frau«. Diese Anrede sollte die Achtung vor der Leistung und dem sozialen Gewissen dieser Frau zum Ausdruck bringen.

Zur Jahreswende 1944/45 gab es bei Berger & Wirth fünf kaufmännische »Lehrlinge«, wie die Auszubildenden damals genannt wurden, und zwar zwei junge Damen und drei Burschen, alle zwischen 16 und 17 Jahre alt.

Der Personalchef hieß Martin Bolkenroth, von uns Lehrlingen nur »Mabo« genannt, war 63 Jahre alt, eine Respektsperson im Hause Berger & Wirth, einfach ein feiner Mann. Im Ersten Weltkrieg hatte er als Oberst in einem sächsischen Garderegiment gedient. Manchmal fiel er in seiner Ausdruckweise uns Lehrlingen gegenüber in jenen aus den damaligen Zeiten gewohnten Befehlston zurück. Seine Haltung war stets kerzengerade und ließ noch immer den ehemaligen Offizier erkennen.

In seinem Büro stand der Schreibtisch am Fenster zum Hof. Kam man in das Zimmer des Personalchefs, so drehte Martin Bolkenroth dem Eintretenden immer den Rücken zu. Uns Lehrlingen oblag im ersten Lehrjahr der abendliche Postdienst. Zugleich mussten wir einmal am Tage den Posteingang sowie die internen Hausmitteilungen den jeweiligen Empfängern zustellen. Brachte man nun die Post zu Herrn Bolkenroth, so befahl dieser militärisch knapp: »Hinlegen.« Er meinte damit natürlich, dass man die Post in den Posteingangskorb legen solle. Jeder im Hause wusste das, nur ein neuer Lehrling hatte davon keine Ahnung.

Am Montag, den 2. Oktober 1944, begann der 16-jährige Rolf Mittag seine kaufmännische Lehre im Hause Berger & Wirth. Den haben wir natürlich sofort am ersten Tag mit den Besonderheiten des Postaustragens vertraut gemacht. Mit ernster Miene erzählten wir Rolf: »Wenn du die Post zum Personalchef bringen musst, dann ruft er, wenn du das Zimmer betrittst, stets im Befehlston ›Hinlegen‹. Das meint er ganz militärisch, denn der Personalchef ist ja im Ersten Weltkrieg Oberst gewesen. Daher musst du dich sofort auf den Boden werfen und warten, bis er dir mit einem neuen Kommando das Aufstehen erlaubt!«

Unsere beiden Mädchen waren Zeuginnen dieses Scherzes, ließen sich jedoch nichts anmerken. Und so kam es, wie es kommen musste. Als der Rolf dann zum ersten Mal mit dem Postzustellen betraut war, musste er bei seinem Rundgang mit seinen Päckchen auch zum Personalchef. Er klopfte an, trat in das große Zimmer ein, nachdem er das »Herein« vernommen hatte, und sagte: »Ich bringe die Post, Herr Bolkenroth!«

Sogleich hörte er das von uns vorausgesagte Kommando: »Hinlegen!«

Rolf sah überhaupt keinen Grund, an der Richtigkeit unseres Hinweises zu zweifeln. Er war ja, genauso wie wir selbst, durch eine paramilitärische Erziehung in »Jungvolk« und »Hitlerjugend«, an das Prinzip von Befehl und Gehorsam gewöhnt.

So schleuderte er die Postmappe mit den Unterlagen im großen Bogen in das Zimmer, er selbst warf sich zu Boden und streckte die Arme und Beine weit von sich. Dabei stieß er noch den Posteingangskorb vom Tisch. So flatterten auch diese Papiere im Raume umher. Es muss das reinste Chaos gewesen sein!

Martin Bolkenroth, so erzählte uns der Rolf später, sei, wie von der Tarantel gestochen, aus seinem Bürosessel hochgefahren, hätte sich umgedreht und gefragt: »Aber Herr Mittag, was ist denn passiert?« Er, der Rolf, sei zunächst auch ganz verdattert gewesen, habe sich aber dann aufgerappelt und versucht, die verstreut im Zimmer herumliegenden Schriftstücke wieder einzusammeln. Geistesgegenwärtig habe er dann gesagt: »Entschuldigen Sie, Herr Bolkenroth, ich bin gestolpert!« Ganz unwirsch sei der Personalchef gewesen: »Lassen Sie mal die Papiere liegen! Ich rufe meine Sekretärin. Frau Melfinger wird das schon in Ordnung bringen.«

Weitere Worte fielen angeblich nicht. Aber Rolf Mittag sprach eine ganze Woche lang kein Wort mehr mit uns. Dann musste er selber über den Scherz lachen und zeigte uns seine lädierten Knie. Übrigens hat der Personalchef nie etwas von diesem Jungenstreich erfahren.

Ansonsten waren wir bestrebt, unseren Lehrherren keinen Grund für eine Rüge zu geben. Wir waren ja noch so jung, und so stand uns – trotz Krieg – der Sinn nach anderen Dingen. Ich liebäugelte mit Ingeborg Thomas, die am gleichen Tag wie ich ihre Lehre begonnen hatte. Wir trafen uns häufig im Archiv und küssten uns dort oft und lange hinter den voll gestopften Aktenregalen. Rolf Mittag begann einen Flirt mit Agnes Winkler, unserem zweiten weiblichen Lehrling.

Aber der Krieg holte mich ein, und zwar ohne Vorwarnung. Am Donnerstag, den 11. Januar 1945, kam ich gegen 18 Uhr nach Hause. Es war so eigenartig ruhig in der großen, in der Plausiger Straße 2 im Stadtteil Sellerhausen befindlichen Wohnung meiner Großeltern. Den Großvater sah ich nicht. Meine Großmutter, die sich in der Küche aufhielt und dort das Abendbrot vorbereitete, musste geweint haben, man merkte es ihr an. Im Wohnzimmer saßen meine beiden Tanten Erna und Hertha und sagten keinen Mucks. Irgendwie war an diesem Abend alles anders als sonst.

Schließlich drückte mir die Großmutter wortlos eine Postkarte in die Hand. Es war der Gestellungsbefehl! Kurz und bündig hieß es dort: »Sie haben sich am Samstag, den 13. Januar 1945, 16 Uhr, am Leipziger Güterbahnhof einzufinden. Ein Schild wird Sie auf den genauen Treffpunkt hinweisen. Dort werden Sie auch über den Ort Ihres Kriegseinsatzes informiert. Ausreichende Winterbekleidung, Waschzeug, diese Karte und der Wehrpass sind mitzubringen. Erscheinen in HJ-Uniform ist Pflicht! Für Ihre Verpflegung und Unterkunft sorgt ab dem genannten Zeitpunkt die deutsche Wehrmacht.«

Jetzt verstand ich das Verhalten der Großmutter und der beiden Tanten. Nun kam auch der Großvater ins Haus. Man musste ihn erst aufklären über den Grund der gedrückten Stimmung. Er schaute mich lange an, nahm mich in den Arm und drückte mich an seine Brust. Dies zeigte mir, dass er zutiefst bewegt war. Denn auch

wenn er mich besonders gern mochte – ein Freund
großer Gefühlsausbrüche war er nicht.

Kriegsbedingt arbeitete mein Großvater, Friedrich Hillmer, Jahrgang 1873, noch immer als Werkmeister in
einer renommierten Leipziger Maschinenfabrik. Im
Personalrat der Firma nahm er die Interessen der Angestellten wahr. Heute würde man ihn als Betriebsrat
bezeichnen. Er genoss hohes Ansehen bei der Belegschaft, weil er Zivilcourage besaß und bei Gesprächen
mit der Geschäftsleitung entschieden auftrat.

Mein Großvater galt als äußerst fleißig, korrekt und
zuverlässig. Bei dem schweren Bombenangriff vom
4. Dezember 1943 hatte er sich in seiner Eigenschaft als
Luftschutzwart zudem als sehr tapfer erwiesen. Eine
Stabbrandbombe hatte das Dach des Mietshauses Plausiger Straße 2 durchschlagen. Bei einem seiner Kon-
trollgänge hatte er die Brandbombe entdeckt, mit den
auf dem Dachboden gelagerten Sand- und Wasservorrä-
ten gelöscht und dann durch eine Dachluke auf die
Straße geworfen.

Aber in der Familie herrschte nur er. Großvater war
ein wirklicher Patriarch. Sein Wort entschied! Aber er
nahm auch seine Pflichten dem ganzen großen »Clan«
gegenüber bitter ernst. Keinen ließ er im Stich. Er hätte
sein letztes Hemd gegeben, wenn es nötig gewesen
wäre. Dieses Bild habe ich noch heute von meinem
Großvater vor Augen. Zwölf Kinder hatte er gezeugt,
vier davon waren schon im Kindesalter gestorben. Des
Kindersegens wegen war der Großmutter das Mutter-
kreuz verliehen worden.

Manchmal spielten wir, drei Enkelkinder, in dem riesigen Flur der Wohnung Fußball, was natürlich nicht
ohne Lärm abging. Dann kam der Großvater aus der

Küche heraus und schaute uns über seine randlose Brille hinweg an. In einem solchen Augenblick wussten wir, dass wir über die Stränge geschlagen hatten. Großvater brauchte kein Wort zu sagen, sein Blick genügte. Wir verzogen uns in einem solchen Falle sehr schnell in den Hof. Ich habe niemals erlebt, dass »der Friedrich« mit einem Enkelkind geschimpft hätte, und ein Kind zu schlagen wäre für ihn sowieso undenkbar gewesen!

Der Großvater schaute die Großmutter an und meinte: »Vielleicht schicken sie den Hans gleich wieder nach Hause, wenn sie seine kaputten Füße sehen.«

Großmutter erwiderte nichts. Wahrscheinlich glaubte sie nicht an eine solche Möglichkeit. Sie dachte bestimmt, wenn der Hitler jetzt schon die alten Männer zum Volkssturm holt, wird er bestimmt auch unseren 17-jährigen Hans nicht wieder hergeben.

Am nächsten Tage habe ich in der Firma dem Personalchef meinen Einberufungsbescheid vorgelegt und mich dann in allen Abteilungen verabschiedet, zuletzt und am längsten bei den anderen Lehrlingen. Arbeiten brauchte ich an diesem Freitag nicht mehr.

Dann fuhr ich zuerst zu Tante Lissy. Sie erschrak, als ich ihr sagte, worum es ging. »Mein Gott!«, rief sie aus, »Vor nicht mal 14 Tagen haben wir deinen Onkel zur Bahn gebracht! Auf jeden Fall begleite ich dich bis zum Güterbahnhof!«

Sie war wirklich eine herzensgute Frau, eine bessere Pflegemutter hätte ich nicht bekommen können. Ich entgegnete: »Ich schaff das schon, liebe Tante, es ist besser für uns beide, wenn wir uns hier verabschieden!«

Sie hat mich umarmt, es schien so, als wollte sie mich nicht mehr loslassen.

Zu Ostern 1938, wenige Wochen nach dem Tod meiner Eltern, hatten meine Pflegeeltern, Onkel Kurt und Tante Lissy, mich, den damals Zehnjährigen, in ihre Familie aufgenommen. Im Sommer desselben Jahres willigte der Onkel in zwei Operationen ein, mit denen die Fachärzte mein angeborenes Fußleiden beheben wollten. Professor Schede, Chefarzt und leitender Chirurg in der Leipziger Orthopädischen Universitätsklinik, rechnete mit einer mehrmonatigen Behandlungsdauer.

Für Montag, den 15. August 1938, war der erste Eingriff vorgesehen. Am Samstag davor sagte die Tante, dass sie für mich noch eine Überraschung hätte.

»Mein lieber Junge«, lächelte sie, »ich habe für uns beide zwei Karten für die morgige Abendvorstellung im Kristallpalast besorgt. Charlie Rivel gibt dort in diesem Monat ein Gastspiel!«

Ich war sprachlos! Charlie Rivel, ein spanischer Artist, galt zu jener Zeit als einer der berühmtesten europäischen Clowns. Im deutschen Sprachraum hatte ihm sein Ausruf »Akrobat schööön!« zu großer Popularität verholfen. Und ich sollte ihn sehen! Ich war fassungslos, umarmte und küsste die Tante. Diese Überraschung ließ mich die bevorstehende Operation ganz vergessen! Meinen Eltern, die in bescheidenen Verhältnissen gelebt hatten, wäre es niemals möglich gewesen, Geld für Karten zu einer solchen Aufführung auszugeben.

Aber mein Staunen wurde noch größer, als wir am Sonntagabend im Varieté unsere Plätze einnahmen. Denn die Tante hatte die schönste und bestimmt auch die teuerste Loge dieses Theaters reserviert. Als Charlie Rivel dann auf die Bühne kam, hätte ich ihm die Hand reichen können! Für mich war es ein unbeschreibliches Erlebnis, wir beide, meine Tante und ich, ganz allein in dieser vornehmen Loge, und direkt vor mir der berühmte Charlie Rivel! Ich habe das niemals vergessen und der Tante später in schwierigen Zeiten immer beigestanden. Sie ist eine großartige Frau gewesen!

Großmutter hat auch am Samstagvormittag noch viel geweint. Am Mittag kam der Großvater von der Arbeit. Damals galt noch die 48-Stunden-Woche, und da begann das freie Wochenende erst am Samstagmittag, meist ab 13 Uhr.

Als der Großvater die Wohnung betrat, sah er mich zuerst. Er schaute mich nur an und sprach kein Wort. Er war auch sonst ein wortkarger Mann. Der nun unmittelbar bevorstehende Abschied von seinem Enkelsohn ging ihm doch sichtlich nahe. Er ging bald wieder wortlos aus dem Haus und hat wohl einen Spaziergang in den nahe gelegenen Stünzer Park unternommen. An diesem Tag war ihm die Lust aufs Mittagessen vergangen. Auch ich wollte nichts essen, aber die Großmutter bestand darauf. Sie hatte extra für mich meine Lieblingsspeise gekocht: Hühnersuppe mit selbst gemachten Nudeln. Sogar noch ein Ei, welche Kostbarkeit, hatte sie hineingerührt!

Meine Reisetasche hatte die Großmutter bereits am Vormittag gepackt. Daneben lag ein Verzeichnis der Dinge, die sie dem Enkelsohn vorsorglich mitgab auf diesem »Weg ins Ungewisse«: ein zweites Paar lange wollene Unterhosen, drei Paar Wollsocken, von ihr handgestrickt, der Junge sollte ja keine kalten Füße bekommen, Unter- und Oberhemden zum Wechseln, den Schlafanzug, einen dicken Winterpullover und andere für einen künftigen Soldaten wichtige Utensilien. Obenauf befand sich ein dickes Paket mit Leberwurst bestrichener Brote und zwei Tafeln der in diesem sechsten Kriegsjahr rar gewordenen Schokolade. Bestimmt hatte sie hierbei auf ihre »geheimen« Vorräte zurückgegriffen. Mein Waschzeug brachte ich in meiner Aktentasche unter. Welche Gnade, welches Glück wird einem jungen Menschen zuteil, dem das Schicksal eine solche Großmutter schenkt!

Inzwischen war der Großvater ins Haus zurückgekommen. Jetzt musste ich aufbrechen. Ich umarmte beide lange und drückte der Großmutter viele Küsse auf die Wangen. Sie weinte still vor sich hin. Jetzt packte ich meine sieben Sachen, gab ihnen beiden nochmals die Hand und verließ die Wohnung. Beide Tanten befanden sich außer Haus und hatten sich damit der Abschieds-zeremonie entzogen.

Ich ging, wie vorgeschrieben in HJ-Uniform, zur Straßenbahnhaltestelle. Großmutter und Großvater schauten mir noch aus einem Fenster der im zweiten Stock gelegenen Wohnung nach und winkten. Mit der Straßenbahn fuhr ich zum Güterbahnhof. Unterwegs stiegen bestimmt noch ein Dutzend weiterer »Hitlerjungen« zu. Wir stellten schnell fest, dass wir das gleiche Ziel hatten.

Auf dem Gelände des Güterbahnhofes standen bereits Hunderte von Hitlerjungen. Der Treffpunkt war gefunden. Eines Hinweisschildes bedurfte es nicht. Inmitten der Jungen stand ein Hauptmann der Luftwaffe auf einem Tisch mit einem Megaphon in der Hand. Der linke Ärmel steckte in der linken Tasche seines Waffenrockes. Vier Unteroffiziere, gleichfalls in Uniformen der Luftwaffe, standen um den Tisch herum und hatten eine Menge Papiere in den Händen. Dann begann der Hauptmann zu sprechen:

»Mal herhören! Wir haben euch zu den Waffen gerufen. Das Vaterland, das wisst ihr alle, befindet sich in großer Gefahr! Von allen Seiten rücken unsere Feinde auf die Grenzen des Reiches zu. Die Westalliierten verwüsten aus der Luft unsere Städte und sogar kleine Ortschaften! Im Osten vergreift sich der Russe an unseren Frauen und Kindern! Unsere tapferen Soldaten brauchen an allen Fronten Verstärkung. Ihr eintausend Hitlerjungen sollt daher als Flaksoldaten ausgebildet werden!«

Einer der vier Unteroffiziere reichte ihm ein Blatt Papier. Der Hauptmann unterbrach seine Ansprache und las die Meldung.

»Mir liegt jetzt der heutige Wehrmachtsbericht vor. Demzufolge haben die Sowjets an der Weichselfront mit der lange erwarteten Winteroffensive begonnen. Es sind erbitterte Kämpfe entbrannt.«

Keiner sprach ein Wort! Ich glaube, die meisten der Jungen werden das Gleiche gedacht haben wie ich: Jetzt wird es ernst! Auch der Hauptmann hatte nicht weitergesprochen. Wahrscheinlich wollte er erst seine Worte zur Begründung unserer Einberufung und die Nachricht vom Ansturm der Roten Armee auf uns einwirken lassen. Dann hob der Hauptmann wieder sein Megaphon:

»Um euch ausbilden zu können, brauchen wir eine voll funktionsfähige Flakkaserne. Die nächstgelegene befindet sich in der Nähe von Kassel. Dort werdet ihr mit den für die Bedienung der Geschütze, Kaliber 8,8 cm, notwendigen Grundkenntnissen vertraut gemacht. Die so genannte ›Acht-Acht‹ ist zurzeit unsere stärkste Waffe gegen die feindlichen Bomber und Panzer! Für eure Ausbildung können wir nur 14 Tage vorsehen. Mehr Zeit haben wir nicht. 24 Güterwagen, die euch nach Kassel bringen werden, stehen hinter euch auf dem letzten Gleis. Noch fehlt die Lokomotive. In jedem

Waggon findet ihr zwei Kanonenöfen mit dem entsprechenden Brennmaterial vor. Genug Strohballen haben Kriegsgefangene bereits herbeigeschafft. Decken sind in ausreichender Zahl vorhanden. Schließlich sollt ihr bei dieser Kälte nicht frieren!«

Der Hauptmann gönnte sich eine Atempause und besprach sich mit seinen Unteroffizieren, ehe er fortfuhr: »Der Zeitpunkt unserer Abfahrt ist also noch ungewiss. Bis Kassel sind 255 Kilometer zurückzulegen. Bei einer Reisegeschwindigkeit von 30 Kilometern pro Srunde wird unsere Lok mindestens acht Stunden brauchen, um euch ans Ziel zu bringen. Der Weg nach Kassel führt über Halle, Sangershausen, Nordhausen, Heiligenstadt, Eichenberg und Hannoversch Münden. Auf dieser Strecke haben natürlich Munitionszüge an die Westfront, Kohle-Transporte aus dem Ruhrgebiet und auf dem Schienennetz vorgenommene Truppenbewegungen immer Vorfahrt. Auch durch Luftangriffe beschädigte Gleisanlagen können zu Verspätungen führen. Trotzdem hoffen wir, morgen früh noch bei Dunkelheit in Kassel einzutreffen.

Im Bereich des Bahnhofes Nordhausen kann es Tag und Nacht zu Bombenangriffen kommen. Falls die zuständigen Stellen dort Fliegeralarm ausgelöst haben, wird der Zug durch entsprechende Signale gestoppt. Dann müsst ihr sofort das Bahngelände verlassen. Auf keinen Fall Schutz suchen in den Unterführungen und keine großen Gruppen bilden. Splitterschutzgräben findet ihr etwa 250 Meter vom Bahnhof entfernt. Meinen Befehlen und den Anordnungen meiner Unteroffiziere ist daher strikt Folge zu leisten! Habt ihr das alle verstanden?«

»Jawohl, Herr Hauptmann!« Die Antwort kam wie aus einem Munde.

Der Hauptmann unterbrach seine Rede. Einer der Unteroffiziere flüsterte ihm etwas ins Ohr. Der Hauptmann schüttelte den Kopf. Er war wohl offensichtlich anderer Meinung als sein Untergebener. Dann nahm er wieder das Megaphon zur Hand: »Ich heiße Heinrich von Gossen, war Jagdflieger, musste nach einem Luftkampf mit drei Mosquitos notlanden, dabei habe ich den linken Arm verloren. 26 Abschüsse sind mir gelungen. Wegen der Verwundung darf ich nicht mehr fliegen. Meine vier Unteroffiziere sind alle fronterfahrene Männer, bilden mit mir zusammen euer Begleitkommando. Sie heißen Ludwig Müller, Heinrich Kupfer, Ullrich Kramer und Heinz Petzold. Diese Männer sind gleichzeitig auch eure Ausbilder in der Flakkaserne.«

In der Reihenfolge der Namensnennung kletterten die vier Unteroffiziere auf den Tisch und stellten sich vor.

»Wir haben die 24 Güterwagen durchnummeriert. Zuständig für die Waggons 1–6 ist Unteroffizier Kupfer, für 7–12 Unteroffizier Müller, für 13–18 Unteroffizier Petzold und für 19–24 Unteroffizier Kramer. Jeweils 250 von euch 1000 Jungen werden jedem dieser Unteroffiziere unterstellt. Es ist festgelegt worden, dass diese Zuordnung auch in der Flakkaserne bestehen bleibt. Ich selbst werde im Waggon Nummer 24 Quartier beziehen, ebenso Unteroffizier Kramer. Der Unteroffizier Kramer übernimmt als mein Stellvertreter die Führung des Transportes, falls mir während der Fahrt etwas zustoßen sollte.«

Der Hauptmann stellte sein Megaphon zur Seite und blätterte in seinen Notizen.

»Das Wichtigste hätte ich fast vergessen: Verpflegung wird ab 18 Uhr ausgeteilt! Eure Butterbrote von Muttern könnt ihr zunächst mal eingepackt lassen. Hungern müsst ihr nicht bei uns!«

Unter den 1000 17-Jährigen brach Gelächter los. Der Hauptmann hob wieder sein Megaphon. Wir konnten ihn gut verstehen.

»Zunächst erfolgt in Kassel die Feststellung eurer Tauglichkeit. Die Untersuchung nehmen Stabsärzte vor. Dann werdet ihr eingekleidet, damit ihr wie richtige Soldaten ausseht. Anschließend beginnen der theoretische Unterricht und die praktischen Übungen an den Geschützen mit dem Kaliber 8,8 cm! Am Tage nach dem Ende eurer Ausbildung werdet ihr zu ›Jungkanonieren‹ ernannt und anschließend gleich vereidigt! Herr Oberst Becker, Kommandant der Flakkaserne in Kassel, wird dann die hier jetzt gebildeten vier Abteilungen den vorgesehenen Einsatzgebieten zuordnen. Jeweils 250 Jungen kommen nach Breslau, Prag, Köln/Leverkusen und Duisburg! In Kassel bekommt ihr auch noch den Karabiner 98k. Die Ausbildung im Scharfschießen mit dieser Waffe muss eure zukünftige Batterie übernehmen. Dafür haben wir in der Flakkaserne keine Zeit!«

Nach der langen Rede musste der Hauptmann wohl erst einmal verschnaufen. Er beriet sich mit seinen Unteroffizieren. Die Frage war jetzt, wo würde ich hinkommen? Hoffentlich nicht nach Breslau, dachte ich. Inzwischen hatte der Hauptmann das Megaphon wieder in der Hand.

»So, Jungens, jetzt beginnen wir mit dem Verlesen der Namen. Ihr werdet alphabetisch aufgerufen. Das übernimmt der Unteroffizier Kupfer. Bei ihm gebt ihr auch euren Gestellungsbefehl ab. Zunächst behaltet ihr die Wehrpässe, in Kassel bekommt ihr an deren Stelle euer Soldbuch. Verpflegung teilt der Unteroffizier Kramer aus. Dem Unteroffizier Müller habe ich die Gruppenbildung und Aufteilung auf die einzelnen Waggons übertragen. Unteroffizier Petzold ist für das Heranschaffen und das Austeilen der warmen Mahlzeit zuständig, die ihr noch vor Abfahrt des Zuges bekommt. Dabei braucht er eure Hilfe.«

Ein Junge rief: »Herr Hauptmann, können diejenigen, die sich als Arbeitskollegen oder von der Schule her kennen, zusammenbleiben?«

»Dagegen ist nichts einzuwenden. Eine solche Gruppenbildung fördert den Zusammenhalt und festigt die Kameradschaft! Nach dem Aufruf eines jeden Einzelnen beginnen wir mit der Aufteilung auf die 24 Waggons. Nach Adam Riese müssen wir also jeden Güterwagen mit mindestens 40 Mann belegen. Sonst noch Fragen?«

Aus 1000 Kehlen kam die Antwort: »Nein, Herr Hauptmann!«

Das Verlesen der Namen begann. Zunächst grüßte mich ein Junge, der mit mir zwei Jahre lang bis Ostern 1944 die Handelsschule besucht hatte. Sein Name fiel mir nicht gleich ein. Er merkte es und half mir sogleich aus der Verlegenheit. »Ich bin der Hubertus Fleischer!« Na klar, dachte ich, der Hubertus mit den abstehenden Ohren. Es gab viel zu erzählen.

Plötzlich traute ich meinen Ohren nicht, denn da wurde ein Name verlesen, der mir bekannt war wie kein anderer: Fritz Hildebrandt! Das konnte nicht wahr sein, der Fritz war hier! Ich drängte mich durch die Menge und rief laut: »Fritz!«

Die anderen Jungen lachten, aber ich ließ mich nicht beirren.

Und dann sah ich den Fritz. Wir hatten uns seit der Entlassung aus der Volksschule, das war Ostern 1942, aus den Augen verloren. Und nun trafen wir uns hier wieder. Er packte mich mit seinen kräftigen Armen, drückte mich fest an sich, dass mir fast die Luft wegblieb. »Mensch«, sagte er, »du auch hier? Das kann doch nicht wahr sein!«

Ich war überglücklich! Der Fritz war hier, dann konnte nichts mehr schief gehen. Wir umarmten uns noch immer. Großer Worte bedurfte die Freude über das Wiedersehen nicht. So verging die Zeit, wir vergaßen die Umstehenden und den Krieg. Doch Unteroffizier Petzold rief uns in die Gegenwart zurück.

»Na, ihr beiden, ihr bildet wohl einen eigenen Verein!«

Wir nahmen Haltung an, schlugen die Hacken zusammen und sagten wie aus einem Munde:

»Nein, Herr Unteroffizier, wir sind nur sehr gute Freunde, saßen vier Jahre lang auf einer Schulbank!«

»Wenn ihr beiden eure Gestellungsbefehle abgegeben habt, dann helft ihr mir beim Essenausgeben. Ich nehme doch an, dass ihr beiden zusammenbleiben wollt?«

»Jawohl, Herr Unteroffizier!«

Mit dem Verlesen der Namen war der Unteroffizier Kupfer erst bei dem Buchstaben L angekommen. Bis zum Buchstaben P wie Partschefeld blieb also noch Zeit. Und jeder von uns beiden hatte dem anderen so viel zu berichten. Welch glücklicher Umstand, den Freund hier zu treffen!

Seit der 5. Klasse der Volksschule kannten wir uns, Fritz, der Klassenletzte, und Hans, der Klassenerste. Vier Jahre lang hatten wir gemeinsam auf einer Schulbank gesessen. Offensichtlich verlangte die sächsische Schulordnung es so. Dank meiner tatkräftigen Hilfe, die das Vorsagen und Abschreiben einschloss, konnte der Fritz jedes Jahr versetzt werden. Dafür hielt der damals schon fast 1,70 Meter große Fritz mir, dem kleinen Hans, den Rücken frei, wenn ich meinen Pflichten als so genannter »Klassenführer« nachkommen musste.

Wir beide fühlten uns wie Winnetou und Old Shatterhand, Fritz war Old Shatterhand und ich Winnetou! Mir gab diese Freundschaft im Hinblick auf mein Fußleiden einen festen Halt beim Umgang mit Nichtbehinderten, und Fritz sorgte stets dafür, dass ich nicht ausgegrenzt wurde. Denn mit Fritz wollte sich keiner anlegen, nicht einmal die zwei oder drei Jahre älteren Schüler. Wo Fritz hinlangte, da wuchs kein Gras mehr! Im Grunde genommen aber war der Fritz ein gemütlicher Zeitgenosse. Nur reizen durfte man ihn nicht.

Unvergessen blieb für mich ein Fußballspiel im Schuljahr 1940/41. Damals spielten wir als Schüler der 7. Klasse zum Abschluss des Schulsportfestes gegen die Jungen der 8. Klasse. Wir Jüngeren wollten gewinnen, und ich stand im Tor!

Wie kam es dazu – trotz meines angeborenen Fußleidens? Leichtathletik konnte ich nicht betreiben. Schon ein Gehweg über 15 Minuten strengte mich an, ließ allmählich die Füße anschwellen, löste Schmerzen aus, die mich zu einer Verschnaufpause oder gar zum Aufhören nötigten. Die zwei Operationen, die mein Pflegevater 1938 veranlasst hatte, konnten daran wenig ändern. Aber eigentümlicherweise traten die genannten Symptome im Stehen erst nach längerer Zeit auf.

Offensichtlich gleicht die Natur angeborene Missbildungen durch Vorzüge an anderer Stelle wieder aus. So verfügte ich von klein auf über ein ausgezeichnetes Reaktionsvermögen. Gleichaltrige staunten über meine Reflexe beim Ballfangen. Es verwunderte daher nicht, dass mich im Turnunterricht schon beim Völkerball jede Partei in ihren Reihen haben wollte, und später beim Fußball wurde ich ein gefragter Torhüter. Denn als Torhüter muss man wenig laufen und nur eine begrenzte Zeit stehen.

Gespielt wurden nur 2 x 30 Minuten mit einer Pause von zehn Minuten. Jetzt ging es dem Ende des Spieles zu. Und es stand noch 1:1! Der Rechtsaußen der 14-Jährigen, Adrian Derst, hatte die Älteren bereits in der fünften Minute der ersten Halbzeit mit einem für mich völlig unhaltbaren Volley in Führung gebracht. Eine Minute vor dem Pausenpfiff war unserem Mittelstürmer, Heinrich Pasler, noch der Ausgleich per Kopfball gelungen.

Adrian verglich sich gern mit Richard Hofmann, dem zu damaliger Zeit berühmten Stürmer des Dresdner SC. Richard Hofmann hatte am 10. Mai 1930 in Berlin im Grunewald-Stadion beim legendären 3:3 im Länderspiel gegen England alle drei Tore für Deutschland geschossen! Von diesem Spiel an fürchteten alle Nationaltorhüter der Welt die Schusskraft dieses Stürmers. In der Sportpresse erhielt er den Titel »König Richard«!

Adrian Derst wollte es heute den Jüngeren zeigen. Deshalb hatte er zum Sportfest die Eltern und seine jüngere Schwester Helena eingeladen, die in der Schule als läuferisches Nachwuchstalent galt.

Unser Sportlehrer, Herr Clement, der das Spiel leitete, schaute bereits auf die Uhr. Nur noch wenige Minuten fehlten bis zum Schlusspfiff. Und plötzlich kam der Adrian in Ballbesitz, spurtete an der Außenlinie entlang, umspielte unseren linken Verteidiger, den Bruno Häßler, und rannte mit dem Ball auf mein Tor zu!

Ich sah das Unheil auf mich zukommen. In höchster Not schrie ich »Fritz«! Der Fritz, mein bester Freund, war unser Mittelläufer, so hieß das früher. Er hatte wohl gedacht, unser Bruno könnte den brandgefährlichen Adrian Derst bremsen. Auf meinen Ruf hin erkannte er sofort die Gefahr. Fritz war ein ausgezeichneter Hundertmeterläufer. Im Höllentempo stürmte er los und riss Adrian Derst – meines Erachtens hart an der Strafraumgrenze – mit seinem ganzen Körpergewicht zu Boden! Adrian überschlug sich einige Male, rappelte sich wieder auf und rief laut: »Elfmeter!«

War es nun vor oder im Strafraum? Herr Clement pfiff und eilte zum Linienrichter. Der sagte, es sei im Strafraum geschehen. So deutete unser Sportlehrer auf den Elfmeterpunkt. Es war zum Haareraufen! Jetzt hatten wir ein 1:1 erreicht, und nun dieses Missgeschick. Adrian grinste. Er wollte den Elfer selbst schießen! Ich dachte, da habe ich keine Chance. Der haut mir das Ding rein. Fritz stand mit den anderen Feldspielern an der Strafraumlinie, hatte sich aber abgewendet. Er konnte nicht zusehen.

Der Adrian Derst lief an. Jeder wusste, was der für einen »Bums« besaß. Alle dachten, den Ball hält auch der Hans nicht. Adrian schoss, ich lag am Boden, der Ball prallte an die Querlatte, sprang dem Adrian wieder direkt auf den Spann, und der schoss sofort den Ball unhaltbar in die Maschen! Selbst, wenn ich gestanden hätte, dieser Schuss wäre nicht zu halten gewesen.

Adrian Derst und seine Mannschaftskameraden schrien: »Tor! Tor! Tor!« Der Adrian war ganz aus dem Häuschen. Sie hatten doch noch 2:1 gewonnen, so schien es wenigstens. Aber unser Sportlehrer, der ja als Schiedsrichter fungierte, entschied, für uns völlig unerwartet, nicht auf Tor! Alle liefen in meinen Strafraum und wollten eine Erklärung. Herr Clement sagte ganz ruhig: »Wenn der Elfmeterschütze den Ball an einen Pfosten oder an die Querlatte schießt, der Ball zurückspringt und der Elfmeterschütze unmittelbar danach den Ball selbst ins Tor schießt, ohne dass ein anderer Spieler den Ball berührt hat, gilt der Treffer nicht.« So war seine Regelauslegung. Er pfiff auch sofort das Spiel ab. Es blieb beim 1:1! Wir waren überglücklich! Wie ein Schneekönig freute sich der Fritz! So ein Ereignis vergisst man nicht.

Auf dem Leipziger Güterbahnhof war nun die ganze Prozedur der Gruppenbildung und Zuordnung zu den einzelnen Waggons, ebenso das Abholen der kalten Verpflegung, abgeschlossen. Vier Gulaschkanonen lieferten das warme Essen. Es gab eine heiße, kräftige Kartoffelsuppe und für jeden zwei Bockwürste. Organisieren kann unser Hauptmann, meinten wir anerkennend. Die Stimmung unter den 1000 Jungen war gut.

Fritz hatte dafür gesorgt, dass wir beide zusammen in den Güterwagen mit der Nummer 24 kamen. Hier wollte ja auch der Hauptmann »Quartier nehmen«. Fritz hielt es für besser, wenn wir in der Nähe des »Chefs« blieben. Und für solche Situationen hatte er einen sechsten Sinn.

Endlich, eine Viertelstunde vor 20 Uhr, setzte sich der Zug in Bewegung. Nach etwa einer Stunde Fahrzeit erhob sich der Hauptmann: »Jungens, hört mal alle her, auf dieser Strecke droht uns vor allen Dingen Gefahr in Nordhausen. Dort muss man immer mit Bombenangriffen rechnen. Das hat seinen Grund. Was ich euch jetzt sage, müsst ihr für euch behalten. In Nordhausen werden in unterirdischen Fabriken unsere V-Waffen hergestellt!«

Während der Hauptmann sprach, war es mucksmäuschenstill geworden. Nur die Güterwagen ratterten eintönig weiter. Jetzt aber setzte starkes Gemurmel ein. Auch wir, der Fritz und ich, schauten uns an. Offensichtlich hatte das keiner von uns Jungen gewusst, woher auch? Bestimmt unterlag so etwas der allergrößten Geheimhaltung.

Der V-Waffen-Komplex in Nordhausen ist von Fremdarbeitern und KZ-Häftlingen errichtet worden. Der Bau war bombensicher und umfasste eine riesige unterirdische Anlage. Sie bestand aus 69 Stollen, fünf Fabriken und zwei Fließbändern, eine für die V 1, die andere für die V 2.

Bei der V 1 handelte es sich um ein unbemanntes Flugzeug, das von einem Staustrahltriebwerk angetrieben wurde und eine Geschwindigkeit von maximal 640 km/h bei einer Flughöhe von 1000 Metern erreichte. Sie trug einen Sprengkopf von 830 Kilogramm. Diese Waffe wurde erstmals am 13. Juni 1944, also acht Tage nach dem Beginn der Invasion, gegen England eingesetzt.

Dagegen war die V 2 die erste ballistische Rakete der Welt. Sie trug einen 1000-kg-Sprengkopf, erreichte eine Höhe von 110 Kilometer, die Geschwindigkeit betrug 5800 km/h, die Reichweite 340 Kilometer, das Geschoss wog 12 Tonnen.

Entwickelt hat sie der Ingenieur Wernher von Braun. Der erste Angriff mit der V 2 erfolgte am 8. September 1944. Abgefeuert wurden auf London 1359, auf Antwerpen 1610, auf Lüttich 25, auf Maastricht und Paris je 19 Raketen. Die V 2 wurde von mobilen Abschussrampen gestartet, und sobald die Rakete die Rampe verlassen hatte, gab es keine Abwehrmöglichkeit mehr. Keine einzige V 2 ist vom Gegner abgeschossen worden.

Der Einsatz der V 2 kam für die Alliierten nicht überraschend. Bereits am 18. Juli 1944 soll Churchill von den Eigenschaften der V 2 erfahren haben. Er teilte daraufhin seinem Kriegskabinett mit, dass er für den Einsatz der »Vergeltungswaffe« Vergeltung üben werde. Er, Churchill, sei bereit, den Feind mit groß angelegten Gasangriffen abzuschrecken. Von besonnenen Ratgebern sei Churchill davon abgehalten worden, einen solchen Einsatzbefehl zu erteilen. Insbesondere habe sich der Luftmarschall Tedder gegen diese Pläne ausgesprochen.

Am 8. September 1944 verkündete das britische Verteidigungsministerium, dass die »Flügelbombenschlacht« beendet wäre. Gemeint war damit der Beschuss durch die V 1. Die Bevölkerung Londons atmete auf. Am selben Tage schlugen die ersten V 2 in der britischen Hauptstadt ein.

Wernher von Braun hat nach dem Krieg in den USA maßgeblich zur Konzeption des amerikanischen Raumfahrtprogramms beigetragen. Für die Amerikaner war er so nützlich, dass sie keinen Kriegsverbrecher-Prozess gegen ihn und jene Ingenieure und Techniker, die ihm in die USA folgten, angestrengt haben, obwohl seine Beteuerungen, man habe in Peenemünde, dem Sitz des deutschen Raketenprogramms, nichts von den unmenschlichen Bedingungen gewusst, unter denen diese Waffen gefertigt wurden, nicht sehr glaubwürdig erschienen.

Wir Jungen dagegen wussten damals nur, was alle wussten, das heißt wir kannten den Wortlaut der Wehrmachtsberichte. Und da hieß es immer wieder lakonisch: »Der Großraum von London liegt dauernd unter unserem Vergeltungsfeuer!«

Jeder von uns hatte sich ein Lager aus Strohballen und Wolldecken gebaut. Manche waren eingeschlafen, andere flüsterten noch miteinander. Einer wandte sich an den Hauptmann: »Herr Hauptmann, ich war schon vor den schweren Bombenangriffen auf Kassel einige Male mit meinen Eltern in dieser Stadt. Dort lebt ein Onkel von mir. Wir sind damals über Erfurt nach Kassel gefahren. Müssen wir denn unbedingt über Nordhausen?«

»Über Nordhausen müssen wir auf jeden Fall! Es gibt noch die besonders von D-Zügen und Eilzügen benützte Strecke Leipzig–Köln, die tatsächlich über Erfurt nach Kassel führt, also Nordhausen nicht berührt. Aber auf der uns vorgeschriebenen Strecke können wir Nordhausen nicht ausweichen.«

Auch der Hauptmann und Unteroffizier Kramer, sein Stellvertreter, hatten es sich bequem gemacht. Diese beiden Soldaten wussten bestimmt, was uns 17-Jährigen noch bevorstand: »Jungens, legt euch aufs Ohr, versucht zu schlafen, denn der morgige Tag wird nicht leicht für euch!«

Einige Jungen konnten jedoch nicht schlafen. Sie kümmerten sich um die Kanonenöfen. Obwohl ständig Brennmaterial nachgelegt wurde, wurde es nur denjenigen ein wenig warm, die in der Nähe dieser Öfen einen Platz gefunden hatten. Das aufgeschüttete Stroh minderte zwar die eindringende Kälte, aber wir waren doch froh, dass eine ausreichende Anzahl von Decken zur Verfügung stand. Manch einer hatte sich in drei Decken eingehüllt. Dem robusten Fritz konnte die Kälte offensichtlich nichts anhaben. Er schlief fest. Daran ließ sein Schnarchen keinen Zweifel. Ich selbst wälzte mich unruhig hin und her, ohne richtig Schlaf zu finden.

Manchmal hielt der Zug auf offener Strecke. Danach hatte die Lokomotive große Mühe, den Zug wieder in Bewegung zu setzen. Man merkte es an dem anfänglichen Durchdrehen der Räder. Die schwere Schiebetür stand einen Spalt breit offen, aber zu sehen war draußen nichts. Ortschaften und Bahnhöfe lagen wegen der Gefahr von Luftangriffen in völliger Dunkelheit. Nur bei kriegswichtigen Be- und Entladungen, bei denen Eile geboten war, durfte nachts auf den Bahnhöfen eine Notbeleuchtung eingeschaltet werden.

Schließlich hielt der Zug. Das Bremsen rüttelte fast alle wach, auch den Fritz. Ich hatte zuletzt nur vor mich hingedöst. Der Hauptmann war längst hellwach und mit Unteroffizier Kramer aus dem Wagen gesprungen. Inzwischen hatte der durch das Gehen auf dem Schotter entstandene Lärm auch die letzten Schläfer aufgeweckt.

Unser Zug stand auf dem Bahnhof von Nordhausen.

»Achtung, Fliegeralarm! Weitersagen von Waggon zu Waggon! Alle raus aus den Waggons und weg vom Bahnhofsgelände! Auf keinen Fall große Gruppen bilden! Erst auf mein Kommando wieder zu den Güterwagen zurückkehren!«

Der Befehl des Hauptmanns war klar und unmissverständlich. Sofort schwärmten wir aus. Nur weg von den Waggons, nicht auf den Gleisanlagen bleiben, hieß jetzt die Devise! Am immer stärker werdenden Geräusch von Flugzeugmotoren wurde deutlich, dass sich ein Bomberverband näherte. Aber es geschah nichts. Kein Bombenabwurf erfolgte, kein Flakgeschütz begann zu feuern. Es blieb gespenstisch still. Zudem war es stockdunkel. Man konnte die Hand nicht vor den Augen sehen. Einige Jungen leuchteten plötzlich mit ihren Taschenlampen, aber da schrie der Hauptmann sofort:

»Licht aus! Ihr seid wohl närrisch!«

Fritz hatte ich in der Finsternis verloren. Andere unbekannte Jungen tauchten auf. Fast wäre ich in einen der Splittergräben gestürzt, auf die uns der Hauptmann bereits in Leipzig hingewiesen hatte.

»Jeder bleibt noch dort, wo er sich jetzt befindet!«

Es war unverkennbar die Stimme unseres Hauptmanns. Ich fühlte auf einmal die Kälte, die nun auch durch die dicken Unterhosen kroch. Der Waggon hatte bisher den eisigen Wind von uns fern gehalten, der jetzt hier über uns hinwegfegte. Das war keine gemütliche Gegend.

Der Lärm der Flugzeugmotoren wurde schwächer. Offensichtlich war Nordhausen diesmal nicht das Ziel der Bomber. Einer Erlösung gleich kam der Ruf des Hauptmanns: »Entwarnung! Alle zurück zu den Waggons. «

Niemand hatte eine Sirene gehört. Wahrscheinlich hatte der Wind den Signalton in eine andere Richtung getragen. Der Hauptmann kam zurück in unseren Waggon. Auch Fritz hatte sich wieder eingefunden. »Ich glaube, bisher haben wir bestimmt schon 130 Kilometer zurückgelegt, wir liegen gut in der Zeit«, ließ sich der Hauptmann vernehmen.

Der Zug setzte sich wieder in Bewegung. Ich schaute noch einmal auf meine Uhr, es war jetzt 23.45 Uhr. Jeder von uns kroch wieder unter die Schlafdecken. Die Öfen waren inzwischen erloschen, aber keiner hatte mehr Lust, das Feuer nochmals zu entfachen. Es wurde jetzt sehr schnell still, nur noch das eintönige Rattern der Räder auf den Gleisen war zu hören.

Ich wachte plötzlich auf und sah, dass der Hauptmann die in der Nähe unseres Schlafplatzes befindliche Schiebetür noch weiter öffnete. »Wir nähern uns Kassel«, stellte er fest. Woran er das bei stockdunkler Nacht merkte, war mir schleierhaft. Aber es stimmte. Ich spürte, wie die Lok das Tempo drosselte. Dann hielt der Zug. Meine Armbanduhr zeigte eine Viertelstunde nach vier Uhr an.

Wir, 1000 17-jährige Leipziger Jungen, hatten Kassel erreicht, zwar übernächtigt, aber unversehrt, manche durchgefroren, andere mit Schmerzen in der Muskulatur. Schlafen in einem Güterwagen, das war gewiss ungewohnt für jeden von uns. Doch konnte man in diesen Zeiten seinem Schöpfer danken, dass der Transport ohne besondere Vorkommnisse verlaufen war.

Noch Anfang April 1945 wurde Nordhausen, heute eine Stadt von fast 50 000 Einwohnern, das Ziel amerikanischer Bomber. Dem Angriff sind damals, Jörg Friedrich (Der Brand, a.a.O.) zufolge, 6000 Menschen zum Opfer gefallen, darunter 1200 KZ-Häftlinge! Für diese Attacke bestand keine militärische Notwendigkeit mehr. Die letzte V 2 war am 27. März, die letzte V 1 am 30. März 1945 abgeschossen worden.

Ausbildung in Kassel

In der Nähe des zerstörten Bahnhofes standen zwei Wehrmachts-LKWs. Auf diese Fahrzeuge konnten wir unser Gepäck laden. Jeder der vier Unteroffiziere sammelte »seine« 250 Jungen um sich, der Hauptmann setzte sich an die Spitze der aus vier Abteilungen bestehenden Kolonne und gab das Kommando: »In Fünferreihe ohne Tritt marsch!«

So marschierten wir lange vor dem Morgengrauen zunächst durch die von den Bombenangriffen im Oktober 1943 völlig zerstörte Altstadt. Dank der Dunkelheit blieb uns an diesem sehr frühen Morgen das ganze Ausmaß der Schäden zu dieser Uhrzeit verborgen. Das konnten wir 14 Tage später nachholen, als wir nach der Ausbildung bei Tageslicht die Weiterfahrt nach Köln antraten.

Der letzte Kurfürst von Hessen-Kassel, Friedrich Wilhelm I., der von 1847 bis 1866 regierte und in Kassel residierte, hatte sich noch vehement gegen die Ansiedelung von Industriebetrieben in seinem Land gesperrt. In der Auseinandersetzung zwischen Preußen und Österreich um die Vormachtstellung im Deutschen Bund stand er auf Seiten der Österreicher. Preußen gewann den Krieg 1866 in der berühmten Schlacht bei Königgrätz, und Friedrich Wilhelm I. verlor Amt und Würden.

Unter preußischer Regie begann der rasante Aufstieg von Kassel zur Industriestadt. Hervorzuheben ist hierbei die Entwicklung des Lokomotiv-, Waggon-, Flug-zeug-, Kraftfahrzeug- und Maschinenbaus, die bis in die 60er Jahre des 20. Jahrhunderts andauerte. Daher stieg die Einwohnerzahl von etwa 40 000 im Jahre 1866 auf 216 000 im Jahre 1939.

Im Zweiten Weltkrieg litt Kassel wie nur wenige andere deutsche Städte unter den Luftangriffen. In den Abendstunden des 22. Oktober 1943 wurden die tau-sendjährige Altstadt mit ihren malerischen Winkeln und idyllischen Gässchen und die vornehm-barocke Ober-neustadt durch Bomben völlig ausgelöscht.

Nach 49 Luftangriffen seit 1941 war Kassel beim Ein-zug der Amerikaner am 4. April 1945 nur noch ein Trümmerfeld. Hatte man 1939 noch 63 568 Wohnungen gezählt, so lebten 1945 in rund 9000 Wohnungen nur noch etwa 70 000 Menschen.[*]

Nach Verlassen der Außenbezirke ging es über Feld- und Waldwege nach Rengershausen. In dieser Gemein-de, etwa zehn Kilometer südwestlich von der Stadt Kas-sel, befand sich die Flakkaserne, die in der Region nur die »Fliegerschule« genannt wurde. Dort bezogen wir gegen sieben Uhr Quartier. Unser Gepäck war schon vor uns eingetroffen. Noch heute weiß ich nicht, wie ich diese Wegstrecke mit meinen kranken Füßen ohne jed-wede Hilfe bewältigt habe.

Der Hauptmann teilte uns mit, dass wir noch drei Stunden schlafen könnten, das Wecken sei mit Rück-sicht auf die überstandenen Strapazen für elf Uhr befoh-len. Wir fielen wie tot in die Betten.

---

[*] Herfried Homburg, Kassel und seine Wilhelmshöhe, Druck- und Verlagshaus Schneider und Weber, Kassel 1967/68

Punkt elf Uhr weckte uns die Trillerpfeife des UvD: »Aufstehen! Um zwölf Uhr antreten zum Mittagessen! Um 13 Uhr in der bisherigen Gliederung zu vier Abteilungen auf dem Kasernenhof aufstellen. Dort wird der Kommandant, Oberst Becker, zu euch sprechen!«

Die Stimme des UvD konnte niemand überhören. Der eigentliche Dienstbetrieb hatte begonnen.

Das Essen in der Kantine war schmackhaft und reichlich. Es gab Reis mit Rindfleisch. Schnell ging die Mittagspause vorüber. Dann standen wir pünktlich um 13 Uhr in Reih und Glied auf dem Kasernenhof. Nun kam der Herr Oberst. Bei ihm befanden sich mehrere Offiziere und Unteroffiziere, darunter auch unser Hauptmann von Gossen und die uns bekannten vier Unteroffiziere. Alle salutierten, dann sprach der Oberst. Er verzichtete auf allgemeine Floskeln und kam gleich zur Sache:

»Ihr Jungen sollt altgediente Flaksoldaten ersetzen, die ihren Dienst in der Heimat leisten, aber dringend an der Front gebraucht werden! Wir sind der Meinung, dass 14 Tage Ausbildung ausreichen, um euch die Grundkenntnisse für die Bedienung eines Flakgeschützes beizubringen. Das Spezialwissen wird euch dann in der jeweiligen Flakbatterie vermittelt. Mein Stellvertreter, Major Bölcke, der hier neben mir steht, leitet euere Ausbildung. Er wird euch im Anschluss an meine Ansprache über deren Ablauf informieren! Nach Abschluss der Ausbildung werdet ihr zu ›Jungkanonieren‹ der deutschen Luftwaffe ernannt und anschließend vereidigt. Diese Zeremonie nehme ich selbst vor! Eure künftigen Einsatzorte sind euch bekannt. Wer wohin kommt, entscheide ich in Abstimmung mit Major Bölcke am Tage der Vereidigung. Nun ans Werk! Wir haben keine Zeit zu verlieren!«

Er verabschiedete sich mit dem Hitlergruß. »Heil Hitler, Herr Oberst!«, erwiderten wir den Gruß. Der Oberst gab dem Major die Hand und verließ den Kasernenhof.

Der Major, der beim Gehen einen Stock zu Hilfe nehmen musste, wandte sich sofort an uns:

»Das Kommando über die bereits bestehenden vier Abteilungen übernehmen die Leutnants Wölfel, Staunitz, Berger und Achenbach! Ihnen zur Seite stehen die euch schon durch den Transport bekannten Unteroffiziere Kramer, Petzold, Müller und Kupfer! Andere hier in der Kaserne stationierte Unteroffiziere unterstützen eure vier Ausbilder. Heute beginnen wir um 14 Uhr mit der Tauglichkeitsprüfung, die noch heute abgeschlossen werden muss. Verantwortlich hierfür sind die hier anwesenden beiden Stabsärzte Rosendahl und Breitling. Den Anfang macht Leutnant Wölfel mit der Abteilung Kramer, dann folgen die Abteilungen Petzold, Kupfer und Müller.«

Major Bölcke trug das »Deutsche Kreuz in Gold«, das vergeben wurde für mehrfaches tapferes Verhalten vor dem Feind. Es galt als Vorstufe für die Verleihung des »Ritterkreuzes«. Er war höchstens 40 Jahre alt, ungefähr 1,80 Meter groß, ein schneidiger Offizier und ein energischer Mann. Seine Kommandos kamen knapp, aber klar und eindeutig. Dem konnte man nichts vormachen!

»Ich möchte noch klarstellen, dass ich 1943 an der Ostfront an der Schlacht am Kursker Bogen teilgenommen habe. Das von mir damals als Hauptmann geführte Flakregiment – unser Oberst fiel am ersten Tage der Schlacht – hat innerhalb von drei Tagen 78 T 34 abgeschossen. 1944 bin ich durch einen Becken-Steckschuss schwer verwundet worden. Ich bin sicher, dass ich viel von meinen Erfahrungen an euch weitergeben kann. Zugleich bin ich mir der Verantwortung bewusst, euch auf das Geschehen vorbereiten zu müssen, das an euren Einsatzorten auf euch zukommt. Ein Zuckerschlecken wird es nicht! Diesmal geht es tatsächlich um Bestehenbleiben oder Untergang. Das Verlangen unserer Gegner, wir sollten bedingungslos kapitulieren, lässt uns keine andere Wahl! Betrachtet mich als euren Freund, weniger als euren Vorgesetzten! Fragt eure Ausbilder, wenn ihr etwas nicht versteht! Ein Fehler später bei der Bedienung des Geschützes, eine Unachtsamkeit im Kampf, kann den Tod bedeuten! Ich selbst stehe euch jeden Tag nach dem Abendbrot für Fragen jeder Art jeweils eine Stunde lang zur Verfügung. Wer davon Gebrauch machen möchte, meldet sich in der Kommandantur beim Stabsgefreiten Streitberger.

Noch kurz zum Programm für die nächsten beiden Tage. Morgen werdet ihr eingekleidet, ausgerüstet und bewaffnet. Bereits am Dienstag beginnen der theoretische und der praktische Unterricht. Für die praktischen Übungen stehen sechs Geschütze, Kaliber 8,8 cm, mit der Typenbezeichnung Flak 18 zur Verfügung. In der nächsten Woche wird scharfe Munition verwendet!

Auch das Fach ›Waffensysteme‹ haben wir in den Lehrplan aufgenommen. Werdet ihr in Erdkämpfe verwickelt, müsst ihr beispielsweise die Armierung feindlicher Panzer kennen, aber auch alle Kampfflugzeuge, die zur Zeit den Luftraum beherrschen. Lernt, lernt, lernt. Es ist zu eurem eigenen Nutzen! Nun genug der Worte, lasst uns beginnen!«

Der Major verließ den Platz. Wir alle waren beeindruckt! Ein Klasse-Offizier, so waren nahezu einstimmig unsere Kommentare.

Sofort übernahmen die Leutnants den Befehl über die

ihnen zugewiesenen Einheiten. Der für uns zuständige Leutnant Wölfel trat vor unsere Abteilung: »Auf dem Programm steht jetzt die Tauglichkeitsprüfung, die in der gut geheizten Turnhalle durchgeführt wird. Dort zieht ihr euch bis auf die Unterhose aus und lauft in Einerreihe in einem Abstand von drei Metern an den bereits dort befindlichen beiden Stabsärzten vorbei. Bei 1000 Jungen, deren Tauglichkeit noch heute geprüft werden muss, bleibt es selbstverständlich den beiden Stabsärzten vorbehalten, bei welchem Jungen eine Einzeluntersuchung vorgenommen wird. Um den Ablauf der Untersuchungen zu beschleunigen, ist beschlossen worden, dass stets derjenige beim Vorbeigehen vorzutreten hat, der eine versteckte, nicht sofort ins Auge fallende Körperbehinderung aufweist oder an einer schweren inneren Krankheit leidet. In einem solchen Falle wird der Betreffende morgen früh wieder in den Zug nach Leipzig gesetzt!«

Wir marschierten los. Die letzten Worte des Leutnants hatte ich noch im Ohr: »... in einem solchen Falle wird derjenige sofort morgen früh wieder in den Zug nach Leipzig gesetzt!« Würden die beiden Stabsärzte meine Füße aus der Nähe anschauen, dann wäre alles klar: Ich müsste zurück nach Leipzig. Also, was war zu tun? Welche Entscheidung sollte ich treffen? Hier konnte ich den Freund nicht um Rat bitten, ihm die Konsequenzen einer Festlegung aufbürden.

Fritz schaute mich fragend an, sagte aber nichts. Auch ihm war klar, dass er mir diese Entscheidung nicht abnehmen konnte. Gewissenskonflikte dieser Art muss jeder für sich allein lösen.

Ich dachte an die Haltung meines Onkels, der am Neujahrstag Dänemark den Vorrang gegeben hatte. Zwar hatte ich noch keinen Eid geleistet, aber auch für mich gab es kein Davonlaufen! Niemals sollte jemand sagen können, der Hans konnte nicht einmal in der größten Not sein Vaterland verteidigen. Beide Stabsärzte unterhielten sich, als ich an ihnen vorbeiging. Ich trat nicht vor!

Nach dem Ankleiden ergriff Fritz meine Hand: »Wenn du mich brauchst, werde ich dir beistehen, wo immer ich kann. Ich weiß, dass auch du alles tun wirst, um mir aus irgendeinem Schlamassel herauszuhelfen!«

Eine solche Freundschaft gibt es nicht oft. Ihre Bewährungsprobe bestand sie im Mai 1945 in amerikanischer Gefangenschaft auf den Rhein-Auen im Lager Sinzig. Ich bekam dort die Ruhr. Hunderte von Gefangenen sind daran gestorben. Fritz organisierte mit Kameraden für mich einen Hilfs- und Betreuungsdienst. Ich wurde gewaschen, verpflegt und mit Arzneien versorgt. Ohne diese Hilfe hätte ich die Krankheit nicht überlebt.

Am nächsten Tag wurden wir in der Flakkaserne zunächst einmal eingekleidet. Ich war schon erstaunt, dass in der Kleiderkammer für einen kleinen Kerl wie mich Jacke, Mantel und Schuhwerk in passender Größe vorhanden waren. Selbst Mütze und Stahlhelm passten. Fritz meinte: »Mensch, siehst du gut aus! Wenn dich die Mädchen in Leipzig so sehen könnten!«

Danach wurden wir ausgerüstet mit Gürtel, Brotbeutel, in dem sich u. a. das Waschzeug befand, Feldflasche und Trinkbecher, einem Kochgeschirr, dem Tornister, der eine Zeltbahn enthielt, die auch als wasserdichter Umhang bei Schlechtwetter dienen konnte. Die Ausweisdokumente wie Erkennungsmarke und Soldbuch, so sagte der Leutnant, würden wir erst nach der Vereidigung bekommen.

Zum Schluss bekamen wir das Gewehr, den Karabiner 98 k, und Munitionstaschen mit fünf Schuss Gewehrmunition. Unsere Zivilkleidung konnten wir einpacken und auf Kosten der Wehrmacht nach Hause schicken. Dort ist mein Paket aber nie angekommen.

Am Dienstag begann dann die Ausbildung, zunächst mit der Theorie. Im großen Turnsaal hockten wir 1000 Jungen am Boden. Anhand von riesigen Schautafeln und Bildern, die von zwei Scheinwerfern beleuchtet wurden, wie sie wohl am Theater verwendet werden, demonstrierten unsere Ausbilder, die vier Leutnants und unsere vier Unteroffiziere, die Bestandteile einer »Acht-Acht«, deren Bedienung und Feuerkraft.

Uns schwirrte der Kopf! Da war vom Kommandogerät die Rede, von Seiten-, Höhen und Zünderlaufzeitwerten, von der Zünderstellmaschine, von einem dreiteiligen Seelenrohr, das aus Ladungsraum, hinterem und vorderem Seelenrohr bestand. Es mag an dieser Stelle genügen. Das meiste hatten wir an diesem ersten Tage sowieso nicht verstanden.

Vier Tage lang wurde gepaukt. Dann kamen immer 20 Jungen für jeweils zwei Stunden an eines der sechs Geschütze. Alle Aufgaben der neun für die Bedienung eines solchen Geschützes notwendigen Kanoniere sollten wir beherrschen. Das war eine harte Arbeit für uns, eine regelrechte Schinderei. Schonen konnten uns die Ausbilder nicht. Ab und zu schaute der Major vorbei, spornte uns an.

Unser Leutnant ließ uns am Samstagnachmittag wissen, dass der Major mit uns außerordentlich zufrieden wäre und wir daher einen freien Tag verdient hätten. So konnten wir am Sonntag, es war der 21. Januar 1945, mal richtig verschnaufen. Die meisten schrieben Briefe nach Hause, an die Eltern, die Freundin oder an die Geschwister. Manch einer hat den Tag regelrecht verschlafen. Auch Fritz und ich pennten ein paar Stunden.

Fritz war in unserem mit 20 Jungen belegten Quartier der »Stubenälteste« geworden. Unser Leutnant hatte nämlich angeordnet, dass in jedem Raum einer das Kommando übernehmen, d.h. für Ruhe und Ordnung sorgen müsse. Die Wahl fiel wie selbstverständlich auf den Fritz. »Du musst das machen«, hatte der Felix Eisenmann gesagt. Auch alle anderen zeigten mit dem Finger auf meinen Freund.

Fritz strahlte eine ganz natürliche Autorität aus, hatte einen ausgeprägten Sinn für das Praktische, konnte einen Witz erzählen und darüber selbst herzlich lachen, er ermutigte seine Kameraden, wenn bei einigen die Stimmung zu kippen drohte. Hier war keine Geistesgröße gefragt. Schon von seiner Statur her sprach alles für den Fritz. Auch mit der »Acht-Acht« konnte er umgehen wie kein anderer! Neidlos anerkannte ich seine Führung. Schließlich war er doch mein bester Freund!

Als Mittagessen gab es an diesem Sonntag Schnitzel mit Kartoffelsalat. Wer wollte, konnte sich ein zweites Schnitzel holen. Auch Kartoffelsalat war reichlich vorhanden. Und schließlich servierte der Kantinenchef noch einen Schokoladenpudding als Nachtisch! Für das leibliche Wohl war also gesorgt.

In der zweiten Woche begannen die Übungen mit scharfer Munition. Weiterhin wurden wir jeden Tag mit den Fragen der Waffenkunde konfrontiert. Bald kannten wir alle Panzertypen der Alliierten, ihre Schwächen und Stärken, die Silhouetten der feindlichen Bomber und Jagdflugzeuge. Der Major selbst informierte uns über die Befehlshaber der gegnerischen Truppen. Namen wie Eisenhower, Patton, Montgomery und Luftmarschall Harris, Bomber-Harris genannt, wurden uns geläufig. Beiläufig bemerkte er, »der Hitler« habe noch etwas in petto, es ständen noch Geheimwaffen kurz vor ihrem Einsatz. Konkret wurde er jedoch nicht.

Schließlich war es so weit. Die Vereidigung stand bevor. An diesem Tage sollte auch die Entscheidung über den Ort unseres künftigen Kriegseinsatzes fallen. Der Wehrmachtsbericht vom 27. Januar 1945 nannte Breslau als Kampfzone. Es hieß dort: »... Gegen den Verteidigungsgürtel von Breslau führte der Gegner gestern schwächere Angriffe ohne Erfolg ... Nordwestlich von Breslau sind an der Oder heftige Kämpfe im Gange ...« Erst am 15. Februar 1945 wurde die zur Festung erklärte Stadt von der Roten Armee völlig eingeschlossen.

Hauptmann von Gossen hatte doch in Leipzig erklärt, dass eine unserer vier Abteilungen Breslau verstärken soll! Würden wir, Fritz und ich, zu dieser Einheit gehören? Ein wenig mulmig war uns schon zumute bei dem Gedanken, gegen die Russen kämpfen zu müssen. Wir beide ließen uns aber nichts anmerken, und ändern könnten wir es sowieso nicht!

Es ging feierlich zu an diesem Sonntag, dem 28. Januar 1945. Um zehn Uhr standen unsere vier Abteilungen im Karree auf dem Kasernenhof, alle künftigen Jungkanoniere in Uniform und mit Stahlhelm. In der Mitte des von unseren Einheiten gebildeten Vierecks war eine kleine Tribüne aufgebaut und mit der Reichskriegsflagge geschmückt worden. Der Major leitete die Zeremonie. Er war in Paradeuniform mit Stahlhelm erschienen, alle anderen Offiziere ebenso. Unter ihnen befand sich auch Hauptmann von Gossen. Der Major befahl: »Stillgestanden!« Unsere vier Leutnants brachten im feierlichen Schritt die Regimentsfahne herbei.

Jetzt erschien der Oberst, ebenfalls in Paradeuniform mit Stahlhelm. Er wurde von zwei Hauptleuten eskortiert. Der Major ging ihm entgegen: »Herr Oberst, 1000 Hitlerjungen, die heute zu Jungkanonieren ernannt werden, sind zum Gelöbnis angetreten!«

Der Oberst betrat das vor der Tribüne aufgebaute kleine Podest:

»Bevor ihr Jungen den Eid auf den Führer leistet, ernenne ich als zuständiger Regimentskommandeur euch hiermit zu Jungkanonieren! Von jetzt an seid ihr Flakkanoniere der deutschen Luftwaffe und zugleich Soldaten der deutschen Wehrmacht mit allen Rechten und Pflichten! Habt ihr das verstanden?«

»Jawohl, Herr Oberst!«, riefen wir wie aus einem Munde.

»Herr Major, sprechen Sie jetzt die Eidesformel!«

Der Major berührte die Regimentsfahne, die von zwei Offizieren und sechs Jungkanonieren gehalten wurde. Dann sprach er die Eidesformel:

»Ich schwöre bei Gott diesen heiligen Eid: Ich werde Adolf Hitler, dem Führer des Reiches und Oberbefehlshaber der Streitkräfte, bedingungslosen Gehorsam leisten und allzeit bereit sein, als tapferer Soldat mein Leben für diesen Eid hinzugeben!«

Es war ganz still geworden. Doch dann befahl der Major:

»Alle Jungkanoniere sprechen mir diesen Eid nach!«

Und so taten wir es! Der Oberst wartete ein oder zwei Minuten, ehe er zu sprechen begann. Ernennung und Eidleistung sollten wohl erst in den Köpfen nachwirken:

»Meine Jungkanoniere, eure Ausbildung endet am morgigen Tage. Wegen der Gefahr von Tieffliegerangriffen setzen wir euch erst in den Abendstunden des

29. Januar 1945 mit der Bahn in Marsch. Der Herr Reichsverkehrsminister, Dr.-Ing. Dorpmüller, hat am 23. Januar 1945 angeordnet, dass im gesamten Reichsgebiet der Schnell- und Eilzugverkehr einzustellen ist. Daher müsst ihr für die Fahrt zu euren Einsatzorten ganz normale Personenzüge benutzen! Der Major hat mir bestätigt, dass ihr mit großem Eifer eure Ausbildung betrieben habt und daher in der Lage sein werdet, im Kampf euren Mann zu stehen!

In Abstimmung mit dem Herrn Major Bölcke habe ich folgende Entscheidung getroffen: Die Abteilung unter der Führung des Leutnants Staunitz verstärkt die Truppen in der Festung Breslau, die Abteilung des Leutnants Berger schicken wir nach Prag, die Abteilung des Leutnants Wölfel kommt nach Köln/Leverkusen, und Leutnant Achenbach begibt sich mit seinen 250 Jungkanonieren nach Duisburg! Jeder von euch bekommt morgen Vormittag seine Erkennungsmarke und sein Soldbuch. Eure Wehrpässe gebt ihr ab. Herr Major, lassen Sie die Mannschaften wegtreten!«

Der Major gab noch bekannt, dass das Mittagessen ab zwölf Uhr eingenommen werden könne. Dann ließ er, wie befohlen, alle Abteilungen wegtreten. Der Oberst hatte bereits den Platz verlassen.

Jetzt wussten wir es! Die Entscheidung war gefallen. Wir, Fritz und ich, waren erleichtert. Gegen die Russen mussten wir also nicht kämpfen. Wir ahnten jedoch nicht, was uns in der Region Köln/Leverkusen erwarten würde. Gewiss waren nur wenige von uns Jugendlichen schon einmal in Köln gewesen. Was verband ich damals persönlich in meinen Gedanken mit dem Namen der Stadt Köln?

Köln ohne seinen Dom wäre undenkbar. Für die Generation, die ihn im Jahre 1880 vollendete, und für uns, die wir ihn jetzt verteidigen sollten, war er in jener Zeit ein Symbol des nationalen Stolzes. Das galt wohl auch für den Rhein, den Schicksalsstrom der Deutschen, der das Gesicht dieser Stadt prägt.

Im Fach Wirtschaftskunde hatte uns Studienrat Mende in der Handelsschule immer wieder eingetrichtert, dass es der amerikanische Großindustrielle Henry Ford, der Gründer der Ford-Dynastie, selbst gewesen sei, der am 2. Oktober 1930 den Grundstein für sein Zweigwerk in Köln gelegt habe. Der frühere Oberbürgermeister Konrad Adenauer hätte damals die Voraussetzungen für diese Ansiedelung geschaffen.

Bestimmt aber dachten wir nach Köln/Leverkusen abkommandierten Leipziger Jungen beim Namen dieser Stadt an den rheinischen Karneval, der dort eines seiner Zentren haben sollte. Irgend so etwas spukte auch in meinem Kopfe herum.

1938 hatten unsere Stadtväter versucht, den Kölner Karneval und damit die rheinische Mentalität nach Leipzig zu verpflanzen. Man nannte die Kampagne damals: »In Leipzig ist der Löwe los!« Es sollte mit dieser Losung der Bezug hergestellt werden zu der weltberühmten Löwenzucht im Leipziger Zoo. Schon in jener Zeit sind in Leipzig aufgezogene Löwen nach Afrika exportiert worden! Aber der Versuch, den rheinischen Karneval zu importieren, ist damals kläglich gescheitert. Und jetzt hofften wir wohl im Stillen, dem ursprünglichen Karneval in Köln selbst zu begegnen. Doch wir wurden sehr schnell eines Besseren belehrt.

Was wussten wir von den Bayer-Werken in Leverkusen? Jeder in Deutschland kannte damals gewiss das weltweit bekannteste Bayer-Päparat: das Aspirin! Und Studienrat Mende, dem ich viel Wissen in Wirtschaftsgeografie verdanke, hatte nicht vergessen zu erwähnen, dass die Bayer-Werke in Leverkusen zur Familie der 1925 gegründeten I.G. Farbenindustrie AG gehören, die damals der kapitalstärkste Konzern in Deutschland gewesen ist!

Der von uns in der Flakkaserne in Kassel am 28. Januar 1945 geleistete Fahneneid war ein auf Adolf Hitler persönlich geleisteter Eid! Bei einem nur auf eine bestimmte Person bezogenen Fahneneid gibt es weder eine Pflicht noch die Möglichkeit, einen militärischen Befehl auf seine Verfassungsmäßigkeit hin zu überprüfen.

Wir Jugendlichen wussten damals nicht, dass es vor dem Tod des Reichspräsidenten von Hindenburg am 2. August 1934 einen unpersönlichen Eid gegeben hatte. In der Weimarer Republik beinhaltete der Eid des Soldaten die Treuepflicht gegenüber der Reichsverfassung (!) und die Gehorsamspflicht gegenüber dem Reichspräsidenten – als Institution, nicht als Person! Treue zur Verfassung gebot zugleich das Achten von Recht und Gesetz sowie die Wahrung der Loyalität gegenüber der Republik.

Hindenburg, der berühmte deutsche Feldmarschall des Ersten Weltkrieges, war 1925 zum Reichspräsidenten gewählt und 1932 im Alter von 85 Jahren wiedergewählt worden. In seiner Eigenschaft als Reichspräsident war er zugleich Oberbefehlshaber der damaligen Reichswehr.

Das Gesetz zur Änderung des in der Weimarer Republik geltenden Fahneneides wurde am 20. August 1934 beschlossen, nur knapp drei Wochen nach dem Tod des Reichspräsidenten! Diese Änderung beruhte, das konnte ich der einschlägigen Fachliteratur entnehmen, auf einer Konzeption des damaligen Reichswehrministers, Generaloberst von Blomberg.

Dieser Fahneneid war für die zum strikten Gehorsam und nicht zu selbstständigem Handeln erzogenen preußisch-deutschen Offiziere ein entscheidendes Hindernis auf dem Weg in den Widerstand, auch wenn dieser Schritt als überlebenswichtig für die Zukunft Deutschlands erkannt wurde.

Ken Follett beschreibt in seinem bekannten Roman »Die Nadel«, der die Kriegsereignisse kurz vor dem Beginn der Invasion (6. Juni 1944) behandelt und der auch verfilmt worden ist, die Einstellung des deutschen Feldmarschalls Gerd von Rundstedt zum Fahneneid. Der Roman zeigt den Zwiespalt, in dem sich die deutschen Heerführer in jener Zeit befanden. Einerseits verlangte der geleistete Fahneneid bedingungslosen Gehorsam, andererseits sahen sie ihre Verantwortung für das vom Untergang bedrohte Volk und Vaterland.

»… Von Rundstedt war der beste Soldat des Reiches … Trotzdem wollte er nichts mit der kleinen Gruppe von Generalen zu tun haben, die sich, wie er wusste, verschworen hatten, Hitler zu stürzen … Es war ihm nicht möglich, seinen Fahneneid zu brechen und sich der Verschwörung anzuschließen …«

Verteidigung der Stadt Köln und der Bayer-Werke, Leverkusen

Standort Worringer Bruch im Benrather Staatsforst

Wir freuten uns, als am Montag, dem 29. Januar 1945, nachmittags in der Flakkaserne bekannt wurde, dass Hauptmann von Gossen, der den Transport von Leipzig nach Kassel geleitet hatte, uns 250 Jungkanoniere gemeinsam mit dem Unteroffizier Kramer nach Köln führen würde. An dem genannten Tag sind wir dann, wie befohlen, in den Abendstunden mit dem Personenzug zur Fahrt von Kassel nach Köln aufgebrochen. Bei diesem Marsch zum Bahnhof blieb uns der Anblick der zerstörten Altstadt von Kassel nicht erspart.

Die Route führte über Warburg, Brilon, Arnsberg, Fröndenberg, Schwerte und Hagen; von dort aus nach Wuppertal-Oberbarmen, Wuppertal-Vohwinkel, Solingen und Opladen. In den Morgenstunden des 30. Januar 1945 trafen wir in Köln-Kalk ein. Hier endete unsere Reise. Es war zu langen Fahrtunterbrechungen beim Warten auf die jeweiligen Anschlusszüge gekommen.

Fritz hatte während der Nachtfahrt bei einem der vielen Zwischenaufenthalte den Hauptmann in seinem Abteil aufgesucht. Ich war eingenickt, so bemerkte ich sein Weggehen nicht. Ohne mein Wissen bat er den Hauptmann um Marscherleichterung für mich, falls nach dem Ende der Bahnfahrt ein langer Fußmarsch bevorstünde. Fritz berichtete dem Hauptmann, dass ich mein Fußleiden verschwiegen hätte, und dieser sicherte ihm zu, dass er Freiwillige bitten würde, den Jungkanonier Partschefeld vom Tragen bestimmter Ausrüstungsgegenstände zu entlasten. Fritz erzählte mir später, dass der Hauptmann am Schluss gemeint habe, wenn der Partschefeld nicht mehr laufen könne, dann würden gewiss die Stärksten eine Trage bilden und ihn auf jeden Fall sicher ans Ziel bringen!

Was sollte ich da sagen? Ich drückte dem Fritz nur stumm die Hand. Ganz locker sagte er, das wäre seine Freundespflicht. Ich hätte ihm doch auch in den vier Schuljahren immer ohne Aufhebens geholfen. Nun sei eben er mal an der Reihe! Und Unterstützung bräuchte ich doch jetzt! Wir waren entsetzt und erschüttert, als wir in Köln-Kalk aus dem Zug kletterten und sofort die Trümmer wahrnahmen. Alle Illusionen von Karneval und ähnlichen Vorstellungen begruben wir sofort. Eine andere, eine furchtbare Welt fanden wir vor.

Bei unserer Ankunft in Kassel hatte uns die Dunkelheit den Anblick der zerstörten Altstadt weitgehend erspart. Aber hier war alles anders. Der Morgen in Köln zeigte uns unerbittlich das schreckliche Antlitz dieser zerstörten Stadt – sofern man überhaupt noch von einer Stadt sprechen konnte! Nichts, aber auch gar nichts ließ noch etwas erkennen von der in Friedenszeiten wohl lebenslustigsten Metropole des rheinischen Karnevals. Die Stadt war gestorben, das sahen wir auf einen Blick. Ich schaute in die Gesichter meiner Kameraden und wusste, sie empfanden so wie ich. Manche, und es waren nicht die körperlich Kleinsten, schämten sich nicht, die Tränen aus den Augen zu wischen.

Der Hauptmann ließ uns vor dem zerstörten Bahnhof antreten. Auch er war blass geworden:

»Jungkanoniere, zuletzt bin ich 1941 in Köln gewesen. Eine Schwester meiner Mutter lebte hier. Sie und ihr Mann sind 1942 in dieser Stadt bei dem ersten Angriff von 1000 alliierten Bombern ums Leben gekommen. Was ich jetzt sehe, ist das Grauen! Bitte, erspart mir weitere Worte. Auf jeden Fall werden wir unseren Auftrag ausführen!« Selbst diesem kampferprobten Manne versagte bei diesem Anblick fast die Stimme.

Was hatte es für eine Bewandtnis mit diesem 1942 durchgeführten »1000-Bomber-Angriff« auf Köln? Wie kam es dazu? Kurt Zentner schreibt: »… Churchill hat seine schon 1925 geforderte Strategie des Krieges gegen Frauen und Kinder endgültig durchgesetzt, gegen alle taktischen, strategischen und humanen Widersprüche. Großangriffe auf die Wohnviertel deutscher Städte … sind nun das offiziell erklärte Ziel der Bomberstreitkräfte der Royal Air Force … Churchill lässt den bisherigen Chef des britischen Bomberkommandos ablösen. An seiner Stelle setzt er den Geschäftsmann Arthur Harris ein und lässt ihn vom König zum Luftmarschall ernennen. Harris ist seitdem bekannt als der ›Erfinder‹ des erbarmungslosen Bombenterrors gegen die Zivilbevölkerung …«

Um den Kritikern im eigenen Lande zu begegnen, will Harris einen vernichtenden Angriff auf eine westdeutsche Großstadt führen. Kurt Zentner fährt fort:

»… Köln bietet sich als diese Stadt geradezu an. Köln ist eine Großstadt, und Köln liegt nahe genug an der deutschen Westgrenze. Alle verfügbaren Bomberstreitkräfte in einer Nacht auf diese Stadt angesetzt – das

---

* Kurt Zentner, Illustrierte Geschichte des Zweiten Weltkrieges, Südwest Verlag GmbH & Co. KG, München, 10. Auflage 1975

muss eine so vernichtende Wirkung geben, dass auch der letzte Zweifler an der Richtigkeit der Churchillschen und Harrisschen Taktik verstummen muss ...

Gegen alle Widerstände bringt Harris' ›eiserne Energie‹ es fertig, ... tausend Bomber für den Angriff auf eine einzige deutsche Großstadt zusammenzukratzen. ... In der Nacht vom 30. zum 31. Mai 1942 fallen über Köln zweitausend Tonnen Sprengstoff und feuriger Phosphor vom Himmel. 90 Minuten dauert das Inferno ... Der Flakgürtel rund um Köln ist gegen diese Massierung von Bombern machtlos ... In diesen neunzig Minuten verglüht das alte Köln in einem höllischen Feuersturm ... Köln ist ein Flammenmeer, Wohnhäuser brennen in unübersehbarer Zahl, große Warenhäuser, Kinos, Krankenhäuser, Kirchen.«

»Meine Jungkanoniere«, sagte der Hauptmann, »vor uns liegt nach den mir vorliegenden Informationen ein wohl mehr als zweistündiger Fußmarsch. Wir werden mehrere Pausen einlegen. Unser Ziel ist ein noch erhaltenes altes preußisches Festungswerk aus dem vorigen Jahrhundert, nicht etwa ein Teil des erst 1939 gebauten Westwalls. Mir wurde gesagt, wir würden es über die Venloer Straße erreichen. Es läge etwas außerhalb, und zwar nordwestlich vom Kölner Zentrum. Dort könnt ihr euch dann ausruhen. Unser Kommen werde ich bei der nächsten Gelegenheit telefonisch ankündigen. Ihr bekommt im Fort auch ein warmes Essen. Notfalls könnten wir dort auch in den bombensicheren Kasematten übernachten, falls es mit dem Abholen nicht zeitgerecht klappen sollte.

Einer eurer Kameraden, das habe ich erst heute Nacht erfahren, hat in Kassel bei der Tauglichkeitsprüfung sein schweres Fußleiden verschwiegen. Ich brauche daher mehrere Freiwillige, die dem Jungkanonier Partschefeld Gepäck und Ausrüstung abnehmen!«

Sofort traten bestimmt zwei Dutzend meiner Kameraden vor die angetretene Formation.

Der Hauptmann rief mich nach vorn. Mir wurde alles abgenommen, was beim Marschieren entbehrlich war. »Wenn deine Füße nicht mehr mitmachen, meldest du dich!«

Dann befahl der Hauptmann: »In Dreierreihe ohne Tritt marsch!« Er setzte sich an die Spitze der Kolonne, während Unteroffizier Kramer die Abteilung am Schluss begleitete.

Köln-Kalk liegt rechtsrheinisch. Wir zogen los zu dem linksrheinisch gelegenen alten preußischen Fort. Dort sollten wir den in dieser Region stationierten Flakbatterien zugeordnet werden.

Auf dem kilometerlangen Weg, zunächst durch Köln-Deutz, konnte ich nur ein einziges vollständig erhaltenes Haus ausmachen. Unschwer war zu erkennen, dass hier offensichtlich die für die Aufrechterhaltung der Ordnung in dieser Stadt zuständigen Behörden untergekommen waren. Dort ließ der Hauptmann unsere Kolonne halten. Er ging in das Haus und hat wohl von dort aus mit dem Festungswerk telefoniert.

Wohin wir bei dem Marsch durch die Altstadt, dann durch Stadtteile, deren Namen, wenn sie uns genannt worden wären, nichts gesagt hätten, auch blickten, überall sahen wir nur die Fassaden eingestürzter Häuser, Ruinen zerbombter Kirchen, niedergebrannte Fabrikhallen, zerfetzte Bäume, heruntergerissene Oberleitungen der Straßenbahnen, aber nur wenige Menschen.

Vielfach stand Hausrat, der von den Sprengbomben verschont worden war oder den die Bewohner noch vor dem Feuersturm in Sicherheit gebracht hatten, auf den kaum noch erkennbaren Fußwegen oder Straßenrändern. Planen waren darüber gelegt worden, um das gerettete Hab und Gut wenigstens noch vor den Unbilden des Wetters zu schützen.

Im Ersten Weltkrieg kämpfte das Deutsche Reich zu Lande vornehmlich an drei Fronten: im Westen zunächst gegen Frankreich und Großbritannien, dann ab April 1917 auch gegen die USA, im Osten gegen Russland und im Süden gemeinsam mit Österreich-Ungarn ab 1915 gegen Italien. Daher versuchten die Deutschen im Frühjahr 1917, in Russland eine Revolution zu entfachen. Man hoffte, damit das Zarenreich aus der Allianz der Feindmächte herauslösen zu können.

Mit Billigung der damaligen deutschen Regierung fuhr am 9. April 1917 ein Sonderzug von Zürich durch Deutschland nach Stockholm, um russische Revolutionäre in ihre Heimat zu schleusen. Einer von ihnen war Lenin. Churchill kommentierte dieses Ereignis 1929 in »The Worlds Crisis«: ... die Deutschen seien gegen Russland mit der grauenvollsten aller Waffen vorgegangen. »Sie transportierten in einem plombierten Wagen Lenin wie einen Pestbazillus von der Schweiz nach Russland ...«[*]

Aber Churchill selbst schickte im Zweiten Weltkrieg eine gleichermaßen grauenvolle Waffe von Großbritannien nach Deutschland, nämlich die Stabbrandbombe. Nach Jörg Friedrich »... war die vierpfündige Stabbrandbombe die schädlichste Waffe des Zweiten Weltkrieges. Achtzig Millionen Exemplare fielen auf Deutschland.«

---

[*] Friedrich Hartau, Wilhelm II., Rowohlt Taschenbuch Verlag GmbH, Reinbek bei Hamburg, 5. Auflage 1992

Bei unserem Marsch durch Köln sahen wir zumeist Uniformierte der verschiedenen technischen Hilfsdienste und Wehrmachtsangehörige, nur selten und ganz wenige Zivilisten. Als wir die zum Kölner Dom führende Hohenzollernbrücke passierten, ertönte eine Sirene, das bedeutete Fliegeralarm! Die Brückenwache hatte bereits mit dem Einnebeln der Brücke begonnen. Nur schemenhaft sahen wir daher den noch weitgehend unbeschädigten Kölner Dom. Der Hauptmann befahl: »Im Laufschritt, marsch, marsch!« Aber wir hatten Glück. Flugzeuge tauchten nicht auf!

Nachdem wir auf der linksrheinischen Seite angelangt waren, ließ uns der Hauptmann zunächst noch zwei Kilometer marschieren, aber dann pausieren. Ein Polizist tauchte auf. Der Hauptmann fragte ihn nach dem Weg zu unserem Ziel. In dieser Trümmerlandschaft konnten wohl selbst Einheimische die Orientierung verlieren. Für uns Fremde war es nicht möglich, auszumachen, in welchem Stadtteil wir uns gerade befanden. Der Stadtplan, den unser Hauptmann in den Händen hielt, war da keine große Hilfe. Es war einfach trostlos!

Um nicht von der zum Ziel führenden Strecke abzukommen, musste unser Hauptmann selbst in den Außenbezirken immer wieder einen der wenigen Zivilisten oder Uniformierten befragen, die uns begegneten. Schließlich fanden wir in einem Waldstück das dort versteckt liegende, damals im Jahre 1945 wahrscheinlich 1000 Jahre alte Fort.

Heute, im Jahre 2005, nach nunmehr 60 Jahren, ist die Erinnerung an diese Bastion ein wenig verblasst. Ich zweifle, dass ich sie heute wiederfinden würde, obwohl ich das Gebäude selbst noch heute vor meinem geistigen Auge sehe und jede Einzelheit beschreiben könnte.

Abgekämpft und müde, aber zugleich traurig über das Elend in dieser Stadt, das wir gesehen hatten, standen wir vor dem alten Festungswerk.

»Alle mal herhören«, sagte der Hauptmann. »Ich werde zunächst einmal den Stab der hier in Köln stationierten und für euch nun zuständigen Flakdivision über unsere Ankunft informieren und um Instruktionen zum weiteren Ablauf bitten.«

Der Hauptmann begab sich in das Gebäude. Jetzt meldete sich bei uns auch der Hunger. Meine Füße begannen zu schmerzen, aber ich hatte es doch ohne weitere Unterstützung geschafft. Die mehrmalige Rast und das »Freistellen« von allen Lasten waren für mich »Fußkranken« eine große Hilfe gewesen.

Drei Schwestern vom Roten Kreuz kamen herbei. Erstaunlich, wie belebend deren Erscheinen wirkte. Endlich mal wieder hübsche Frauen zu sehen, das war schon eine Überraschung.

»Es gibt erst mal heißen Kaffee und ein paar dicke Butterbrote! Euer Hauptmann telefoniert noch, er weiß Bescheid, kommt alle herein«, sagte die wohl das Wort führende Schwester. Das ließen wir uns nicht zweimal sagen.

Das Haus wurde regelrecht gestürmt. Jeder von uns 250 Jungen wollte der Erste sein. Die militärische Ordnung schien aufgelöst. Fast hätten wir die netten Schwestern umgerannt. Die mussten es sich gefallen lassen, immer wieder auf die Wangen geküsst zu werden. Sie lachten dazu und freuten sich über den Ansturm dieser Jungen. Das Grauen, das wir gesehen hatten, rückte in den Hintergrund. Jetzt gewann wieder der Lebenswille die Oberhand.

Eine große Halle nahm uns auf. Die Schwestern hatten schon alles vorbereitet. Die Brote lagen bereit, in großen Kannen dampfte der Kaffee – es war richtiger Bohnenkaffee –, und Tassen standen auf den aufgestellten Tischen. Auch genug Sitzgelegenheiten gab es. Unsere Müdigkeit war plötzlich verflogen. Auf einmal redeten wir miteinander und ganz besonders mit den Schwestern. Inzwischen bemühten sich wohl ein Dutzend Schwestern aller Altersstufen um unser Wohlergehen. Damit hatten wir gar nicht gerechnet. So konnte man für kurze Zeit den Krieg und seine Auswirkungen vergessen.

Wie so oft im Leben, so ging auch diese Träumerei rasch zu Ende. Der Hauptmann war zurückgekommen. Aber auch ihm sah man die Erleichterung an, als er »seine Jungkanoniere« beim Plausch mit dem anderen Geschlecht ertappte: »Bleibt sitzen und hört mir zu! Ihr werdet auf zwölf Batterien aufgeteilt. Der Major vom Stab der Division lässt mir freie Hand bei der Festlegung, wer von euch zu welcher Einheit kommt.

Ich denke, zu den zehn von den zwölf Batterien, die über jeweils sechs Geschütze mit dem Kaliber 8,8 cm verfügen, sollten jeweils 20 Jungkanoniere kommen. Dagegen werden sich die beiden mit 10,5-cm-Geschützen ausgerüsteten Batterien bestimmt über eine Verstärkung durch 25 Jungen freuen.«

Im Zweiten Weltkrieg verfügte eine Flakdivision über maximal 30 Batterien, meistens mit je vier 8,8-cm-Geschützen. Oft standen einer schweren Flakbatterie noch mehrere kleine 2-cm-Kanonen zur Abwehr von Tieffliegern zur Verfügung. Im Zuge ihres Neuaufbaus nach 1933 hatte die deutsche Luftwaffe die ihr unterstellten Flakeinheiten voll motorisiert. Um die Feuerkraft noch zu erhöhen, war in den letzten Kriegsjahren die Anzahl der Geschütze je Batterie auf sechs, manchmal auf zwölf Geschütze aufgestockt worden.

»Hat einer von euch einen Vorschlag für eure Zuordnung auf die zwölf Batterien?« Der Hauptmann schaute sich erwartungsvoll um. Fritz, der neben mir saß, sah mich an. Ich schüttelte den Kopf. Oft verstanden wir uns auch ohne Worte.

Da erhob sich der Siegfried Hofmayer. Wir beide kannten ihn. Er gehörte zu der Gruppe, die in der Kasseler Flakkaserne in der Nachbarstube einquartiert war. Er war Gymnasiast und trug eine Brille, die ihm jetzt schon das Aussehen eines Gelehrten gab. Seine Kameraden nannten ihn respektvoll nur den »Professor«.

»Herr Hauptmann, ich schlage vor, dass zumindest die 20 Jungen zusammenbleiben, die in der Flakkaserne in Kassel eine Stube miteinander geteilt haben. Dort hat sich bereits eine kleine Gemeinschaft gebildet, die man nicht gleich wieder zerstören sollte! Sie, Herr Hauptmann, sollten zwölf Zettel mit den Nummern von 1 bis 12 beschriften und dann in einen Behälter einlegen. Jeder der ehemaligen zwölf Kasseler Stubenältesten könnte jeweils eines dieser Lose herausnehmen. Und da die Abholfahrzeuge gewiss nicht gleichzeitig kommen, sollte dann die Zuordnung der zwölf Gruppen in der Reihenfolge der Losziffer erfolgen. Die zehn verbleibenden Kameraden dürfen dann selbst bestimmen, zu welcher der beiden 10,5-cm-Batterien sie gehen möchten!«

Der Hauptmann war verblüfft: »Ja, Jungkanonier Hofmayer, wann hast du dir das denn ausgedacht?«

Der Hofmayer setzte seine Brille ab und schaute den Hauptmann an: »Das ist mir gerade eingefallen!«

»Also, schlecht finde ich das nicht. Wer Einwände hat, der hebe die Hand!«

Keine Hand rührte sich.

»Da keine Einsprüche vorliegen, werden wir so verfahren, wie es der Hofmayer vorgeschlagen hat!«

Und so geschah es. Fritz zog für unsere Gruppe die Nummer 2. Der Hauptmann rechnete frühestens um 16 Uhr mit dem ersten der LKWs, die uns zu den Stellungen der Batterien bringen sollten.

»Warmes Essen wird in etwa einer Stunde ausgeteilt. Wer ein wenig ausruhen möchte, kann sich in das erste Stockwerk begeben, dort sind in den Ruheräumen Liegen aufgestellt.«

Für uns alle war es wieder einer der Wege ins Ungewisse. Wo würde uns die Nummer 2 hinführen? Welchen Vorgesetzten würden wir bekommen? Fritz hatte das Los gezogen und damit unser Schicksal bestimmt.

Inzwischen war das Essen fertig geworden. Die Schwestern hatten für uns eine schmackhafte Erbsensuppe mit einer echten »Polnischen« zubereitet. Sie war köstlich. So riefen wir später den Schwestern zu:

»Wir danken euch für eure Mühe!«

Spontan stimmten wir ein damals besonders beliebtes Lied an:

»Heute wollen wir marschier'n, einen neuen Marsch probier'n. Auf dem schönen Westerwald, da pfeift der Wind so kalt. O du schöner Westerwald, über deine Höhen pfeift der Wind so kalt, jedoch der kleinste Sonnenschein dringt tief ins Herz hinein.«

Verstohlen griffen die jüngeren Schwestern zu ihren Taschentüchern. Dagegen ließen die älteren Schwestern ihren Tränen freien Lauf. Das hatten wir nicht gewollt. Deshalb sangen wir nun:

»Auf der Heide blüht ein kleines Blümelein, und das heißt Erika. Heiß von hunderttausend kleinen Bienelein wird umschwärmt Erika. Denn ihr Herz ist voller Süßigkeit, zarter Duft entströmt dem Blütenkleid. Auf der Heide blüht ein kleines Blümelein, und das heißt Erika.«

Ein Chorleiter hätte sich vielleicht mit Grausen abgewandt. Aber wir waren ja auch nicht die »Thomaner«. Dafür kam es ebenso aus dem Herzen wie der Beifall der Schwestern, die ihre Tränen trockneten. Die Schwestern gaben jedem der ganz vorn stehenden Jungen ein Busserl, und bestimmt werden die älteren unter ihnen gedacht haben: »Einer von diesen jungen Burschen könnte mein Sohn sein.«

Inzwischen war es doch schon 17 Uhr geworden. Den Hauptmann und unseren Unteroffizier Kramer sahen wir nicht. Wahrscheinlich telefonierten sie noch immer. Da hörten wir plötzlich Motorengeräusche. Mehrere Jungen, die vor dem Gebäude eine Zigarette rauchten, riefen von draußen:

»Zwei LKWs sind vorgefahren!«

Jetzt mussten wir unsere sieben Sachen packen, es wurde ernst. Fritz hatte ja die Nummer 2 gezogen!

Nun tauchte auch unser Hauptmann auf: »Die Gruppen 1 und 2 fertig machen zum Abtransport! In den zuerst in den Hof eingefahrenen LKW begibt sich die Gruppe 1, in den anderen die Gruppe 2!«

Es galt nun Abschied zu nehmen von den Kameraden, auch von den freundlichen Schwestern des Roten Kreuzes, und natürlich von unserem Hauptmann und dem Unteroffizier Kramer. Viele Hände wurden noch geschüttelt. Aber schon kommandierte ein Oberfähnrich, der den zweiten LKW begleitete: »Die 20 Jungkanoniere, die zu meiner Batterie kommen, hierher!«

Wir kletterten auf den LKW. Der Oberfähnrich war uns gefolgt und begann sogleich zu reden:

»Hört zu! Ich bin Oberfähnrich Sawatzki. Auf der Fahrt zu unserer Stellung im Worringer Bruch des Benrather Staatsforstes können jederzeit, tagsüber und auch noch in der Abenddämmerung, Tiefflieger auftauchen.

Die feuern seit einiger Zeit mit ihren Bordwaffen auf alles, was auf den Landstraßen kreucht und fleucht! Wenn ihr also verdächtigen Motorenlärm hört – sofort herunter vom Fahrzeug und Deckung in den Straßengräben suchen! Ich möchte euch nämlich lebend bei unserem Batterieführer, dem Oberleutnant von Langsdorff, abliefern! Habt ihr das verstanden?«

»Jawohl, Herr Oberfähnrich!«

Der Oberfähnrich wandte sich dem Fahrer zu: »Los geht's!«

Auch an diesem letzten Januartag war die Abenddämmerung früh hereingebrochen. Als wir losfuhren, kamen uns drei weitere unbeladene LKWs entgegen, die auf den Vorhof zur Festung einbogen. Der Oberfähnrich hatte uns verunsichert. Angestrengt lauschten die meisten von uns. Andere starrten zum Himmel. Aber die beginnende Dunkelheit erschwerte die Sicht.

»In etwa fünf Minuten erreichen wir den Wald«, ließ sich der Oberfähnrich vernehmen, »da wird es nochmal gefährlich!«

Sawatzki hatte den Teufel an die Wand gemalt! Urplötzlich feuerte ein Tiefflieger, den wir weder gehört noch gesehen hatten, auf unseren LKW. Das war die Feuertaufe! Geschosse durchschlugen die Bordwände unseres Fahrzeuges. Der Jagdbomber flog in einer Höhe von höchstens 10 bis 15 Metern über uns hinweg. Fast hätte man ihn mit Händen greifen können! Nach einer lang gezogenen Kurve wendete er und wollte wohl zum zweiten Mal angreifen.

»So ein Hundsfott! Herunter vom LKW, in den Wald!«

Es war doch gut gewesen, dass uns der Oberfähnrich zu Beginn der Fahrt auf die Gefahr aufmerksam gemacht hatte. Unser Fahrer war ein alter Hase, den offensichtlich nichts mehr so leicht erschüttern konnte, und er brachte sein Vehikel schnell zum Stehen,

Im Nu waren wir von dem LKW heruntergesprungen und rannten in alle Himmelsrichtungen davon. Nur kein großes Ziel bieten. Das hatten uns schon unsere Ausbilder in Kassel eingebläut. Am Straßenrand standen dicht beieinander drei Pappeln. Zwar trugen sie in dieser Jahreszeit noch keine Blätter, aber das Geäst bot doch eine gewisse Deckung und beeinträchtigte zumindest die Sicht des Piloten auf die von ihm anvisierten Bodenziele. Direkt hinter den Pappeln befand sich jetzt unser Fahrzeug. Doch der Jagdbomber drehte ab.

»Am Fahrzeug sammeln!«, rief der Oberfähnrich. Wir atmeten tief durch. Einer nach dem anderen fand sich wieder ein. Aber zwei Jungen waren verletzt. Der eine, Johannes Baumgarten, hatte einen Streifschuss am rechten Unterarm, Wolfgang Bäumler humpelte und blutete am linken Oberschenkel. Alle anderen waren ohne Blessuren davongekommen.

»Da haben wir aber Glück gehabt«, ließ sich der Oberfähnrich vernehmen. »So ein Mistkerl!« – er meinte wohl den Piloten – »Der hat sich über dem Waldstück an uns herangeschlichen!«

Wir Jungen blieben zunächst stumm. Der Schrecken saß uns noch in den Gliedern. Ein solches Ereignis musste man erst einmal verarbeiten. Die Erfahrung, haarscharf am Tod vorbeizuschlittern, war für uns 17-Jährige neu und nicht gerade ermutigend.

Unser Fahrer holte Verbandszeug aus dem LKW und versorgte die Wunden. Der Oberfähnrich beruhigte die beiden verletzten Jungen mit der Floskel:

»Regt euch nicht auf, das hätte ja noch viel schlimmer kommen können!«

Dabei mussten wir ihm innerlich zustimmen. Wie

leicht hätte es Tote geben können. Mit 17 Jahren den Heldentod zu sterben, darauf waren wir nicht vorbereitet. Tapfer ertrugen Johannes und Wolfgang ihre Schmerzen.

Unser Fahrzeug hatte auch etwas abbekommen. »Aber die Weiterfahrt ist möglich«, meinte unser Fahrer. Auf einem Waldweg fuhren wir in den Forst hinein. Plötzlich lichtete sich der Wald. Jetzt sahen wir die Geschütze und die Baracken der Kanoniere. Wir hatten unser Ziel erreicht. Der Fahrer hielt vor einer Baracke. Wir sprangen vom LKW.

Der Oberfähnrich blieb beim Fahrzeug stehen und meinte: »Geht ihr zunächst mal in diese Baracke, sie dient uns als Kantine, trinkt erst einmal etwas. Ich werde dem Oberleutnant eure Ankunft melden und ihm kurz über die Fahrt berichten!«

Wir gingen hinein. Der Kantinenchef brachte Limonadenflaschen. Nach etwa zehn Minuten betrat ein Offizier den Raum. Es war der Oberleutnant, ein freundlicher Mann, schätzungsweise 25 Jahre alt, bestimmt 1,80 Meter groß. Ein Unteroffizier begleitete ihn. Wir sprangen auf und nahmen Haltung an.

»Setzt euch wieder hin. Ihr habt einen anstrengenden Tag hinter euch, dazu noch zu guter Letzt so einen gemeinen Feuerüberfall durch einen Jagdbomber. Und in der vergangenen Nacht dürftet ihr gewiss nicht viel geschlafen haben. Ihr schaut ein wenig verwundert, dass ich das alles weiß? Aber ich hatte ja ein Telefongespräch mit eurem Hauptmann von Gossen, und unser Oberfähnrich hat mich über den Zwischenfall bei der Herfahrt informiert.«

Der Oberleutnant blieb stehen und setzte seinen Vortrag fort: »Ich bin also euer Batterieführer. Meinen Namen hat euch Oberfähnrich Sawatzki bereits genannt. Ich freue mich auf die Verstärkung, die wir durch euer Kommen erfahren. Eine Baracke für euch haben unsere russischen ›Hilfswilligen‹ bereits aufgebaut und ausgestattet. Auf jeden Fall findet dort jeder von euch heute abend ein Bett. Genügend Decken sind auch vorhanden.

Unser Auftrag lautet: Verteidigung der Stadt Köln und der kriegswichtigen Bayer-Werke in Leverkusen. Ganz in der Nähe, höchstens zehn Kilometer von unserer Stellung entfernt, liegen deren Fertigungsanlagen. Euer Dienst hier in der Batterie beginnt morgen Früh mit dem Wecken um sechs Uhr! Es bleibt somit heute Abend noch ein wenig Zeit zum Eingewöhnen! In der kommenden Nacht könnt ihr also nochmals ruhig schlafen. Mit einem nächtlichen Luftangriff auf die Batterie rechnen wir derzeit nicht. Am Boden halten unsere Truppen noch immer die Front in der Eifel im Hürtgenwald.

Unserem Oberfähnrich übertrage ich die Verantwortung für eure Ausbildung und den anschließenden Einsatz an den Geschützen. Oberfähnrich Sawatzki ist ab sofort euer direkter Vorgesetzter. Er hat den Ruf eines harten, aber tapferen Mannes. Vor allen Dingen könnt ihr viel von ihm lernen! Mit der leichten Flak kennt er sich bestens aus. Wir erwarten, dass Oberfähnrich Sawatzki in Kürze sein Leutnantspatent bekommt!

Mein Wunsch ist es, dass ihr die Bedienung unserer beiden kleinen 2-cm-Kanonen übernehmt. An dieser Waffe müssen tagsüber immer fünf Kanoniere jeweils sechs Stunden lang Bereitschaftsdienst schieben. Diejenigen von euch, die am besten mit den kleinen Kanonen umgehen können, werde ich als Geschützführer einsetzen und nach Bewährung zu Gefreiten ernennen! Ich meine, in eurem Alter fehlt euch noch die Kraft, um als

Ladekanoniere bei den großen Geschützen im Gefecht laufend Sprenggranaten mit einem Einzelgewicht von rund 15 Kilogramm bewegen zu können. Ein solcher Einsatz an der ›Acht-Acht‹ sollte nur für den Nofall gelten. Falls ihr eure verwundeten Kameraden vermisst, unsere beiden Sanitäter kümmern sich bereits um sie. Es sind offensichtlich nur Fleischwunden. Beide Jungkanoniere können voraussichtlich in einer Woche wieder ihren Dienst aufnehmen. Vorerst bleiben die beiden noch im Sanitätsraum.

Zum Schluss noch etwas Persönliches. Von dieser Stunde an gehört ihr zu meiner Einheit. Für jeden meiner Kanoniere fühle ich mich persönlich verantwortlich. Das trifft auch jetzt auf euch zu! Daher möchte ich auch jeden Einzelnen von euch in einem Vier-Augen-Gespräch kennen lernen. Damit wollen wir sofort morgen Abend um 19 Uhr beginnen. Etwa eine Stunde sollte ein solches Gespräch dauern. Hierbei möchte ich etwas erfahren über Elternhaus, Schulbildung, den Sport, den ihr ausübt, Lehre und Berufswunsch sowie über etwaige Besonderheiten eures bisherigen Lebensweges. Wir werden nach dem Alphabet vorgehen. Wer werden die Ersten sein morgen Abend?«

Fritz, der bisherige Stubenälteste, erhob sich.

»Herr Oberleutnant, das sind die Jungkanoniere Heinz Ammersdorf und Dietmar Albert.«

Die Jungkanoniere Ammersdorf und Albert sprangen auf.

»Jungkanonier Dietmar Albert, Sie melden sich morgen Abend um 19 Uhr in meinem Befehlsstand, Sie, Heinz Ammersdorf um 20 Uhr!«

»Jawohl, Herr Oberleutnant!« Beide Jungkanoniere setzten sich wieder.

»Im Übrigen, ich halte es für sinnvoll, wenn wir Vorgesetzten euch hier im Batteriebereich duzen können! Einverstanden?«

»Jawohl, Herr Oberleutnant!« Warum sollten wir hiergegen etwas einwenden?

»Für heute soll es genügen. Wer noch Hunger hat, kann noch etwas bekommen. Ab morgen früh verläuft dann alles ganz normal. Ich wünsche euch eine gute Nacht! Unteroffizier Wuskopf wird euch später zu eurer Baracke führen!«

Wir sprangen auf: »Gute Nacht, Herr Oberleutnant!«

Unteroffizier Wuskopf brachte uns wenig später zu unserer etwa 300 Meter von der Kantine entfernten Baracke. Er teilte uns noch mit, dass der Oberfähnrich für morgen früh um neun Uhr Antreten in Reih und Glied befohlen habe, der Waschraum sich in der Baracke neben der Kantine befände und ab sechs Uhr zu nutzen wäre, das Frühstück könne ab sieben Uhr in der Kantine eingenommen werden.

Unsere Baracke war zweigeteilt. Sie bestand aus einem Schlafraum mit zehn Doppelstockbetten und einem kleineren Vorraum mit 20 Spinden. Die meisten von uns waren der totalen Erschöpfung nahe. Erst jetzt wurden wir uns der Anstrengungen der letzten beiden Tage bewusst. Selbst Fritz mit seiner robusten Natur wirkte müde und abgespannt. Aber noch immer war er unbestritten der Führer unserer kleinen Einheit:

»Wisst ihr, wie wir schnell das Problem der Vergabe der Betten und Spinde lösen, ohne dass sich jemand benachteiligt fühlt? Ich denke, wir machen es genauso, wie es der Siegfried Hofmayer für die Zuordnung auf die LKWs vorgeschlagen hat! Ich schreibe mit dem Bleistift auf jedes Bett und jeden Spind eine Nummer und diese Zahlen auf 20 Zettel aus meinem Notizbuch.

Hier steht ein Eimer, in den tue ich die Zettel, und jeder von euch nimmt einen davon heraus. Es werden zwei Zettel mit zwei Ziffern für die noch im Sanitätsraum liegenden beiden Kameraden übrig bleiben. Wenn niemand von euch eine bessere und schnellere Lösung kennt, dann machen wir es so!«

Keiner sagte etwas. Wir waren viel zu müde, um noch andere Möglichkeiten zu erwägen. So hatte jeder von uns ganz schnell eine Schlafstätte und einen Spind gefunden. Wir packten unsere Sachen und Mitbringsel in, den Karabiner neben den Spind und bezogen unsere Betten und die Decken mit der bereitliegenden Bettwäsche. Es fehlte uns die Kraft, unsere Spinde militärisch korrekt einzuräumen. Aber dafür schliefen wir in dieser Nacht wie die Murmeltiere.

Am 31. Januar 1945 um neun Uhr früh standen wir in Reih und Glied vor unserer Baracke. Es war kalt, und wir fröstelten. Man hätte den Mantel gebrauchen können. Eine leichte Schneedecke bedeckte den Boden. Auch auf den Zweigen der Tannen im nahen Forst lag ein wenig Schnee. Der Oberfähnrich nahte. Fritz ging auf den Oberfähnrich zu und meldete:

»Herr Oberfähnrich, 18 Jungkanoniere befehlsgemäß in Zweierreihe zum Dienst angetreten!«

Sawatzki hielt nichts von einer Ansprache, sondern kam gleich zur Sache. Er schaute unsere kleine Formation an, ob die Ausrichtung auch stimmen würde.

»Das nennt ihr in Reih und Glied angetreten? Ihr habt wohl noch nicht ausgeschlafen!«

Er richtete sein Augenmerk auf die Linie der ersten Reihe. »Der letzte Mann in der ersten Reihe vortreten!«

Es war Gustav Neumann. Vor ihm in dieser Reihe stand ich.

»Merkst du nicht, dass sich deine Hacken einige Zentimeter hinter der Linie der anderen acht Jungkanoniere befinden? Weißt du nicht, dass in einer Reihe die Hacken auf einer Linie stehen müssen? Habt ihr denn das nicht bei der Hitlerjugend gelernt, eine ordentlich ausgerichtete Reihe zu bilden?«

»Doch, Herr Oberfähnrich, aber obwohl ich sehr klein bin, habe ich Schuhgröße 42, und daher ragen die Hacken immer ein wenig aus der Reihe heraus!«

»Wie heißt du?«

»Gustav Neumann, Herr Oberfähnrich!«

»Jungkanonier Neumann, du willst mich wohl verscheißern? Drei Schritte vortreten! Ich befehle dir, sofort zehn Kniebeugen zu machen!«

Der arme Gustav begann mit den Kniebeugen.

»Wer grinst denn da in der zweiten Reihe! Das ist ja eine Schlangenlinie, aber keine militärische Reihe! Das werden wir in den nächsten Tagen ausgiebig üben!«

Noch immer beugte der Gustav seine Knie.

»Ja, Neumann, geht denn das nicht schneller?«

Unser Gustav wurde kurzatmig. Der arme Kerl war ein richtiges Muttersöhnchen. Seine Mutter hatte ihn in Leipzig zum Güterbahnhof gebracht und ihm zum Abschied einen dicken Wollschal umgebunden mit der Bemerkung: »Ach, mein Junge erkältet sich so schnell!«

Fritz trat vor unsere kleine Abteilung: »Herr Oberfähnrich, der Gustav spielt aber sehr gut Klavier!«

Der Oberfähnrich starrte ihn ungläubig an.

»Hab ich dich um deine Meinung gefragt?«, schnarrte er. »Auch ein Stubenältester spricht hier nur mit meiner Erlaubnis! Hier bestimme ich. Hier gebe ich die Kommandos! Du bist doch der Fritz Hildebrandt?«

»Jawohl, Herr Oberfähnrich!«

Fritz wollte ins Glied zurücktreten. Aber der Oberfähnrich war noch nicht fertig mit ihm: »Bleib hier vorn stehen, Jungkanonier Hildebrandt. Du solltest Vorbild sein, aber nicht vorlaut! Hast du das verstanden?«

»Jawohl, Herr Oberfähnrich! Aber ich wollte ...«

Erneut unterbrach ihn der Oberfähnrich barsch: »Wenn hier jemand etwas will, dann bin ich das! Geht das in dein Gehirn hinein?«

»Jawohl, Herr Oberfähnrich! Ich meinte nur ...«

Jetzt wurde der Oberfähnrich richtig böse: »Hildebrandt, sofort 20 Liegestütze!«

Gustav beugte zwar noch immer seine Knie, aber er hatte das Tempo gedrosselt. Er dachte, alle anderen würden nur auf den Fritz schauen. Aber der Oberfähnrich übersah ihn nicht.

»Na, Neumann, noch nicht fertig?«

So übte Fritz die Liegestütze und Gustav das Kniebeugen. Der Oberfähnrich verlor jedoch offensichtlich die Lust an diesem Spiel.

»So, ihr beiden Penner, zurück ins Glied mit euch!«

Gustav schlich zurück in die Reihe. Fritz jedoch machte noch weitere Liegestütze und zählte laut: »Zwölf, dreizehn, vierzehn ...«

»Hildebrandt, hast du Bohnen in den Ohren? Du sollst in deine Reihe zurückgehen!«

»Herr Oberfähnrich, ich muss den Befehl überhört haben!«

»Das habe ich mir doch gleich gedacht, dass du schwer hörst!«

Fritz trat nun ebenfalls zurück.

»So, jetzt möchte ich eure Namen wissen. Hildebrandt beginnt, und dann geht es der Reihe nach. Jeder, der seinen Namen nennt, tritt einen Schritt vor und geht dann wieder ins Glied zurück!«

»Fritz Hildebrandt«, »Helmut Kemper«, »Felix

Eisenmann«, »Georg Weiß«, »Heinz Ammersdorf«, »Dietmar Albert«, »Heinrich Winkler«, »Hans Partschefeld«, »Gustav Neumann«, »Arnold Bärenreuther«, »Stefan Feldner«, Friedbert Frühbaur«, »Hans Tröger«, Johann Römer«, »Erich Kluge«, »Leonhard Balzer«, »Dietmar Albert«, »Lorenz Kaiser«.

Fritz trat wieder vor: »Herr Oberfähnrich, im Sanitätsraum liegen noch die beiden Jungkanoniere Johannes Baumgarten und Wolfgang Bäumler!«

»Ich habe den Eindruck, Fritz Hildebrandt, dass dich deine Kameraden als Stubenältesten akzeptieren! Ich bestätige hiermit deinen Rang! Oder hat jemand Einwände?«

»Nein, Herr Oberfähnrich!«, riefen alle.

Fritz blinzelte mir triumphierend zu.

»Nun zu etwas ganz Wichtigem! Sollte heute irgendwann die Alarmglocke läuten, dann verschwindet ihr alle in dem Graben, der von eurer Baracke bis zur Kantine neben dem Feldweg verläuft. Unsere ›Hilfswilligen‹ haben den an und für sich natürlichen Graben noch um ein paar Meter verlängert. Jedermann, der keine Funktion an den Geschützen und Kommandogeräten wahrnimmt, hat im Alarmfall schleunigst diesen Graben aufzusuchen! Habe ich mich klar ausgedrückt?«

»Jawohl, Herr Oberfähnrich!«

»Morgen beginnt das Scharfschießen mit dem Karabiner. Wir, der Oberleutnant und ich, wollen eure Reflexe und euer Reaktionsvermögen prüfen und sehen, wer von euch über ein scharfes Auge und eine ruhige Hand verfügt. Dieses Wissen ist wichtig für unsere Entscheidung, wer von euch in Zukunft welche Funktion an den beiden kleinen Kanonen wahrnimmt!«

In der Hitlerjugend hatten wir im Zuge der so genannten »Wehrertüchtigung« mehrere Male mit Kleinkalibergewehren geübt. Ich selbst besaß seit meinem elften Lebensjahr ein Luftgewehr und galt unter meinen Cousins als ausgezeichneter Schütze. Daher konnte ich dem Scharfschießen ziemlich gelassen entgegensehen.

»Ich werde mir jetzt noch eure Spinde anschauen. Nicht Ruhe ist die erste Bürgerpflicht beim Militär, sondern die Ordnung!«

So ein blöder Kerl, dachten wohl die meisten von uns. Fällt denn dem am ersten Tag nichts Besseres ein?

Sawatzki befahl »Wegtreten« und ging mit uns in unsere Baracke.

»Jeder stellt sich vor seinen Spind!«

Und nun schaute er in jeden Spind und begann zu schimpfen: »Ja, seid ihr denn im Jungvolk nie auf großer Fahrt gewesen, wurde euch nie beigebracht, wie man einen Spind oder einen Schrank korrekt einrichtet?«

Ich sah, wie er wahllos aus jedem Spind einige Sachen herausnahm und sie in die Mitte des Vorraumes der Baracke warf.

»Ich verlasse jetzt die Baracke und komme in 15 Minuten zurück. Dann finde ich alles wieder ordentlich eingeräumt an seinem Platz! Habt ihr das verstanden?«

»Jawohl, Herr Oberfähnrich!«

Aus dem großen Haufen suchte jeder seine eigenen Sachen heraus. Fast war die uns gesetzte Frist bereits verstrichen, aber immer noch nicht alle hatten ihr Zeug wieder im Spind untergebracht.

»Ammersdorf, ich sehe, du bist fertig, schau doch mal vor die Tür, ob der Sawatzki schon kommt«, ordnete Fritz an. Kaum war der Ammersdorf draußen, da rief er schon: »Er kommt mit Riesenschritten!«

Da schrillte die Alarmglocke! Für uns war das wie eine Erlösung. Alle rannten aus der Baracke und sprangen in den langen Graben. Wum, wum, wum, bellten unsere großen Geschütze! Jeder schaute zum Himmel. Mindestens sechs feindliche Maschinen befanden sich über unserer Stellung und suchten die ihnen vorgegebenen Ziele. Ich schätzte, dass sie vielleicht 4000 Meter hoch waren.

Unser Oberfähnrich war umgekehrt und eilte zum Gefechtsstand. Sollte der Oberleutnant ausfallen, müsste der Oberfähnrich das Kommando über die Batterie übernehmen.

Wir staunten, wie schnell in einem solchen Alarmfall auf die Angreifer gefeuert werden konnte. Noch schwiegen die kleinen Kanonen. Offensichtlich befanden sich die Jagdbomber noch nicht in deren Feuerbereich.

Noch immer kreisten die Feindmaschinen in der vermuteten Höhe. Aber plötzlich setzten vier der sechs Feindmaschinen zum Angriff an. Die Motoren heulten auf. Deutlich konnten wir jetzt den Flugzeugtyp erkennen. Es handelte sich um zweimotorige Doppelrumpfflugzeuge Lockheed P-38 Lightning.

Diesen Flugzeugtyp konnte man nicht mit einem anderen Typ verwechseln. Lightnings konnten unter ihren Tragflächen eine Bombenlast von fast 1000 Kilogramm transportieren. Und aus der »Waffenkunde« in der Flakkaserne in Kassel wussten wir, dass diese Maschinen bis zu zwölf Stunden in der Luft bleiben und bis zu 14 000 Meter hoch steigen konnten. Somit war dieses Flugzeug ein gefährlicher Gegner für unsere schweren Flakgeschütze, zumal deren Bordkanonen über das gleiche Kaliber verfügten wie unsere kleinen Flaks.

Jetzt konnten wir tatsächlich die abgeworfenen Bomben erkennen. Unwillkürlich duckten wir uns in dem Graben. Wahrscheinlich galt die Attacke den Bayer-Werken, nicht uns. Die Piloten zogen ihre Flugzeuge wieder steil nach oben. Dabei gerieten sie jedoch in das

Feuer der beiden kleinen Kanonen. Eine der Maschinen zog eine lange Rauchfahne hinter sich her und verschwand mit dem anderen Flugzeug am Horizont.

Keine Wolke trübte die Sicht nach allen Seiten. Aber der Gegner gab noch nicht auf, obwohl die Granaten unserer 8,8-cm-Geschütze gefährlich nahe bei den letzten beiden Feindmaschinen explodierten. Man sah das an den kleinen Wölkchen, die beim Zerplatzen der Geschosse entstanden. Wir als Zuschauer waren fasziniert vom Kampfgeschehen.

Jetzt begannen auch diese beiden Feindmaschinen den Anflug auf das anvisierte Objekt. Wir sahen genau, wie die Piloten die jeweils zwei unter den Tragflächen befestigten Bomben von wohl 250 Kilogramm ausklinkten. Auch die Einschläge der Bomben konnten wir beobachten.

Es krachte und blitzte! Eines unserer sechs schweren Geschütze lag genau in unserem Blickfeld, höchstens 50 Meter von uns entfernt. Unbeeindruckt von dem Angriff schleppten die Ladekanoniere die schweren Granaten zum Geschütz. Sie trugen Lederhandschuhe. Ein leichter Wind trug uns Wortfetzen von Kommandos zu, deren Bedeutung wir nicht verstanden.

Unaufhörlich feuerten unsere schweren Geschütze. Der Oberfähnrich erklärte uns später, dass Sperrfeuer geschossen worden sei und sich auch die an den anderen Standorten liegenden Flakbatterien unserer Division an der Abwehr beteiligt hätten. Die Attacke habe aber nicht den Bayer-Werken gegolten, sondern unserer Nachbarbatterie! Durch das konzentrische Feuer wären die Feindmaschinen schließlich zum Abdrehen gezwungen worden. Entwarnung wurde gegeben. Wir gingen wieder in unsere Baracke zurück. Zehn Minuten später traf der Oberfähnrich ein.

»Jungs!« – tatsächlich sagte Sawatzki »Jungs« –, »Heute vergessen wir die Spinde!«

Wir wussten gar nicht, wie uns geschah.

»Ich muss sofort zu einer Besprechung mit dem Oberleutnant. Das kann länger dauern. An meiner Stelle wird euch Unteroffizier Kuzorra vertraut machen mit der Entwicklung, Bedeutung und den technischen Daten der leichten Flak.«

Darüber hatten wir in der Kasseler Flakkaserne nichts erfahren. Dort war man von einem Einsatz an den schweren Geschützen ausgegangen.

»Unteroffizier Kuzorra ist einer unserer gefechtserprobten Geschützführer, und er übt hier in der Batterie zugleich die Funktion des Waffen-Unteroffiziers aus. Er erwartet euch in der Kantine. Dort ist mehr Platz als in eurer Baracke.

Im Übrigen bleibt es bei der Festlegung: Ab 14 Uhr beginnt der praktische Unterricht an einem unserer beiden ›Drillinge‹, Treffpunkt hier an eurer Baracke! Jungkanonier Hildebrandt, du führst deine Kameraden jetzt zur Kantine!«

Unteroffizier Kuzorra erläuterte uns die Einzelheiten der 2-cm-Kanonen. Danach verstand man in den letzten beiden Kriegsjahren unter dem Begriff »leichte Flak« schnell feuernde Flugabwehrwaffen vom Kaliber 2 cm bis 3,6 cm. Im Gegensatz zur schweren Flak, bei der die Richtwerte gegen Flugziele von einer Feuerleitstelle ermittelt werden, schießt bei der leichten Flak jedes Geschütz für sich anhand der am Geschütz gemessenen oder geschätzten Entfernung und den am Zielgerät, dem Flakvisier, ermittelten Vorhaltewerte.

Bei dem in unserer Batterie eingesetzten Typ handelte es sich um eine Mauser-Konstruktion, die 1939 unter der Bezeichnung »2-cm-Flak 38« bei Luftwaffe, Heer und Marine eingeführt worden sei. Für die Fallschirm- und Gebirgstruppen gebe es Spezialversionen, die man in kleinste Teile zerlegen könne. Als Munition verwende man Splittergranaten, Leuchtspurgeschosse und panzerbrechende Patronen. Mit dem Einsatz von Zwillings-, Drillings- und Vierlingsgeschützen wolle man, so erklärte uns der Unteroffizier, die Wirkung der verschiedenen Munitionsarten bündeln. Von gefangen genommenen alliierten Kampfpiloten habe man erfahren, dass der Gegner die Feuerkraft dieser kleinen Kanonen fürchte.

Unteroffizier Kuzorra war ein Experte, das merkten wir. Uns schwirrte der Kopf. Nicht jeder von uns hatte eine Begabung für technische Dinge. Aber der Unteroffizier lächelte: »Es ist mir klar, dass ihr nicht alles auf Anhieb versteht. Aber die Verbindung der Theorie mit den praktischen Übungen, die ja heute Nachmittag beginnen, erleichtert das Verständnis für diese Waffe. Unser Oberfähnrich kann gut mit den kleinen 2-cm-Kanonen umgehen. Da habt ihr einen ausgezeichneten Lehrmeister!«

Aber die Verabredung um 14 Uhr fiel ins Wasser! Es war kurz vor 13 Uhr. Wir waren noch in der Kantine mit dem Mittagessen beschäftigt. Plötzlich knallte es an allen Ecken und Enden. Einer kam von draußen herein und schrie: »Jabos! Alles volle Deckung!«

Teller flogen zu Boden, Stühle fielen um. Wir rannten wie die Verrückten aus der Kantine und ließen uns in den Graben fallen. Welches Glück, dass es diesen Graben gab!

Wir zogen die Köpfe ein. Ich hörte, dass die kleinen Kanonen auf die Feindmaschinen feuerten. Aber deren Geschosse schlugen in unserer unmittelbaren Nähe ein. Fast blieb mir die Luft weg. Ich hörte auch das Keuchen meiner Kameraden. Viel fehlte nicht, und die 2-cm-Geschosse der Jagdbomber hätten uns beim Essen erwischt. Da ist es wohl nur Fügung, wenn der Kelch an einem vorübergeht. Es war verteufelt knapp. Uns Jungen wurde nun schon zum dritten Mal innerhalb von zwei Tagen drastisch vor Augen geführt, dass es hier immer um Leben oder Tod geht!

Was hatte doch Major Bölcke in Kassel gesagt: »Ein Fehler später bei der Bedienung des Geschützes, eine Unachtsamkeit im Kampf, kann euren Tod bedeuten! Lernt, lernt, lernt. Es ist zu eurem eigenen Nutzen!«

Mit Wehmut dachte ich, in den Vorjahren soll es noch deutsche Jagdflieger gegeben haben. Wo sind sie geblieben? Mich beschlich das ungute Gefühl, wir könnten doch den Krieg verlieren! Ich darf mir aber nichts anmerken lassen, nicht einmal mit dem Fritz werde ich darüber sprechen. Er vertraut mir so sehr. Daher möchte ich ihn nicht verunsichern. Die Lage ist sowieso schwierig genug.

Aber der Feind lässt mir keine Zeit für weitere Grübeleien. Unsere kleinen Kanonen feuern erneut!

Der lange Eisenmann hatte sich erhoben und über den Grabenrand geschaut. Aber schnell zog auch er den Kopf wieder ein: »Die Lightnings kommen zurück!«

Die Jagdbomber hatten gewendet und befanden sich im zweiten Anflug auf unsere Stellung. Ich dachte, dass es besser wäre, wenn man am Geschütz stünde und sich verteidigen könnte! Man ist so hilflos! Liegt im Graben und wartet darauf, was kommt. Es gibt kein Entrinnen! Ganz dicht über mir hörte ich für wenige Augenblicke das Dröhnen der Flugzeugmotoren. Verflixt, in dieser geringen Höhe konnten ihnen unsere schweren Geschütze nichts anhaben. Das wussten auch die Piloten.

Eisenmann war ein furchtloser Geselle! Schon wieder lugte er über den Grabenrand.

»Ich sehe einen Rauchpilz, vielleicht 500 Meter von unserer Stellung entfernt!« Auch ich und die anderen hatten die Detonation gehört! Alle standen jetzt auf und schauten aus dem Graben.

»Hurra, wir haben ein Flugzeug abgeschossen!«, jubilierten mehrere von uns. Andere jedoch mussten sich übergeben. Später gaben einige von uns zu, dass sie die Hosen voll hatten. Aber gelacht hat darüber keiner. Der Tod war doch ganz nahe gewesen. Mit 17 Jahren stirbt man noch nicht so gern. Held sein, das ist ganz schön, aber am Leben bleiben noch besser!

Ich sah, wie die beiden Sanitäter zu den schweren Geschützen eilten. Was geschehen war, konnte ich nicht ausmachen. Da kam schon der Oberfähnrich auf uns zu.

»Geht in eure Baracke! Wir haben mehrere Schwer- und Leichtverwundete! Sanitätsfahrzeuge sind schon unterwegs. Da seht ihr, wie notwendig wir euch Jungen brauchen! Ich komme sobald wie möglich zu euch in die Baracke! Wo steckt denn der Hildebrandt? Er soll das Kommando übernehmen!«

Gegen 15 Uhr kam der Oberfähnrich. Er berichtete uns, dass es zwei Schwer- und drei Leichtverwundete gegeben hätte. Aber die Schwerverwundeten seien, Gott sei Dank, außer Lebensgefahr! Alle fünf Kanoniere befänden sich im Lazarett. Der Kranwagen, der bei den schweren Geschützen für das Auswechseln ausgeglühter Rohre benötigt werde, sei beschädigt und eine der Zugmaschinen schrottreif geschossen worden. Die Geschütze selbst hätten keinen Schaden erlitten.

»Seht, meine Jungen, wie schnell ein Soldat ausfallen kann. Wir, der Oberleutnant und ich, sind froh, dass wir mit eurer Hilfe unsere Batterie voll funktionsfähig erhalten können. Aus diesem Grunde beginnen wir jetzt noch mit der Einweisung am Geschütz.«

Sawatzki ging mit uns zu einer der beiden kleinen Kanonen. Er erklärte uns die für die Bedienung notwendigen Handgriffe. Dabei halfen ihm die altgedienten Kanoniere, die hier bislang ihren Dienst versahen. Gegen 17 Uhr, die Abenddämmerung setzte bereits ein, brach er die Übungen ab.

Es war ein heißer Tag gewesen. Zwei solche Angriffe wünscht man sich nicht jeden Tag. Aber nicht wir, sondern der Feind bestimmte unseren Tagesablauf!

Der Oberfähnrich mochte meine Gedanken erraten haben, denn er verabschiedete sich für heute mit folgenden Worten: »Jungkanoniere! So wie heute wird es wohl nicht jeden Tag zugehen. Das hängt allerdings davon ab, ob unsere Truppen die Front im Hürtgenwald halten können. Sollten die Amerikaner dort unsere Linien durchbrechen, dann werden die Jagdbomber ihre Angriffe auf unsere Region noch verstärken.«

Der Kampf um den Hürtgenwald dauerte fast ein halbes Jahr. Mitte September 1944 setzte er an den Westwall-Linien der Nordeifel ein. Am 9. Februar 1945 erreichte die amerikanische Infanterie die Dämme der Rur-Talsperren. Die deutschen Truppen sprengten vor ihrem Rückzug die Wehre. Aus der Rur wurde dadurch ein reißender Fluss, ein fast unüberwindliches Hindernis für den Angreifer. Damals büßten die Amerikaner rund 25 Prozent der eingesetzten Streitkräfte ein. In jener Kriegszeit galt bei der US-Army eine zehnprozentige Verlustquote bereits als hoch.*

---

* Peter Többicke, Militärgeschichtlicher Reiseführer Hürtgenwald, Verlag E.S. Mittler & Sohn GmbH, Hamburg 2001

Der Oberfähnrich hatte doch noch etwas auf dem Herzen, ehe er ging: »Sobald ihr gelernt habt, mit dem Karabiner umzugehen, werdet ihr auch zum Wachdienst herangezogen. Der nächtliche Wachdienst soll die Batterie am Boden gegen Feindeinwirkung jeglicher Art sichern. Er schließt auch die nächtliche Bewachung der russischen ›Hilfswilligen‹ ein! Scharfschießen mit dem Karabiner findet, wie bereits angekündigt, morgen Vormittag statt. Es gibt hier in der Nähe eine kleine natürliche Schießanlage, die für unsere Zwecke ausreicht. Morgen Nachmittag werden die Übungen am ›Drilling‹ fortgesetzt.«

Der UvD kam am Abend in unsere Baracke und informierte uns darüber, dass der Oberleutnant trotz der dramatischen Ereignisse des Tages an den für heute Abend geplanten Einzelgesprächen mit den Jungkanonieren Heinz Ammersdorf und Dietmar Albert festhalten wolle. Zu den vereinbarten Zeiten sollten die beiden Jungen zu ihm kommen. Der Oberfähnrich Sawatzki werde mit uns morgen früh um neun Uhr zur Schießanlage marschieren, begleiten würde uns hierbei der Waffen-Unteroffizier Kuzorra, der auch die erforderliche Munition mitnehmen werde.

Fritz gab dann noch die Termine für diejenigen bekannt, mit denen der Oberleutnant abends noch Einzelgespräche führen wolle. Für morgen Abend seien Bärenreuther und Balzer vorgemerkt.

Nach der Hektik der vergangenen Tage blieb es in dieser Nacht vom Mittwoch auf den Donnerstag erstaunlicherweise ganz ruhig.

Mitten im Forst befand sich eine kleinere Lichtung mit einer natürlichen Vertiefung, die den Kanonieren unserer Batterie schon seit längerem als Schießstand diente.

Der Oberfähnrich war mit uns ganz zufrieden, nachdem jeder fünf Schuss abgefeuert hatte. Es sei sogar besser als erwartet ausgefallen. Ich hatte keine so genannte »Fahrkarte« geschossen, sondern zweimal eine 6, einmal eine 7 und sogar am Schluss eine 9 und eine 10. Damit erzielte ich mit insgesamt 38 Ringen das drittbeste Ergebnis unter 18 Teilnehmern. Fritz war mit 35 Ringen nur Fünfter geworden! Hans Tröger hatte mit 52 Ringen gesiegt – für uns kein Wunder, als wir erfuhren, dass sein Vater Forstmeister war.

Ich hatte endlich mal wieder ein Erfolgserlebnis. Fritz war nicht traurig. Seine Domäne sei schließlich die Leichtathletik und natürlich der Fußball, murmelte er vor sich hin. Mit dem Schießsport habe er nichts am Hut, meinte er. Aber so schlecht war seine Schussleistung nun auch wieder nicht.

Auf jeden Fall schmeckte mir an diesem Tage das Mittagessen besonders gut. Es gab ein riesiges Schnitzel mit Kartoffelsalat. Später hat Fritz vom Fourier erfahren, dass es sich hierbei um Pferdefleisch gehandelt habe. Er, der Fourier, würde alle in der weiteren Umgebung von den Jagdbombern totgeschossenen Pferde aufkaufen. Der Küchenchef verstand es, daraus schmackhafte Gerichte zu bereiten, indem er sie scharf würzte. So hat wohl keiner der Kanoniere, auch ich nicht, bemerkt, dass es sich hier nicht um Schweinefleisch handelte.

Zu unserer guten Laune trug natürlich bei, dass bis zur Mittagspause kein Jagdbomber aufgetaucht war. Seltsamerweise blieb es auch am Nachmittag ruhig. So konnte sich der Oberfähnrich völlig auf die Aufgabe konzentrieren, uns den Umgang mit dem »Drilling« beizubringen. Ich musste ihm zugestehen, dass er didaktisches Geschick besaß. Bei ihm musste auch der Dümmste kapieren, wie man mit so einer Waffe umgeht.

Bis zum Sonntag, dem 4. Februar 1945, fanden vormittags wie nachmittags nur Übungen am »Drilling« statt. Der Oberfähnrich ließ nicht locker. Auch der Oberleutnant schaute öfters zu, um sich von den Fortschritten seines Nachwuchses zu überzeugen.

Immer wieder hämmerte der Oberfähnrich uns ein: »Ihr müsst die Griffe im Schlaf beherrschen. Vielleicht hängt davon eines Tages euer Leben und das eurer Kameraden ab!«

Merkwürdigerweise hatte sich an den vergangenen Tagen keine Feindmaschine blicken lassen. Wir konnten es gar nicht fassen. Einer von uns meinte gar: »Vielleicht ist der Krieg schon aus, und wir wissen es nur noch nicht.« Aber daran glaubte keiner.

Der Oberfähnrich hatte, im Gegensatz zu uns, die Sache mit dem Spind nicht vergessen. In der Nacht vom Sonntag auf den Montag wurden wir genau um Mitternacht unsanft aus unseren Träumen gerissen. Der Oberfähnrich stand in unserem Schlafraum und befahl lautstark: »Raustreten zum Kleiderappell!«

Bestimmt hat jeder von uns gedacht: »Der spinnt!«

Im Schlafanzug versammelten wir uns in dem Vorraum. Jeder musste sich wieder vor seinen Spind stellen. Und dann legte er schon beim ersten Spind, der dem Feldner gehörte, los.

»Das nennst du Ordnung? Das ist ein wildes Durcheinander!« Er riss den Drillichanzug aus dem Fach und warf ihn in die Mitte des Raumes.

»Jungkanonier Feldner, wie sehen denn deine Stiefel aus? Die stehen ja ungeputzt vor deinem Spind! Das Putzen wirst du jetzt gleich nachholen!«

Bei jedem von uns hatte er was auszusetzen! Der Wäscheberg in der Mitte des Vorraumes türmte sich auf. Am liebsten hätten wir ihn erschlagen!

»In 20 Minuten habt ihr hier wieder Ordnung geschaffen! Auch die ungeputzten Stiefel sind dann völlig fleckfrei und die Karabiner ordentlich abgestellt. In 20 Minuten finde ich euch hier feldmarschmäßig angezogen vor. Wir werden eine kleine Nachtübung veranstalten! Habt ihr mich verstanden?

»Jawohl, Herr Oberfähnrich!«

So plötzlich, wie er gekommen war, verschwand er wieder.

»Der hat doch nicht alle Tassen im Schrank!« Das war der einhellige Kommentar von uns allen.

Fritz legte sogar noch einen drauf: »Der ist vom wilden Watz gebissen!« Was immer das auch sein sollte.

»Vielleicht hat ihm seine Freundin den Laufpass gegeben«, ließ sich unser kleiner Neumann mit seiner fast mädchenhaften Stimme vernehmen, »der ist doch nicht verheiratet!«

Auch der Bärenreuther, gewiss – nomen est omen – der Stärkste von uns, brummte: »Dem ist wohl der Samen zu Kopfe gestiegen!«

Alle nickten und versuchten, das vom Oberfähnrich angerichtete Durcheinander zu entwirren.

Fritz war mal wieder der Realist. »Kinder!« Tatsächlich sagte er »Kinder« zu uns, nun ja, der Fritz war ja auch der »Stubenälteste«. »Kinder, das schaffen wir nie! Ich schlage vor, wir ziehen uns zunächst mal feldmarschmäßig an. Wenn uns dann noch Zeit bleibt, versuchen wir Ordnung in dieses Durcheinander zu bringen!«

Nach genau 20 Minuten betrat Sawatzki unsere Baracke. Zunächst sagte er überhaupt nichts, schaute sich nur um. Jeder von uns Jungen stand, völlig korrekt uniformiert, stramm vor dem Spind. Keiner sprach ein Wort. Dann brach der Fritz das Schweigen: »Herr

Oberfähnrich, 18 Jungkanoniere zur Nachtübung angetreten!«

In der Mitte unseres Vorraumes lag noch immer ein
Bündel nicht in den Spinden untergebrachter Beklei-
dungsstücke. Doch Sawatzki nahm davon keine Notiz:
»Na, dann bitte, meine Herren, raustreten zur Nachtübung. Vergesst die Gasmasken nicht!«

Was sollen wir denn mitten in der Nacht mit der Gasmaske?

»In Dreierreihe antreten! Rechts um! Im Gleich-
schritt marsch! Ein Lied!«

So marschierte unser kleines Häuflein durch die
Nacht. Fritz gab den Ton an, dann schmetterten wir
unseren ganzen Frust hinaus: »O du schöner Westerwald …«

Es war stockdunkel. Kein Stern am Himmel war zu
sehen. Selbst der Mond hatte sich verkrochen. Sawatzki
ging uns voran. Er ließ uns an den Rändern des vor unserer Barackenecke liegenden Ackers, der bestimmt die
Größe eines Fußballfeldes hatte, entlangmarschieren.

Der letzte Vers dieses Soldatenliedes war verklungen.
Da befahl der Oberfähnrich:

»Im Laufschritt marsch, marsch! Ein neues Lied!«

»Schwarzbraun ist die Haselnuss …«

Der Oberfähnrich hatte bewusst dieses Feld gewählt.
Unsere Baracke und dieser Acker lagen etwas abseits
von den anderen Baracken. So hörte wohl keiner unseren Gesang. Fritz, der sich in der ersten Reihe befand,
hatte die Parole durchgeben lassen, dass beginnend mit
der letzten Reihe abwechselnd dic drei Jungen einer
Reihe in dem Graben verschwinden und sich dann wieder am Schluss in die Abteilung einreihen sollten, sobald
die Kolonne wieder an ihnen vorbeizog. Der Oberfähnrich ließ uns ja dauernd im Viereck marschieren.

»Im Schritt weitermarschieren!«

Wahrscheinlich war nun selbst dem Oberfähnrich die Puste ausgegangen. Er hatte von unserem Täuschungsmanöver nichts bemerkt.

»Gasmaske aufsetzen. Und jetzt ein neues Lied!«

Das war der Gipfel! Da kommt man ganz schön ins Schwitzen, mit angelegter Gasmaske singen!

»Auf der Heide blüht ein kleines Blümelein …«

Noch immer marschierte Sawatzki uns voran. Zugegeben, er schonte sich nicht. Auch er hatte die Gasmaske aufgesetzt. Das sicherte ihm unsere Achtung! Ob er auch selbst gesungen hat, das ließ sich nicht feststellen. Gehört hat man von unserem Gesang bestimmt auch nichts. Was wir von uns gaben, war nur ein Schnaufen und Krächzen, kein Gesang!

Aber auch das ging vorüber. Nach einer Stunde ließ er uns wegtreten. Aufgeräumt haben wir das im Vorraum unserer Baracke von Sawatzki angerichtete Tohuwabohu nicht mehr!

»Das machen wir morgen früh«, hatte der Fritz verlauten lassen, »aber ich muss euch noch was Wichtiges erzählen. Hört mal alle zu.«

Wir waren gespannt.

»Über das, worüber ich euch jetzt erzähle, müsst ihr absolutes Stillschweigen bewahren! Das müsst ihr mir in die Hand versprechen!«

Jeder einzelne von uns ging zu Fritz und drückte dessen Hand. Wir kamen uns vor wie in einem Geheimbund.

»Nun schieß schon los«, brummte Arnold Bärenreuther.

»Ich hoffe, dass ich noch alles zusammenbringe«, gab der Fritz zurück. »Ich bin ja schließlich kein Geschichtslehrer!«

»Also, tust du aber geheimnisvoll«, maulte Felix Eisenmann.

»Ich habe einiges über unseren Oberleutnant und auch über unseren Oberfähnrich erfahren.«

»Hört, hört!«, erklang es von allen Seiten.

»Unser Oberleutnant stammt mütterlicherseits aus einer Soldatenfamilie mit langer preußischer Tradition. Einer der Vorfahren seiner Mutter soll sich in der berühmten Schlacht bei Leuthen 1757 als Hauptmann der Infanterie durch besondere Tapferkeit ausgezeichnet haben. Damals siegte Friedrich der Große dank einer ›schiefen Schlachtordnung‹ über eine vielfache Übermacht. 1793 soll ihn Friedrich Wilhelm II., der Neffe und Nachfolger des großen Preußenkönigs, zum Feldmarschall befördert haben.«

»Mensch, Fritz, das hast du dir alles merken können?«, staunte Friedbert Frühbaur.

»Ich will ganz ehrlich sein, ich habe mir das aufgeschrieben und dann auswendig gelernt. Ich wollte mich doch nicht vor euch blamieren!«

»Alle Achtung«, ließen sich die meisten vernehmen.

»Woher weißt du denn das alles?«, fragten andere.

»Da staunt ihr! Ich habe als Stubenältester so meine Kontakte! Aber leider konnte mir mein Informant nicht den Geburtsnamen der Mutter unseres Oberleutnants nennen. Fest steht aber, dass die ganze Familie von Langsdorff stolz ist auf diesen Urahn.«

»Das ist ja hochinteressant«, ließ sich Lorenz Kaiser vernehmen.

»Aber ich weiß noch mehr!«, lächelte Fritz.

»Sprich! Spann uns doch nicht auf die Folter!«

Nun waren wir alle erst recht neugierig.

»Unser Oberfähnrich, der immer so forsch tut, ist im Grunde genommen ein armer Kerl. Er stammt aus Danzig, sein Vater ist Oberstudiendirektor und glühender Anhänger Adolf Hitlers. Die Mutter soll dagegen eine sehr strenge Katholikin sein, für die nur das Wort des Papstes zählt. Der hat seinen Ältesten gegen den Willen der Mutter nach dem Abitur in eine Nationalpolitische Erziehungsanstalt, eine ›Napola‹, gesteckt. Dort hat sich der Junge freiwillig zur Luftwaffe gemeldet und ist so zur Flak gekommen. Der Sawatzki hat einen jüngeren Bruder und eine ältere Schwester. Über deren Schicksal hat er seit Wochen nichts mehr gehört. Wahrscheinlich sind sie irgendwo auf der Flucht vor den Sowjets.«

Alle waren betroffen, und Stefan Feldner sprach aus, was wohl alle dachten: »Da müssen wir unserem Oberfähnrich manches nachsehen!« Jeder nickte.

Natürlich wollten wir nun alle wissen, woher Fritz diese Informationen hatte. Aber alles Bedrängen brachte nichts ein! Fritz nannte seinen Informanten nicht! Auch mich hatte Fritz vorher nicht über sein Wissen informiert. Ich nahm ihm dies nicht übel. Da müssten schon ganz andere Dinge geschehen, um unsere Freundschaft belasten zu können.

Beim Morgenappell am nächsten Tag um acht Uhr, es war Montag, der 5. Februar 1945, tat der Oberfähnrich so, als wäre in der vergangenen Nacht nichts geschehen. Den »Nachtmarsch« erwähnte er mit keiner Silbe. Nach den Spinden hat er niemals mehr geschaut. Ganz ruhig begann er seine Ansprache:

»Jungkanoniere, ich habe den Eindruck gewonnen, dass wir euch ab morgen früh, also ab Dienstag, den 6. Februar 1945, die Bedienung der beiden kleinen Kanonen anvertrauen können. Der Oberleutnant hat dem zugestimmt. Er freut sich sehr und möchte daher bei der Übernahme der Verantwortung selbst zugegen sein.

Wir brauchen jetzt vier Mannschaften. Entschieden haben wir daher, die Jungkanoniere Fritz Hildebrandt, Lorenz Kaiser, Felix Eisenmann und Arnold Bärenreuther als Geschützführer einzusetzen. Die sehr wichtige Funktion eines Richtkanoniers übertragen wir an die Jungkanoniere Hans Partschefeld, Heinrich Winkler, Erich Kluge und Friedbert Frühbaur. Besonders freuen wir uns, der Oberleutnant und ich, darüber, dass wir den Partschefeld aufgrund seiner Leistungen beim Scharfschießen mit dem Karabiner als Richtkanonier einsetzen können. Er hat ja mit immerhin 38 Ringen das drittbeste Ergebnis erzielt. Der Partschefeld verfügt über ein scharfes Auge und eine ruhige Hand. Außerdem habe ich bei unseren Übungen am Geschütz beobachtet, dass er Entfernungen gut abschätzen kann. Meines Erachtens ist der Partschefeld der geborene Richtkanonier! Jeder Geschützführer muss sich zunächst einen der genannten Richtkanoniere wählen und dann nach eigenem Ermessen drei weitere Jungkanoniere zur Bildung der jeweils fünfköpfigen Mannschaft bestimmen. Ihr könnt natürlich morgen euren beiden Kanonen neue Namen geben.«

Wir applaudierten! So etwas ist zwar im Reglement nicht vorgesehen, aber der Beifall gab unserer Freude Ausdruck. Endlich kamen wir zum Einsatz!

»Ich sehe, dass unsere Entscheidung eure Zustimmung findet. Ich verstehe das. Ihr wollt endlich an die Geschütze. Wir, der Oberleutnant und ich, sind überzeugt davon, dass jeder von euch seinen Mann stehen wird. Deutschland kann stolz sein auf eine solche Jugend! Zur Feier des Tages hat der Oberleutnant angeordnet, dass ihr heute dienstfrei habt! Ihr könnt ja mal einen Spaziergang zum Vater Rhein machen. Es sind von hier aus etwa vier Kilometer.«

»Hurra! Hurra! Hurra!«, riefen wir.

Wir stürmten nun alle auf den Oberfähnrich zu. Nachdem wir doch jetzt wussten, was ihn bedrückte, wollte ihm nun jeder die Hand reichen. Die Angelegenheit mit dem mitternächtlichen Spindappell war längst vergessen! Man sah ihm an, dass er erleichtert war. Er konnte eben auch nicht aus seiner Haut. Sawatzki war darin in gewisser Weise das Gegenstück zu Oberleutnant von Langsdorff.

Alle vier Geschützführer suchten jetzt ihre Mannschaften. Das ging schneller, als wir dachten.

Selbstverständlich wurde ich Richtkanonier der »Gruppe Hildebrandt«. Zu uns kamen noch Helmut Kemper, Johann Römer und der kleine Gustav Neumann. Lorenz Kaiser nahm Heinrich Winkler als Richtkanonier und die Jungkanoniere Dietmar Albert, Leonhard Balzer und Johannes Baumgarten in seine Mannschaft auf. Felix Eisenmann wählte Friedbert Frühbaur als Richtkanonier und als Kanoniere Hans Tröger, Georg Weiß und Wolfgang Bäumler. Zur Gruppe Arnold Bärenreuthers gehörten der Richtkanonier Erich Kluge und die Jungkanoniere Stefan Feldner, Berthold Becker und Heinz Ammersdorf.

An diesem Tag brachen wir, die Mannschaft des Geschützführers Fritz Hildebrandt, zum Rhein auf. Sein Anblick enttäuschte uns. In dieser Jahreszeit versteckte er seine Pracht. Auch konnte der Strom an dieser Stelle nicht mit Naturschönheiten aufwarten. Große Eisschollen trieben auf dem Wasser. Imposant blieb allein die Mächtigkeit des Stromes. Gerade deswegen waren wir willens, unseren Rhein gegen den Ansturm der Feinde nach besten Kräften zu verteidigen!

Später, in reiferen Jahren, habe ich von Heinrich Böll, einem der berühmtesten Söhne der Stadt Köln, dem

1972 der Nobelpreis für Literatur verliehen worden ist, die Geschichte von »Undines gewaltigem Vater« gelesen und dadurch seine Liebe zum »Winterrhein« verstanden. Er schreibt dort: »Winter kam: Eisschollen, so groß wie Fußballplätze, weiß, mit einer hohen Schneeschicht bedeckt; still war der Rhein an diesen klaren Tagen; die einzigen Passagiere waren die Krähen, die sich von Eisschollen in Richtung Holland treiben ließen, auf ihren riesigen, phantastisch eleganten Taxis ruhig dahinfahrend ...«

Nach unserem Spaziergang zum Rhein haben wir noch unsere beiden Patienten, Johannes Baumgarten und Wolfgang Bäumler, besucht. Gottlob, sie waren auf dem Wege der Besserung. Ein Feldarzt hatte sich inzwischen die Wunden angeschaut und zugesichert, dass beide in wenigen Tagen wieder ihre Gliedmaßen voll belasten dürften. Der Sanitätsraum war von den Angriffen der Jagdbomber nicht betroffen gewesen.

Am Nachmittag dieses freien Tages hat noch jeder von uns Post für die Angehörigen in der Heimat auf den Weg gebracht. Unser Fritz und Lorenz Kaiser, auch er ein künftiger Geschützführer, mussten am Abend nacheinander zum Einzelgespräch mit dem Batterieführer. Gustav Neumann und ich fanden in Heinrich Winkler und Friedbert Frühbaur noch zwei Mitspieler für einen »Doppelkopf«. Die meisten anderen spielten Skat.

Als Fritz von seinem Gespräch mit dem Oberleutnant zurückkam, hatte ich gerade ein Solo, und zwar ein Farben-Solo angemeldet und wählte Kreuz. Ich besaß alle vier Asse, ferner vom Kreuz die Zehn, den König, die Dame, den Buben und die Neun. Außerdem lagen die Pik-Zehn, die Herz-Zehn und die Karo-Zehn in meiner Hand. Es war also ein so genanntes Sonntagsblatt, wie man es nur ganz selten bekommt. Ich legte die

Karten auf den Tisch und meine Gegenspieler gaben auf. Ein wunderschöner Abschluss des ganzen Tages!

Fritz hatte geduldig das Ende des Spieles abgewartet. Nun brachte er die Neuigkeiten. Danach mussten, den Befehlen des Batterieführers zufolge, die Geschütz-Gruppen »Hildebrandt« und »Kaiser« morgen früh um sieben Uhr den Dienst an den beiden kleinen Flaks beginnen. Der Oberleutnant und der Oberfähnrich würden zu diesem Zeitpunkt anwesend sein. Das persönliche Gespräch mit dem Batterieführer war ganz nach seinem Geschmack verlaufen. Zwar würde uns der UvD rechtzeitig wecken, aber unser Gustav Neumann hatte von zu Hause einen Wecker mitgenommen. Er stellte den Alarmknopf auf fünf Uhr, dann konnte nichts schief gehen. Wir wollten ruhig schlafen.

Pünktlich um sieben Uhr standen wir an der kleinen Kanone, die bislang »Heinrich« genannt wurde. Mit Arnold Bärenreuther, dem Geschützführer der Gruppe, die uns um zwölf Uhr ablösen würde, hatte sich Fritz bereits geeinigt, es bei dieser Bezeichnung zu belassen.

An der anderen kleinen Kanone war die Gruppe »Kaiser« angetreten. Auch Lorenz Kaiser behielt den bisherigen Namen des Geschützes, nämlich »Berta«, bei.

Der Oberleutnant, der nur wenige Minuten nach uns den Geschützstand betrat, reichte jedem von uns die Hand und wünschte uns viel Glück und Gottes Beistand. Der Oberfähnrich vollzog die gleiche Zeremonie bei der Gruppe »Kaiser«. Sawatzki soll sich, so erzählte uns Lorenz Kaiser später, hierbei nicht auf Gott berufen haben. Danach gingen beide Vorgesetzten in den Befehlsstand des Oberleutnants zurück. Diese Baracke lag höchstens 40 Meter von unserem Geschützstand entfernt.

Es war zu dieser Uhrzeit um diese Jahreszeit noch dunkel. Erst allmählich ging das einsetzende Morgengrauen in das helle Tageslicht über. Ich wusste nicht, warum der Batterieführer uns so früh an die Drillinge befohlen hatte. Besaß er vielleicht den sechsten Sinn? Ahnte er, was zwei Stunden später eintrat? Es soll, so habe ich einmal gelesen, hochsensible Naturen unter den Menschen geben, die vor einem bestimmten Ereignis eine unerklärliche Unruhe erfasst. Außerdem, das ging mir durch den Kopf, hatte er Gott um seinen Schutz für die ihm anvertrauten 17-Jährigen gebeten. Der Sinn dieser Redewendung blieb auch meinen Mannschaftskameraden verborgen.

Beide Geschützstände waren ringsum durch Sandsackbarrikaden und zusätzlich durch Erdaufschüttungen gesichert. Jede dieser beiden Stellungen verfügte über einen tief ins Erdreich getriebenen und durch dicke Balken gestützten Bunker. Dort lagerten die Munitionsbestände. Im Notfall konnten dort auch zwei Kanoniere Unterschlupf finden.

Ich nahm, nachdem der Oberleutnant den Geschützstand verlassen hatte, meine Position als Richtkanonier ein. Die Gewissheit, dass sich neben mir noch vier Kameraden befanden, gab mir ein unbeschreibliches Gefühl der Sicherheit. Angst im eigentlichen Sinne hatte ich jedenfalls nicht. Ich verspürte jedoch eine eigenartige Anspannung, wie sie einen Menschen vor einer großen Prüfung befallen mag.

Ich setzte mich auf den Richtsitz, auf dem der Richtkanonier an diesem kleinen Geschütz im Gefecht Platz zu nehmen hat. Mir mit meinem Fußleiden kam das gelegen, so konnte ich meine Füße schonen. Um meine Nervosität loszuwerden, besprach ich mit meinen Kameraden mein »Sonntagsblatt« bei der gestrigen

Doppelkopf-Partie. Jeder meinte, so ein Blatt gäbe es nur alle Jubeljahre einmal.

Etwa gegen neun Uhr dröhnten plötzlich ohne jede Vorwarnung Flugzeugmotoren. Ehe wir das Feuer der zwei aus dem Nichts aufgetauchten »Lightnings« erwidern konnten, hatten diese unsere Geschützstellung bereits überflogen. Ich saß an unserem Drilling und war für den Bruchteil einer Sekunde wie gelähmt.

Aber schon schrie Fritz: »Die kommen jetzt von der anderen Seite!« Das weckte sofort alle Lebensgeister. Der Schwenkbereich der kleinen Kanone betrug 360 Grad! An und für sich musste der Richtkanonier das Seitenhandrad allein betätigen. Je Handradumdrehung bewegte sich die kleine Kanone im so genannten »Grobtrieb« jedoch nur um 30 Grad. Das totale Schwenken erforderte also eine wahnsinnige Kurbelei. Mein zweiter Ladekanonier, der Helmut Kemper, half mir dabei. Dagegen konnte ich die Abschussvorrichtung durch einen Fußhebel betätigen. Das Umschalten von Einzel- auf Dauerfeuer geschah mit einem weiteren Hebel.

So schnell ich konnte, schwenkte ich unter Mitwirkung Helmut Kempers das Geschütz. Der kleine Neumann schob nacheinander die Magazine mit je 20 Schuss in die Halterung. Ein Magazin nach dem anderen feuerte ich auf die Angreifer. Es hätte des Kommandos »Feuer frei!« nicht bedurft. Mein Unterbewusstsein steuerte das Abwehrverhalten.

Die Doppelrumpfmaschinen flogen in Baumhöhe*, so niedrig also, dass unsere Geschosse die zur Sicherheit

---

* Charles Whiting charakterisierte diese Taktik des Einsatzes der Tiefflieger in seinem Buch »Die Schlacht um den Ruhrkessel« (a.a.O.) wie folgt: »Das taktische 29. US-Luftwaffenkorps schickte seine Jagdbomber in Baumwipfelhöhe gegen die … Deutschen.«

seit Monaten tiefergelegte Baracke des Oberleutnants durchschlugen. Kreidebleich, ohne Mütze und Koppel, kam er herausgestürzt und rief entsetzt: »Ihr schießt ja meinen Befehlsstand in Brand!«

Doch unsere ganze Aufmerksamkeit galt nur den Feindmaschinen. Und die »Lightnings« griffen erneut an! Noch immer ertönte die Alarmglocke! Die Kanoniere, die bei den großen Geschützen den Bereitschaftsdienst wahrnahmen, hatten in den um die Stellung herum angelegten Deckungslöchern Schutz gesucht, andere nicht im Dienst befindliche Flaksoldaten in dem dafür vorgesehenen langen Graben Zuflucht gefunden.

Unser zweiter Drilling konnte wegen einer Ladehemmung erst jetzt in das Duell eingreifen. In einem solchen Falle könnte man, darf man aber nicht in Panik verfallen. Da braucht es starke Nerven.

Unser kleiner Neumann hielt sich wacker. Er schaute nicht nach oben. Wäre das der Fall gewesen, hätte ihn bestimmt der Mut verlassen. Da donnerten die Feindmaschinen wie feuerspeiende Drachen in einer Höhe von weniger als zehn Metern über uns hinweg, so dass man weder sein eigenes Wort verstand noch Kommandos von Dritten wahrnahm. Doch keiner von uns Jungkanonieren ist auf den Gedanken gekommen, sich hinter die Sandsäcke zu werfen oder in dem Bunker Schutz zu suchen!

So plötzlich, wie sie gekommen waren, verschwanden sie wieder. Uns kam es wie ein Spuk vor. Aber die beiden »Lightnings« hatten mit ihren Bordkanonen gleiches Kaliber wie unsere kleinen Kanonen eine Spur der Verwüstung hinterlassen.

Eines der schweren Geschütze wurde getroffen. Zwei Mannschaftsbaracken waren in Brand geschossen worden. Mehrere Verwundete waren zu beklagen. Dass keine noch größeren Schäden entstanden, verdankten wir wohl der auseinander gezogenen Anlage der Baracken und Geschützstellungen. Unsere beiden kleinen Kanonen waren dank der Ringsumbefestigung unversehrt geblieben. Wir zehn Jungkanoniere hatten nicht einmal einen Kratzer abbekommen.

Von dem Schrecken, den unser Beschuss seiner Baracke ausgelöst haben mag, war dem Oberleutnant kurz darauf nichts mehr anzumerken. Er kam zuerst zu uns und rühmte unsere Geistesgegenwart. »Euer Feuer hat die ›Lightnings‹ vertrieben«, meinte er anerkennend. Unseren »Angriff« auf seinen Befehlsstand erwähnte er nicht.

»Unser Oberfähnrich Sawatzki hat eine vorbildliche Arbeit geleistet!«, fuhr er fort. »Ihr habt die Bewährungsprobe gleich in den ersten Stunden des ersten Tages eures Kriegseinsatzes glänzend bestanden!«

Von Langsdorff drückte uns heute zum zweiten Mal die Hände und klopfte dann dem hinzugekommenen Oberfähnrich auf die Schultern. Er ging auch hinüber zu der Stellung des anderen Drillings und erkundigte sich dort nach der Ursache der Ladehemmung. Seine Freude über die Haltung »seiner« Jungen war unverkennbar. Dann eilte er zu den Stellungen der schweren Geschütze.

Zwei Krankenwagen hatten inzwischen die Verwundeten abtransportiert. Das vom Beschuss der Feindmaschinen getroffene Geschütz dürfte wohl für mehrere Tage ausfallen. Unsere russischen »Hilfswilligen« waren schon mit den Werkzeugen an Ort und Stelle. Sie sollten sich später auch der beschädigten Baracken annehmen. In den anderen Baracken rückten die Flaksoldaten enger zusammen, um den vom Schaden betroffenen Kanonieren ein Quartier anbieten zu können.

Punkt zwölf Uhr wurden wir am Geschütz »Heinrich« von den Jungkanonieren der Gruppe Eisenmann abgelöst und gingen dann gleich zum Essen in die Kantine. Dort mussten wir uns erst einmal von dem Schrecken erholen, richtig Atem schöpfen. Langsam, ganz langsam ließ die Anspannung nach. Das Ereignis vom Vormittag war nicht spurlos an uns vorübergegangen. Ausgerechnet an dem Tag, an dem unser Einsatz an der kleinen Kanone begann, musste das geschehen.

Gottlob hatten wir am Nachmittag dienstfrei. Nur für den Abend standen die Einzelgespräche mit dem Oberleutnant auf dem Dienstplan. Die Unterredung mit Gustav Neumann war für 19 Uhr vorgesehen, ich hatte um 20 Uhr zu erscheinen.

Als ich zehn Minuten vor 20 Uhr zum Befehlsstand des Oberleutnants ging, kam mir Gustav Neumann bereits entgegen. »Alles in Ordnung«, sagte er nur.

Freundlich reichte mir von Langsdorff die Hand. Zunächst lobte er nochmals mein tapferes Verhalten als Richtkanonier. Dann hieß er mich Platz nehmen und forderte mich auf, ihm ganz zwanglos etwas über die wichtigsten Stationen meiner 17 Lebensjahre zu erzählen.

Ich berichtete ihm über den frühen Tod der Eltern, den Onkel, der mein Pflegevater wurde, als ich erst zehn Jahre alt war; die nahezu erfolglosen beiden Operationen an den Füßen 1938 wegen eines angeborenen schweren Fußleidens, die einen monatelangen Schulausfall nach sich gezogen hatten. Auch schilderte ich ihm die erstaunliche Leistungssteigerung in der Schule ab 1938, die der Onkel, damals erst 32 Jahre alt, mit seiner Erziehung bewirkt hatte, indem er auch meine Liebe zum Fußball als Leistungsanreiz verwandte.

»Wie hat er das gemacht?«

»Fielen die Noten einer Klassenarbeit nicht so gut aus, wie er erwartete, dann durfte ich am darauf folgenden Sonntag nicht mit ihm zum Spiel der 1. Sachsenliga. In Leipzig gehörten drei Vereine der 1. Sachsenliga an: VfB, Tura und Fortuna. Das war für mich schlimmer als eine Ohrfeige!«

Von Langsdorff war ein geduldiger Zuhörer.

»Mein eigener Vater dagegen, Herr Oberleutnant, hat Prügel als ein notwendiges Mittel der Erziehung angesehen. Selbst meine Mutter ist davon nicht verschont geblieben. Ein solches Denken und Verhalten ist meinem Pflegevater, meinem Onkel also, fremd gewesen. Meine Großmutter erzählte mir später, dass der Onkel auf Geheiß seines Vaters, meines Großvaters, meinen früheren Paunsdorfer Volksschullehrer um ein Urteil über mich ersucht habe. Dieser soll gesagt haben: ›Herr Hillmer, der Hans hat viele Talente, die sind verschüttet worden durch das viele Prügeln des trinkfreudigen Vaters. Finden Sie andere Wege zu dem intelligenten Jungen, dann werden Sie noch Ihre helle Freude an Ihrem Pflegesohn haben!‹ Herr Oberleutnant, das muss ein kluger Pädagoge gewesen sein, der bei mir, dem Zehnjährigen, so etwas erkennen konnte!«

Der Oberleutnant nickte nur kommentarlos.

Ich erwähnte dann noch den Besuch der Handelsschule 1942–44, die Ostern 1944 bei der Druckfarbenfabrik Berger & Wirth in Leipzig begonnene Ausbildung zum Exportkaufmann und die Einberufung des Pflegevaters zur Wehrmacht im Frühjahr 1943.

Von Langsdorff erkannte sofort den wunden Punkt meines bisherigen Lebensweges: das schwere Fußleiden.

»Wieso hat man dich denn überhaupt zum Kriegsdienst herangezogen?«

»Herr Oberleutnant, ich habe bei der Tauglichkeitsprüfung in Kassel mein Fußleiden den Stabsärzten nicht
angezeigt!«

Nun nannte ich ihm die Begleitumstände und die
Ursache für das Verschweigen bzw. Nichtanzeigen meines Fußleidens. Ich klärte ihn auch über die Art und
Weise der immer wieder auftretenden Beschwerden auf,
die auch das Tragen von Spezialeinlagen erforderlich
machen würden.

»Herr Oberleutnant, es soll niemals jemand sagen
können, der Hans Partschefeld habe sein Vaterland in
der größten Not nicht verteidigt!«

Von Langsdorff schaute mich nur an. Er schwieg eine
ganze Weile. »Jungkanonier Partschefeld, wie kommst
du gegenwärtig mit dem Dienst zurecht?«

»Herr Oberleutnant, die von mir getragenen Einlagen müssen wieder erneuert werden. Das war in Leipzig für Februar 1945 vorgesehen. Aber hier in Köln gibt
es doch dafür keine Möglichkeit. Die Füße schwellen
bei außergewöhnlichen Belastungen sehr schnell an.
Um die Beschwerden zu mildern, habe ich mir in solchen Fällen daheim immer mit Bandagen geholfen.
Natürlich trägt das jetzige Schuhwerk auch nicht zu
einer Besserung des Befindens bei.«

»Jungkanonier Partschefeld, ich danke dir für deine
offenen Worte. Ich werde unsere beiden Sanitäter sofort
anweisen, sich um dich zu kümmern. Wenn Bandagen
dir Erleichterung verschaffen, dann kannst du die hier
bekommen! Du meldest dich morgen im Verlaufe des
Tages bei dem Sanitäts-Unteroffizier Bleichert! Das ist
ein Befehl! Den Bleichert informiere ich gleich morgen
früh, auch den Oberfähnrich! Alles klar! Wenn du Hilfe
brauchst, dann melde dich bei mir oder bei meiner
Abwesenheit beim Oberfähnrich Sawatzki!«

»Jawohl, Herr Oberleutnant! Ich danke Ihnen für das Gespräch!« Ich erhob mich, grüßte vorschriftsmäßig und verließ die Unterkunft des Batterieführers.

Zunächst meldete ich mich der Füße wegen am nächsten Tag beim Sanitäts-Unteroffizier Bleichert. Der wusste bereits Bescheid und sagte, dass ich wegen der Bandagen jederzeit zu ihm kommen könne.

Am Abend des 10. Februar 1945, es war ein Freitag, führte der Oberleutnant die letzten beiden Einzelgespräche mit den Jungkanonieren Wolfgang Bäumler und Johannes Baumgarten. Beide hatten am Vormittag des genannten Tages die Sanitätsstation verlassen können. Schonung war zwar noch angesagt, aber die Wunden waren gut verheilt.

Unser Fritz besaß das Vertrauen des Unteroffiziers Peter Szymanek, des Fouriers der Batterie. Was Fritz mit dem Fourier verband, blieb mir ein Rätsel. Aber durch diese Verbindung fiel mancher Leckerbissen für uns ab. Ich hatte schon immer den Verdacht, Unteroffizier Szymanek könnte der Informant gewesen sein, den der Fritz neulich erwähnt hatte. Aber ich sagte nichts, denn es war ja nur eine Vermutung. Erst in Gefangenschaft hat Fritz mir auf mein Drängen hin bestätigt, dass der Fourier sein Informant gewesen sei.

Der Fourier hatte Fritz gefragt, ob er ihm an einem der nächsten dienstfreien Nachmittage mit seiner Gruppe bei der Holzbeschaffung helfen könnte. Für uns war das eine willkommene Abwechslung. Szymanek brachte einen Karren mit, den wir im Forst mit herumliegendem Geäst beluden. Wir kamen aus dem Wald heraus. Zu fünft zogen und schoben wir den Wagen. Der Fourier ging hinter uns her.

Urplötzlich erscholl lautstark das Kommando: »Hinlegen!« Wir fünf Mann warfen uns, ohne zu fragen, auf den gefrorenen Boden. Ein Flugzeugmotor heulte auf, Maschinengewehre ratterten, Erdfontänen spritzten auf, das gesammelte Holz flog uns um die Ohren.

»In den Straßengraben!« Wieder kam der Befehl vom Unteroffizier. Die Feindmaschine setzte zur zweiten Attacke an. Aber als diese wieder feuerte, lagen wir bereits im Graben.

Peter Szymanek hatte uns das Leben gerettet. Er sagte später, er hätte, während wir Jungen uns über Gott und die Welt unterhielten, er wüsste nicht einmal warum, noch einmal zurück in den Forst geschaut. In diesem Augenblick habe er die »Lightning« entdeckt. Der Pilot müsse uns beobachtet, dann die Motoren gedosselt und die Maschine im Gleitflug über den Forst gezogen haben.

»Mit meinem Befehl ›Hinlegen‹ bin ich dem Beschuss durch den Piloten wohl um eine Sekunde zuvorgekommen, die euer und mein Leben gerettet hat!«

Wir waren im Augenblick gar nicht fähig, etwas zu sagen. Jetzt wussten wir, dass wir dem Tod im letzten Augenblick von der Schippe gesprungen waren. Die uns seit dem zehnten Lebensjahre im Jungvolk, dann ab 14 Jahren in der Hitlerjugend eingepaukte Gehorsamspflicht hatte uns in diesem speziellen Falle das Leben gerettet. Hätten wir nur einen Moment gezögert, dem Befehl zu folgen, wäre es um uns geschehen gewesen. Nach dem Krieg nannte man so etwas »Kadavergehorsam« – mag sein, aber uns hat er damals das Leben gerettet.

Stumm drückten wir Peter Szymanek die Hand. Von da an war der Fourier auch unser Mann.

Natürlich fiel mir in diesem Zusammenhang sofort die Geschichte mit dem Kommando »Hinlegen!« ein, die sich vor wenigen Monaten während meiner Lehrzeit in der Firma Berger & Wirth in Leipzig zugetragen hatte. Ich erzählte meinen Weggefährten von diesem an und für sich lustigen Jungenstreich. Aber in dieser Situation konnte keiner darüber lachen, auch ich selbst nicht. Es war schon eine seltsame Duplizität der Ereignisse, wobei das heutige Geschehen Menschenleben rettete!

Der Oberfähnrich hatte uns Jungen in den Dienstplan für die nächtliche Bewachung der 15 russischen Kriegsgefangenen aufgenommen, die als so genannte »Hilfswillige« bezeichnet wurden. Jeder von ihnen beherrschte ein Handwerk. Sie führten freiwillig alle im Batteriebereich anfallenden Reparaturen durch und genossen dafür einen Sonderstatus.

Am Samstag, dem 10. Februar 1945, war ich von 22 bis 24 Uhr für den Wachdienst eingeteilt. Der Oberfähnrich meinte: »Jungkanonier Partschefeld, vom Oberleutnant habe ich inzwischen von deinem Fußleiden erfahren. Wenn du es nicht schaffst, zwei Stunden lang den Wachdienst wahrzunehmen, werde ich dich künftig von dieser Aufgabe entbinden. Die anderen Jungkanoniere würde ich dann über eine solche Entscheidung und deren Ursache informieren. Wir, der Oberleutnant und ich, wollen auf keinen Fall, dass bei deinen Kameraden der Eindruck entsteht, du seist ein Drückeberger!«

In dieser Nacht war es bitterkalt. Ausgerüstet mit Stahlhelm, Karabiner und scharfer Munition, den Mantelkragen hochgeschlagen, den Wollschal umgebunden, den mir die Großmutter mitgegeben hatte, bin ich zu der etwas abseits gelegenen, an den Forst angelehnten Baracke der »Hilfswilligen« gegangen. Georg Weiß erwartete mich schon. Ich nannte die Parole »Blücher«, und Georg verließ seinen Posten. Ich hörte die schwermütigen Gesänge der Russen und schaute kurz in die

Baracke hinein. Eine angenehme Wärme ging von dem gut geheizten Kanonenofen aus. Etwa zehn »Hilfswillige« hatten sich um den Ofen herum gelagert, die anderen schliefen offensichtlich schon. Hungern mussten sie nicht. Sie bekamen die gleichen Rationen wie die deutschen Kanoniere. Denn für die Funktionfähigkeit der Batterie waren die »Hilfswilligen« unentbehrlich geworden.

Eine Stunde Wache schieben war vergangen. Langsam kroch die Kälte in mir hoch. Auch meine Füße begannen zu schmerzen. Ich ging in die Baracke hinein. Die Russen schienen nicht überrascht von meinem Kommen. Ich schaute nach einer Stelle, von der aus ich alle noch wachen, aber auch die bereits schlafenden Gefangenen im Blickfeld hatte. Ich hockte mich an diesem Platz auf den Fußboden, lehnte mich an einen Bettpfosten, zog die Beine an den Leib und klemmte den geladenen, aber nicht entsicherten Karabiner zwischen die Knie.

Vorsicht ist die Mutter der Porzellankiste, dachte ich, man weiß ja nie, was in einer solchen Situation den Bewachten bewegt. Jedoch war auf den Gesichtern der Russen keinerlei Feindseligkeit zu erkennen. Ich lauschte ihrem Gesang und war ergriffen von der Leidenschaft, mit der diese Männer, weit ab von ihrer Heimat, ihre Lieder anstimmten. Nach einer halben Stunde ging ich, auch innerlich erwärmt, wieder vor die Tür und setzte meine Rundgänge fort.

Die »hilfswilligen« Kriegsgefangenen kannten ihr Schicksal. Sie wussten, sollten die Deutschen den Krieg verlieren und sie als Russen in amerikanische Hände fallen, also in die Hände ihrer Verbündeten, müssten die Amerikaner sie aufgrund eines Abkommens mit Stalin an die Sowjets ausliefern. Ein sehr gut Deutsch sprechender Gefangener, ein ehemaliger Offizier der Roten Armee, hatte dies unseren Oberleutnant wissen lassen.

Pünktlich um Mitternacht erschien Arnold Bärenreuther zum Wachwechsel. Und dann muss es geschehen sein, so gegen ein Uhr nachts! Ganz aufgeregt erschien Arnold nach dem Ende seiner Wache, das war kurz nach zwei Uhr nachts, in unserer Baracke und weckte die ganze Mannschaft. Auch ich hatte schon fest geschlafen. Aber nun waren wir alle auf einmal putzmunter. Jetzt erzählte uns der Bärenreuther seine seltsame Geschichte, und manchmal kam sogar der große starke Kerl dabei ins Stottern.

Um sich der Kälte wegen Bewegung zu verschaffen, sei er immer schnell um die Baracke herumgegangen. Auf deren Rückseite würden die Tannen des Forstes aber sehr nahe bei der Baracke stehen. Auf einmal wäre dort im Dunkel der Nacht eine Gestalt aufgetaucht und auf ihn zugegangen. Er habe den Karabiner in Anschlag gebracht, entsichert und die Parole verlangt. Die Person hätte jedoch das Losungswort nicht genannt. Da habe er schnell hintereinander zwei Schüsse abgegeben, zunächst einen Warnschuss und dann einen gezielten unmittelbar vor die Füße des Unbekannten. Erst in diesem Augenblick hätte sich der Fremde zu erkennen gegeben und gerufen:

»Nicht schießen, ich bin es doch, Oberfähnrich Sawatzki!«

Tatsächlich sei es Sawatzki gewesen. Beinahe hätte also Bärenreuther unseren Oberfähnrich erschossen!

Irgendjemand hat dem Oberleutnant darüber berichtet. Dieser habe aber nur gelacht und gesagt: »Der Bärenreuther hat richtig gehandelt. Wenn jemand im Krieg einen Posten in der Nacht kontrollieren will, muss er, wenn er vom Posten angerufen wird, sofort das

Erkennungswort nennen, ansonsten ist der Wachhabende zum Schusswaffengebrauch berechtigt!«

Recht kleinlaut soll die Aussage des Oberfähnrichs auf Rückfrage des Batterieführers ausgefallen sein. Danach habe er doch nur die Wachsamkeit des Postens prüfen wollen. Übrigens, niemand wollte in der fraglichen Nacht die beiden Schüsse gehört haben!

Am Tag des 11. Februar 1945 geschah nichts Erwähnenswertes. Aber am Abend rief der Oberleutnant den Oberfähnrich und alle Unteroffiziere in seinen Befehlsstand. Die Zusammenkunft dauerte mehr als drei Stunden. Dann schickte der Batterieführer seine Unterführer zu ihren Einheiten.

Für uns 20 Jungkanoniere war ja der Oberfähnrich unser direkter Vorgesetzter. Er kam in unsere Baracke. So erfuhren wir noch spät in der Nacht, dass der Stab der Division unsere Verlegung nach Weidenpesch befohlen habe. Dieser Stadtteil lag zwar auch auf der linksrheinischen Seite, aber näher am Zentrum von Köln. Nach dem Verlust der Rur-Talsperren erwarte jetzt die Heeresgruppe B unter dem Befehl des Feldmarschalls Model den Vorstoß der alliierten Armeen auf den Raum Jülich und Düren und befürchte zudem das Vorrücken der Amerikaner auf Köln.

Innerhalb von sieben Tagen müsse nach den vorliegenden Weisungen die Verlegung abgeschlossen werden. Alle Transporte vom Benrather Forst nach Weidenpesch sollten nachts erfolgen. Einsätze der Batterie hätten sich in diesen Tagen auf Selbstverteidigung zu beschränken – was immer das auch heißen mochte. Jede Nacht dürfe nur eines der sechs schweren Geschütze bewegt werden. Wir Jungen sollten mit unseren kleinen Kanonen erst in der letzten Nacht zum Ort der neuen Stellung verbracht werden.

Alle Baracken müssten abgebaut und am neuen Standort wieder aufgestellt, Munitions- und Verpflegungsbestände ein- und wieder ausgepackt werden. In der neuen Stellung seien die Sandsackbarrikaden und Bunker für unsere kleinen Kanonen vorzubereiten, ferner Deckungslöcher für die Kanoniere der ›Acht-Acht‹. Erschwert würden diese Arbeiten durch den noch immer bestehenden Bodenfrost. Wir Jungen beneideten unseren Oberleutnant nicht um die Bewältigung dieser Aufgaben.

Es gelang dank des unermüdlichen Einsatzes der Kanoniere, wir Jungen eingeschlossen, und der 15 »Hilfswilligen«. Am 18. Februar 1945 befanden sich die Mannschaften, Geschütze, Baracken und alle Vorräte am neuen Standort. Es war auch aus meiner Sicht eine logistische Meisterleistung. Verluste an Menschen und Material waren bei diesem Standortwechsel nicht zu beklagen. Dafür hätte unser Oberleutnant einen Orden oder die Beförderung zum Hauptmann verdient gehabt. Aber es gab keine Auszeichnung. Die oberen Kommandostellen setzten solche Leistungen wohl als selbstverständlich voraus.

Seltsamer- und glücklicherweise für uns tauchten in jenen sieben Tagen nur selten Jagdbomber am Himmel auf. Wahrscheinlich musste der Gegner nach den für die Amerikaner so verlustreichen Kämpfen im Hürtgenwald seine Kräfte erst ergänzen und neu gruppieren. Jedenfalls ergab sich für uns eine Atempause, die wir für unseren Rückzug aus dem Worringer Bruch des Benrather Staatsforstes nach dem linksrheinisch gelegenen Kölner Stadtteil Weidenpesch dringend benötigten.

Uns Jungen erschien die in unserem Abschnitt in diesen Tagen relativ geringe Gefechtstätigkeit wie ein Wunder!

Nur am 16. Februar war diese Ruhe unterbrochen worden. An diesem Tag – nicht in der Nacht – wurden die Stadt Leverkusen und die Bayer-Werke angegriffen. Befehlsgemäß hat sich aber unsere Batterie nicht an der Abwehr dieses Angriffs beteiligt.

Erst nach Jahrzehnten fand ich in der Fachliteratur eine Erklärung für das von uns beobachtete zeitweilige Abflauen der Jagdbomber-Angriffe. Danach begann die 9. US-Armee unter dem Befehl des Generals Simpson erst am 23. Februar 1945 aus ihren Stellungen an der Rur (Eifel) heraus ihren Angriff. Ziel der Großoffensive sei es gewesen, die Verteidigungsstellungen der deutschen Wehrmacht auf das rechte Rheinufer zurückzudrängen. Die Strategie der alliierten Streitkräfte zielte auf die Eroberung des linksrheinischen Gebietes des Deutschen Reiches ab.*

.   *

* Chronik 1945, ChronikVerlag im Bertelsmann Lexikon Verlag GmbH, Gütersloh 1994

Köln-Weidenpesch/ Pferderennbahn

Am 18. Februar 1945 lag unsere Flakbatterie feuerbereit an ihrem neuen Platz im Kölner Stadtteil Weidenpesch, und zwar in der Nähe der Kölner Pferderennbahn. Um nicht am Tage wehrlos ins Visier feindlicher Jagdbomber zu geraten, war die Verlagerung unserer Geschütze, der Baracken sowie der Munitions- und Verpflegungsbestände in der Zeit vom 12. bis 17. Februar 1945 auf der Neusser Landstraße stets nachts erfolgt.

Auf nicht weit entfernt von der Pferderennbahn gelegenen früheren Sport- und Tennisplätzen, in der Nähe der Erlöserkirche, hatte Oberleutnant Joachim von Langsdorff unsere sechs Geschütze, Kaliber 8,8 cm, Typ Flak 37, in Stellung gebracht. Bei diesen Geschützen handelte es sich um die klassische Version mit dem dreiteiligen Rohr. Von den deutschen Soldaten wurden alle Flakgeschütze mit dem Kaliber 8,8 cm respektvoll »Acht-Acht«, vom Gegner »Eighty-Eight« genannt.

Von Langsdorff hoffte, dass die um diese Plätze für die Zuschauer angelegten kleinen Dämme den großen Kanonen einen gewissen Schutz gegen im Tiefflug angreifende Jagdbomber bieten würden.

Dagegen ließ der Oberleutnant unsere zwei kleinen 2-cm-Kanonen am Rand des neuen Standortes postieren. Dort gab es für die von einem nicht mehr einsatzfähigen Kriegsschiff abmontierten Drillinge das für die Abwehr der Tieflieger notwendige freie Schussfeld. Diese Drillinge verfügten im Gegensatz zu den bei der Heeresflak üblichen Vierlings-Geschützen jeweils nur über drei gebündelte Rohre. Aufgabe der kleinen Kanonen war es, ihre »großen Brüder«, die 8,8-cm-Geschütze, vor Angriffen der feindlichen Jagdbomber zu schützen. Wegen ihrer erheblichen Feuerkraft waren sowohl

115

die Drillinge als auch die Vierlinge vom Gegner gefürchtet.

Bedient wurden die beiden Drillinge mittlerweile nur noch von uns 20 17-jährigen Leipziger Jungkanonieren. So hatte es von Langsdorff angeordnet und uns dem Oberfähnrich Sawatzki direkt unterstellt. Der Oberleutnant liebte klare Zuständigkeiten, und uns Jungen gefiel diese Zuordnung auch.

Weiterhin befanden sich jeweils fünf Jungkanoniere tagsüber immer sechs Stunden lang in Bereitschaft bei den beiden kleinen Kanonen. Man wusste ja nie, wann die Jagdbomber auftauchten. Unser Instandsetzungstrupp von russischen »Hilfswilligen« hatte, wie im Benrather Staatsforst, um jede der beiden kleinen Kanonen eine Sandsackbarrikade errichtet. Dieser noch durch Erdaufschüttungen verstärkte Wall diente uns als Deckung gegen angreifende Tiefflieger. Hinter den Sandsäcken war auch hier in Weidenpesch ein mit starken Balken gesicherter Unterstand in das gefrorene Erdreich getrieben worden. Hier lagerten die Leuchtspurmunition und die panzerbrechenden 2-cm-Geschosse. Unser Oberleutnant rechnete an diesem Standort offensichtlich mit Angriffen amerikanischer Panzer. Denn für alle Fälle ließ er in unserem »Bunker« auch eine Anzahl von kleinen Panzerfäusten, Typ 30, mit einer Schussweite von 30 Metern deponieren.

Der fronterfahrene Unteroffizier Ernst Kuzorra, einer der sechs Geschützführer, hatte uns mit diesem Mitte 1943 eingeführten Kriegsgerät vertraut gemacht. Vom Batterieführer war er zum so genannten »Waffen-Unteroffizier« bestimmt worden. Er führte daher den für uns Jungen bereits im Benrather Staatsforst eingeführten Unterricht in Waffenkunde hier in Weidenpesch fort. Zwei- bis dreimal wöchentlich fand dieser in den Abendstunden statt. Zu dieser Tageszeit war es für Angriffe der Bomberverbände noch zu früh, für die Jagdbomber schon zu spät.

Das Feuern auf die feindlichen Flugzeuge empfanden wir 17-Jährigen nach wie vor als eine Art innerer Befreiung. Schließlich hatten wir den Marsch durch die fast tote Stadt Köln am 30. Januar 1945 noch ganz frisch im Gedächtnis. Wir als Leipziger Jungen hatten auch noch immer die schweren Schäden im Hinterkopf, die uns die Briten insbesondere beim ersten großen Nachtangriff der Royal Air Force vom 4. Dezember 1943 zugefügt hatten. Damals waren 300 000 Brandbomben und 665 Tonnen Sprengbomben und Luftminen auf die damalige »Reichsmessestadt« gefallen. In jener Zeit galt Leipzig international als »Stadt des Buches«. Allein 50 Millionen Bücher gerieten in Brand, fielen, wie die Bürgerhäuser, in Schutt und Asche. Darunter waren Werke von unschätzbarem Wert, die man heute dem Weltkulturerbe zuordnen würde.

In jener für uns unvergesslichen Nacht des 4. Dezember 1943 saßen wir als 16-Jährige hilflos in den Luftschutzkellern und hofften, von den Bomben verschont zu bleiben.

Unsere Heimatstadt Leipzig erlebte am 20. Februar 1944 die Fortsetzung des Bombardements. In dieser Nacht warfen hier 730 britische Bomber 2291 Tonnen Bomben ab. Dieser Verband verlor im Kampf gegen die deutschen Nachtjäger 78 Flugzeuge. Schwere Schäden erlitt hierbei der Hauptbahnhof, völlig zerstört wurde auch der »Kristall-Palast«, ein damals namhaftes Varieté, mit dem mich, wie berichtet, ein wunderschönes Jugenderlebnis verband.

Als Jungkanoniere der nunmehr in Weidenpesch stationierten Flakbatterie konnten wir uns nun endlich wehren. Wir waren jetzt in der Lage, dem aus unserer Sicht übermächtigen Feind zwar nicht Paroli zu bieten, ihm aber wohl »auch eins auf den Pelz brennen« zu können, wie mein Freund Fritz zu sagen pflegte. Unseren Kampfeseifer brauchte der Batteriechef nicht anzustacheln, das wusste er. Noch immer glaubten wir Jugendlichen – im Gegensatz zu den »alten Hasen« – an den Sieg. Vielleicht würden ja neue Waffen, wie beispielsweise die Me 262, der erste Düsenjäger der Welt, das Kriegsglück wenden. Der Waffen-Unteroffizier erzählte uns, dass die im Sommer 1944 in Dienst gestellte Me 262 fast 250 km/h schneller fliegen könnte als die besten alliierten Jagdflugzeuge.

Im Benrather Staatsforst hatten die alliierten Jagdbomber mehrfach versucht, unsere Batterie mit ihren Bordwaffen zum Schweigen zu bringen. Bei ihren Tiefstflugangriffen mit Flughöhen unter zehn Metern hatte man als Richtkanonier für den Bruchteil einer Sekunde Blickkontakt mit dem feindlichen Piloten. Hier in Weidenpesch hofften wir, dass die kleinen Zuschauerränge als künstlich angelegte Hindernisse die Tieffliegerangriffe vielleicht erschweren würden. Diese Hoffnung erwies sich jedoch als trügerisch.

Am 25. Februar 1945, ausgerechnet an einem Sonntag, griffen drei amerikanische Mustangs gleichzeitig unsere Batterie an. Sie hatten die tief über unserer Stellung hängenden Wolken als eine Art Tarnkappe benutzt. Wie Raubvögel stürzten sie sich mit rasender Geschwindigkeit auf ihre Beute. Mustangs konnten eine Höchstgeschwindigkeit von rund 700 km/h erreichen. Die Geschossgarben ihrer jeweils sechs in die beiden Tragflächen eingebauten Maschinengewehre, Kaliber

12,7 mm, durchpflügten die Erde zwischen den großen Geschützen.

Erst im allerletzten Augenblick schrie der diensthabende Flugmelder: »Drei Feindmaschinen aus West im Anflug, Flughöhe noch etwa 1000 Meter!«

Im gleichen Atemzug betätigte er die Alarmglocke. Aus den Baracken rannten die Soldaten in die Geschützstellungen.

Bei der Verwendung von Sprenggranaten mit Zeit- und Luftdruckzündung können die Kanoniere die Höhe einstellen, in der das Geschoss mit Schrapnellwirkung explodieren soll. Aber für die Einstellung der Zünder auf kurze Entfernung blieb jetzt keine Zeit mehr. Weisungsgemäß sprangen die Kanoniere in die vorsichtshalber rund um die Geschütze herum angelegten Deckungslöcher. Denn bei der Flak galt die Devise: »Schweiß erspart Blut!«

Es war unserer Unerschrockenheit zu verdanken, dass die Batterie an diesem Tage weder Tote noch Verletzte zu beklagen hatte. Fritz Hildebrandt und Lorenz Kaiser, die beiden Geschützführer der kleinen Kanonen, und wir anderen in Bereitschaft befindlichen Jungkanoniere hatten nicht gepennt. Zeitgleich mit den Angreifern eröffneten wir aus den insgesamt sechs Rohren der beiden Drillinge das Feuer auf die anfliegenden Feindmaschinen. Eiskalt, mit stoischer Ruhe bedienten wir, ich als Richtkanonier des Geschützes »Heinrich« auf dem mit der Lafette fest verbundenen Richtsitz platziert, unsere beiden kleinen Kanonen, Typ 38, mit dem Kaliber 2 cm und einer Schussfolge von 420 Patronen pro Minute. Zwei der drei angreifenden Mustangs wurden regelrecht zerfetzt. Ihre Einzelteile lagen weit verstreut, nicht weit vom Rhein entfernt, auf freiem Gelände. Dort fanden wir später die

Piloten der einsitzigen Jagdbomber, bis zur Unkenntlichkeit entstellt, inmitten der Trümmer. Die von uns nicht getroffene dritte Mustang war wieder in den Wolken verschwunden.

Die »alten Hasen« waren voller Bewunderung über unser Verhalten. Aber wir wehrten das Lob ab und waren froh, dass es keine eigenen Verluste gegeben hatte. Auch die Geschütze hatten nichts abbekommen. So sagten wir nur kurz, dass »wir doch nur unsere Pflicht getan hätten«.

Unser Oberleutnant und der Oberfähnrich sahen das jedoch ganz anders. Beide hatten mehr zufällig das Geschehen vom Befehlsstand des Batterieführers aus verfolgt. Beide kamen auf uns Jungen zu und schüttelten spontan jedem von uns lange die Hand. Der Oberleutnant ließ den Küchenchef herbeirufen und befahl ihm, für uns ein prächtiges Abendessen herzurichten.

Man merkte es beiden, dem Oberleutnant und dem Oberfähnrich, an, dass sie auf »ihre« Jungen stolz waren. Selbst von den Stellungen der großen Geschütze eilten die Kanoniere herbei und beglückwünschten uns. Wir Jungen wurden ganz verlegen. Doch von Langsdorff focht das nicht an.

»Ich werde noch heute bei der Division den Antrag stellen, dass euch beiden Geschützführern, dir, Fritz Hildebrandt, und dir, Lorenz Kaiser, wegen besonderer Tapferkeit vor dem Feind das Eiserne Kreuz Erster Klasse verliehen wird. Ihr beide habt euch hervorragend bewährt. Außerdem befördere ich euch beide auf der Stelle zu Gefreiten!«

Auch alle »Altgedienten« freuten sich mit uns über diese Auszeichnung. Erst allmählich wurde uns bewusst, dass wir mit unserer schnellen Reaktion die ganze Batterie vor möglichen Verlusten bewahrt hatten.

Am 2. März 1945 griffen noch einmal 858 viermotorige Bomber vom Typ Lancaster und Halifax das an, was von Köln übrig geblieben war. An diesem Tag fielen auch Bomben auf die Bayer-Werke in Leverkusen. Pausenlos feuerten unsere 8,8-cm-Geschütze im Verbund mit den anderen Flakeinheiten unserer Division auf die Bomber-Pulks.

Jeweils neun Mann bedienten ein Geschütz. Die Kanoniere konnten das von den Bombenabwürfen in der Stadt ausgelöste Inferno nicht wahrnehmen. Mechanisch luden und schossen sie, bis die Rohre im wahrsten Sinne des Wortes glühten. 15 bis 20 Schuss pro Minute konnte eine »Acht-Acht« abfeuern. Bei diesem Angriff hat jedes der sechs Geschütze annähernd 240 der 15 Kilogramm schweren Sprenggranaten verschossen. Wäre bei einem Rohr Materialermüdung aufgetreten, hätten es die »Hilfswilligen« auswechseln müssen. Erfahrungsgemäß hielten die dreiteiligen Rohre etwa 900 Schuss.

Wir Jungkanoniere standen bei diesem letzten Bombenangriff auf Köln machtlos an unseren beiden kleinen 2-cm-Kanonen. Mit ihnen konnten wir die hoch fliegenden Lancaster und Halifaxe nicht erreichen. Unsere Kanonen reichten nur 2200 Meter hoch. Uns blieb, außer dem Gefühl der Ohnmacht, nur ein unbändiger Zorn über diese Waffenungleichheit. Erst am nächsten Tage erfuhren auch wir Einzelheiten über die Auswirkungen des Bombenangriffes.

In der bereits weitgehend zerstörten Stadt Köln habe es nochmals Hunderte von Toten gegeben, die weder geborgen noch bestattet werden konnten. Viele der bereits vorher beschädigten, früher so wunderschönen Kölner Kirchen waren nun vollends zerstört worden. Tausende der in noch nicht völlig zerbombten Häusern verbliebenen Einwohner seien nun in Panik über die noch begehbare Hohenzollernbrücke auf das rechts-rheinische Ufer geflohen.

Vor Kriegsbeginn zählten die beiden Städte Köln und Leipzig etwa eine dreiviertel Million Einwohner. Bei Kriegsende befanden sich noch rund 40 000 Zivilisten im Großraum der Stadt Köln, vorwiegend in den Außenbezirken. Nur ganze fünf Prozent der Altstadt blieben erhalten. Im Zentrum selbst lebte kein einziger Mensch mehr. Es war das Ende dieser früher so prachtvollen Rhein-Metropole. Heute ist Köln eine Millionenstadt! Hätte man in jener furchtbaren Zeit diese Vision geäußert, wäre man für verrückt erklärt worden. Manche Stadtväter sollen damals ernsthaft erwogen haben, Köln an einer anderen Stelle wieder aufzubauen.

Dagegen war unsere Heimatstadt in diesem verheerenden Krieg vergleichsweise glimpflich davongekommen. Unmittelbar nach Kriegsende gab es in Leipzig noch 580 000 Einwohner, jetzt leben dort rund 500 000 Bürger.

Wilhelm Hellmold zitiert in seinem Buch über die Entwicklung der V1 das »American Magazin« vom April 1946. Demzufolge haben die Alliierten bei ihren Luftangriffen auf deutsche Großstädte 40 000 Maschinen verloren. 158 548 amerikanische und britische Flieger mussten hierbei ihr Leben lassen.[*]

Diese Daten belegen, dass die deutschen Jagdflieger, die Nachtjäger und nicht zuletzt die Flaksoldaten ihre Pflicht getan haben.

Einen Überblick über das Ausmaß der Schäden, die durch die auch von uns beobachteten Luftangriffe in

---

[*] Wilhelm Hellmold, Die V1, eine Dokumentation, Bechtermünz Verlag, genehmigte Lizenzausgabe für Weltbild Verlag GmbH, Augsburg 1999

den Bayer-Werken, Leverkusen, entstanden sein muss-ten, hatten wir nicht. Die doch sehr nahe gelegenen Fertigungsanlagen dieses Unternehmens haben wir Jungkanoniere niemals betreten. Auch erhielten wir keinerlei Informationen über die Auswirkungen der Luftangriffe auf die Kapazität des Werkes.

Auf der Basis unserer eigenen Wahrnehmungen, die ja aus der Distanz erfolgten, waren wir davon ausgegangen, dass die Produktionsstätten der Bayer-Werke, Leverkusen, schwer getroffen worden sein mussten. Dem war aber überraschenderweise nicht so.

Erfahren habe ich davon erst jetzt durch eine wissenschaftliche Arbeit über das Thema »Leverkusen und das Bayer-Werk in den Jahren 1944–1946«, die mir nach Kontaktaufnahme mit der Presseabteilung der Bayer-Werke Michael Pohlenz vom Bereich Unternehmensgeschichte liebenswürdigerweise ausgeliehen hat.

Über die Hohenzollernbrücke
am 5. März 1945

Mir war es nicht entgangen, dass ich das Wohlwollen des Oberleutnants besaß. Nach unserem Eintreffen in der Batterie am 30. Januar 1945 hatte jeder von uns in Einzelgesprächen dem Batterieführer seinen bisherigen Lebensweg schildern müssen. Diese Unterredungen waren immer abends durchgeführt worden. Er wollte sich ein Bild machen von den ihm anvertrauten Jugendlichen. Seine altgedienten Kanoniere kannte er alle. Wir Jungen mochten daher diesen Offizier, der sich seiner ganzen Mannschaft so eng verbunden fühlte. Achtung und Respekt brachten wir ihm entgegen. Auch für uns 17-Jährige war er der »Chef« geworden.

Auf diesem Wege erfuhr er, dass ich mein schweres angeborenes Fußleiden bei der Tauglichkeitsprüfung in Kassel nicht angezeigt hatte, und diese Haltung mag ihn beeindruckt haben.

Am Abend des 4. März 1945 bekam ich vom UvD den Bescheid, dass ich mich um 19 Uhr im Befehlsstand des Oberleutnants zu melden hätte. Einen Grund hierfür nannte er nicht. Vor dem Befehlsstand stand, und das war außergewöhnlich, ein mit einer Maschinenpistole bewaffneter Posten, ein Unteroffizier, den ich nicht kannte. Ich nannte ihm meinen Namen.

»Der Chef erwartet dich zu einem Gespräch unter vier Augen!« Ich trat ein und salutierte.

»Steh bequem, meine Junge«, sagte der Oberleutnant. Dabei lief er selbst unruhig hin und her.

Die Anrede »mein Junge« galt unter meinen gleichaltrigen Kameraden als Auszeichnung. Absprachegmäß durften wir 17-Jährigen von allen Vorgesetzten in der Batterie auch im dienstlichen Umgang geduzt werden.

Der Oberleutnant blieb plötzlich stehen und wurde ganz ernst.

»Jungkanonier Hans Partschefeld, ich vertraue dir jetzt etwas an, worüber du strengstes Stillschweigen zu bewahren hast. Nur den Oberfähnrich Sawatzki habe ich bisher eingeweiht und den Posten vor meinem Befehlsstand, den Unteroffizier Oskar Wuttke, der seit mehreren Jahren mein volles Vertrauen besitzt.«

Sein Blick verlor sich irgendwo in dem nicht sehr großen Raum. Er sah mich nicht einmal an. Dagegen waren seine Worte klar und unmissverständlich:

»Alle Männer unserer Batterie werden befehlsgemäß höchstwahrscheinlich schon in der Nacht vom 5. auf den 6. März von unseren Pionieren mit Sturmbooten auf das rechtsrheinische Ufer gebracht!«

Ich war sprach- und fassungslos zugleich. Eine solche Entwicklung wäre mir überhaupt nicht in den Sinn gekommen. Die Tragweite dieser Entscheidung konnte ich in meinem Alter noch nicht übersehen. Über den genauen Verlauf der Front im Großraum Köln waren nicht einmal die »Altgedienten« unterrichtet worden.

Von Langsdorff ging zum Kartenständer und kehrte mir dabei den Rücken zu. Doch dann drehte er sich um. Seine Stimme schien mir belegt, ganz anders als sonst.

»Mir wurde die Weisung erteilt, alle Geschütze, also auch eure kleinen Kanonen, vor dem Rückzug über den Rhein zu sprengen, Munitions- und Verpflegungsbestände sind zu vernichten!«

»Warum?«, stieß ich hervor.

»Es ist nur noch eine Kölner Brücke, die Hohenzollernbrücke, begehbar. Auch deren Pfeiler, Bögen und die Straßendecke sollen bereits erhebliche Schäden aufweisen. Unsere Pioniere können nicht mit Bestimmtheit sagen, ob die Brücke jetzt noch eine Belastung mit unseren Zugmaschinen und Geschützen aushält. Immerhin beträgt das Gewicht einer einzigen Zugmaschine acht Tonnen, zusätzlich wiegt eine ›Acht-Acht‹ in Fahrstellung rund sieben Tonnen!«

»Herr Oberleutnant, ist dies wohl das Ende unserer Batterie?«

Langsdorff nickte nur. Ich merkte, wie er nach Worten suchte. Er war ein Patriot, sah die Gefahr, die seinem Vaterland drohte. Ich merkte ihm an, dass ihm die Verantwortung für seine Männer große Sorgen bereitete.

»Ich kann noch nicht sagen, ob wir auf der anderen Seite des Rheines die notwendige Ausrüstung vorfinden oder aus den Wehrmachtsdepots herausholen können.«

Für einen winzig kleinen Augenblick schaute er ganz traurig aus. Dann war er wieder der von uns 17-Jährigen bewunderte Offizier, von dem Energie und Tatkraft ausging. Doch ich spürte seine Empfindungen, dazu bedurfte es keiner Worte.

»Nun zu dir. Mit Rücksicht auf dein Fußleiden will ich dir diesen bestimmt fünf Kilometer langen Marsch zum Rhein in Gefechtsformation ersparen. Laut Anruf der Division können vielleicht schon morgen Nachmittag amerikanische Panzer und vielleicht auch Infanterie vor unserer Stellung auftauchen. Das Absetzen zum Rhein in Kampfausrüstung und das vorherige Sprengen der Geschütze und das Vernichten der Bestände an Munition und Verpflegung könnte dann außerordentlich schwierig werden. Selbst Nahkämpfe sind in einem solchen Falle nicht auszuschließen! Der Rückzug zum Rhein bis zur Mülheimer Brücke wäre dann ganz bestimmt kein Spaziergang, zumal die Sturmboote uns voraussichtlich erst in der Nacht aufnehmen können. Ich glaube nicht, dass ein Fußkranker diese Strapazen bewältigen kann!«

Was hatte der Oberleutnant mit mir vor?

»Du bekommst in Absprache mit dem Stab der Division von mir Papiere, die es dir ermöglichen, noch morgen, am 5. März 1945, die zu Fuß noch begehbare Hohenzollernbrücke zu passieren. Inzwischen hat die Feldgendarmerie diese Brücke nämlich abgesperrt. Nur wer über einwandfreie Papiere verfügt, darf auf das rechtsrheinische Ufer.«

Ich kapierte immer noch nicht. Worauf wollte der »Chef« hinaus? Zum ersten Male seit langer Zeit sah ich, dass der Oberleutnant ein wenig, ganz versonnen, lächelte.

»Es wird schon nicht so schlimm werden, wie du vielleicht befürchtest.« Er klopfte mir auf die Schulter. »Morgen früh, Punkt sechs Uhr, meldest du dich bei mir hier in voller Ausrüstung mit Stahlhelm und Karabiner ab. Dann wirst du allein bis zu der wohl acht, höchstens zehn Kilometer von unserem Standort entfernten Hohenzollernbrücke marschieren.

Voraussichtlich höchstens zwei Tage noch können unsere Truppen linksrheinisch einen Uferstreifen von maximal zehn Kilometer Tiefe und in der Breite von Köln-Niehl bis Köln-Rodenkirchen verteidigen. In diesem Gebiet befindet sich auch die Uferstraße, die du entlanggehen musst, der Dom und die Brücke. Leg ruhig unterwegs mehrmals Pausen ein, wenn die Füße nicht mehr wollen. Solltest du großes Glück haben, triffst du auf der Uferstraße vielleicht noch ein Wehrmachtsfahrzeug, das dich zur Brücke mitnimmt. Dem Sanitäter Bleichert habe ich bereits befohlen, dir heute Abend noch einmal deine Füße zu bandagieren. Der Fourier ist angewiesen, dir morgen früh Verpflegung für zwei Tage mitzugeben.«

In meinem Kopfe wirbelten die Gedanken wild durcheinander! Ich sollte weg von der Batterie, von den Kameraden, die doch jetzt meine Familie waren? Allein wohin? Ohne den Freund Fritz Hildebrandt? Würde ich denn alle, auch den Fritz, auf der anderen Seite des Rheines wiederfinden? Wahrscheinlich ahnte der Oberleutnant den Wirrwarr in meinem Kopf.

»Wenn du den Rhein glücklich überquert hast, meldest du dich in Bergisch-Gladbach im dortigen Maria-Hilf-Krankenhaus. Der Stab der Division konnte herausfinden, dass es dort noch eine orthopädisch besetzte Fachabteilung gibt. Seit 24 Stunden liegt die Hohenzollernbrücke unter Beschuss der inzwischen wohl nur noch zehn Kilometer vom Rhein entfernten amerikanischen Feldartillerie, und die Amerikaner haben eine leistungsfähige Haubitze mit einer Reichweite von mehr als elf Kilometer.«

Ich muss auf den Batterieführer wie ein ungläubiger Thomas gewirkt haben. Denn schnell fuhr er fort:

»In deinen Papieren ist vermerkt, dass die Ärzte darüber entscheiden, was mit dir weiter geschehen soll.«

Er machte eine Pause, als müsse er die nächsten Worte erst einmal abwägen.

»Das hängt natürlich auch von der weiteren Entwicklung der militärischen Lage ab!«

Sofort nahm ich Haltung an, und ohne mich zu besinnen, erklärte ich: »Herr Oberleutnant, ich will auf jeden Fall wieder zurück zu unserer Batterie!«

Von Langsdorff gab mir hierauf keine Antwort. Was

hätte er auch sagen können? Es war ihm aber anzumerken, dass ihm die Einstellung seines »Schützlings« gefiel.

»Steh nur wieder bequem, mein Junge! Da deine Papiere in Ordnung sind, nimmt dich auf der anderen Seite des Rheines bestimmt ein Wehrmachtsfahrzeug mit nach der etwa 15 Kilometer von Köln entfernten Stadt Bergisch-Gladbach.«

Plötzlich langte er unter ein Gestell, das er als eine Art Schreibtisch verwendete. Er holte aus einer Tasche ein Paar Stiefel heraus und legte sie auf einen der Stühle, die hier herumstanden. Ich bemerkte sofort, dass dies keine deutschen Stiefel waren. Was es mit diesen Stiefeln, besser sollte man »Schnürstiefel« sagen, auf sich hatte, wusste ich nicht. Aber der Oberleutnant klärte mich sofort auf:

»Du bekommst von mir für deinen Marsch zur Hohenzollernbrücke diese Schnürstiefel aus feinstem Leder.«

Ich fand keine Worte. Ich musste den Oberleutnant falsch verstanden haben! Ein Paar Schnürstiefel sollte ich erhalten? Woher kamen diese herrlichen Schuhe? Dem Oberleutnant entging meine Verblüffung nicht.

»Diese Schnürstiefel hat ein Besatzungsmitglied eines englischen Bombers getragen, dessen Maschine wahrscheinlich unsere Batterie bei dem vor wenigen Tagen erfolgten Angriff abgeschossen hat. Die Bestätigung, dass dieser Abschuss uns zugerechnet wird, steht noch aus.«

Man sah es ihm an, dass selbst er diese Schnürstiefel bewunderte.

»Der junge Engländer hat bestimmt versucht, sich mit dem Fallschirm aus dem brennenden Flugzeug zu retten. Offensichtlich hat sich sein Fallschirm nicht geöffnet, für den Gebrauch des Reserveschirmes war es wohl zu spät. Seine Leiche wies Brand-, aber keine anderen Wunden auf, wenn man von dem Genickbruch absieht.«

Ich war noch immer wie erschlagen. Von dem Auffinden und der Bestattung des Gefallenen hatte ich nichts mitbekommen. Und die Schnürstiefel des Toten sollte ich anziehen? Offensichtlich ahnte der Oberleutnant, welche Gedanken mir durch den Kopf gingen.

»Jungkanonier Partschefeld, du brauchst dir wegen der Stiefel keine Gewissensbisse zu machen. Wir haben den jungen Engländer, er heißt Paul White, ehrenvoll begraben und eine Skizze von der Grabstätte angefertigt. Diese Skizze wurde den Papieren beigelegt, die bereits heute Morgen dem Roten Kreuz zugestellt worden sind. Eines Tages werden Angehörige des Gefallenen diese letzte Ruhestätte finden. Dies alles habe ich noch gestern Abend in zweifacher Ausfertigung dokumentiert. Eine dieser Ausfertigungen findest du in deinen Marschpapieren.«

Ich war tief beeindruckt vom ritterlichen Verhalten des Oberleutnants einem feindlichen Bomberpiloten gegenüber und der Fürsorge, die er mir entgegenbrachte. Dieser Offizier zeigte ein Maß an Menschlichkeit, das in diesem unseligen Krieg zu diesem Zeitpunkt wohl nur noch selten anzutreffen war!

»Übrigens, das in den Schnürstiefeln vermerkte englische Maß entspricht meines Erachtens etwa der deutschen Schuhgröße 39/40. Du trägst, trotz der notwendigen Spezialeinlagen, nur Schuhwerk der Größe 39. Das weiß ich noch aus unserem Einzelgespräch.«

»Jawohl, Herr Oberleutnant, ich habe Ihnen damals bereits erzählt, dass ich im Alter von elf Jahren nach den 1938 in der Leipziger Orthopädischen Universitätsklinik an beiden Füßen vorgenommenen Operationen mehrere Monate in Gips gelegen habe. Aus diesem Grunde sind die Füße wohl nicht mehr gewachsen, sondern bei der Schuhgröße 38 stehen geblieben. Wegen der noch immer erforderlichen Spezialeinlagen muss ich Schuhe der Größe 39 anziehen. Meine gleichaltrigen Kameraden tragen alle Stiefel ab Größe 40.«

»Da der Sanitäts-Unteroffizier Bleichert deine Füße jetzt ständig bandagiert, müssten dir diese Schnürstiefel mit der Größe 39/40 ja passen!«

Der Oberleutnant reichte mir die Stiefel.

»Die sind leicht und gewiss bequem. Zu gerne hätte ich sie mal anprobiert, aber leider passe ich bei meiner Schuhgröße 43 nicht hinein.«

Der Oberleutnant lachte. Plötzlich konnte er wieder ganz herzlich lachen. Richtig lachen, nicht nur lächeln. Ich dachte schon, angesichts der schwierigen Lage hätte der »Chef« sein ansteckendes Lachen verloren.

Mich aber zogen jetzt die neuen Schnürstiefel ganz in ihren Bann. Sie sahen wie neu aus. Im Nu hatte ich die alten Stiefel von den Füßen und zog die Schnürstiefel über.

»Die passen ja wie angegossen!«, rief ich voller Freude. Ich vergaß Schmerzen und Bandagen, hüpfte durch den Befehlsstand, als wäre ich erst zehn oder zwölf Jahre alt. Meinen Chef nahm ich gar nicht mehr wahr. Für mich war das wie Weihnachten. Der Oberleutnant ließ mich gewähren. Gewiss dachte er, es sind ja doch noch Kinder, diese 17-Jährigen. Dabei war er doch selbst erst 25 Jahre alt.

Am liebsten hätte ich den Oberleutnant umarmt. Aber das wäre ja unsoldatisch gewesen.

»Herr Oberleutnant, Sie sind ein fabelhafter Vorgesetzter«, stammelte ich schließlich.

Ich musste einfach etwas sagen. Es lag mir auf dem Herzen. Das hätte ich eigentlich gar nicht sagen dürfen, aber es musste heraus. Spontan drückte ich ihm die Hand.

Der Oberleutnant war überrascht. Bestimmt hatte sich noch nie einer seiner Soldaten ihm gegenüber so verhalten. Einen winzigen Augenblick lang, der mir wie eine Ewigkeit vorkam, hielt er meine Hand ganz fest. Mein Gefühlsausbruch hatte ihn sichtlich berührt. Doch er, der Offizier mit preußischer Tradition, durfte hier und jetzt seinen Empfindungen keinen freien Lauf lassen.

»Jungkanonier Partschefeld, du bist ein tapferer Junge! Ich bin nicht sicher, ob das Vaterland dir das eines Tages honorieren wird. Aber wir müssen jetzt zum Schluss kommen. Du wirst verstehen, dass ich in dieser Situation noch mehrere Gespräche führen muss. Unsere Batterie befindet sich in großer Gefahr! Ich werde dir jetzt noch den Weg zeigen, den du morgen früh gehen musst.«

Der Oberleutnant ging mit mir zum Kartenständer. Da hing ein Plan von der Stadt Köln und ihrer Umgebung. Die Stellungen der einzelnen Batterien unserer Division waren durch Fähnchen markiert, die eigene mit einem roten, die anderen mit blauen. Er zeigte auf das rote Fähnchen.

»Am besten gehst du von hier aus in Richtung Südost zum Rhein, und zwar bis zur Mülheimer Brücke. In der Nähe dieser Brücke sollen uns die Sturmboote auf das rechte Rheinufer übersetzen. Die Mülheimer Brücke ist eine Hängebrücke, die aber bereits 1944 nach Bombenschäden eingestürzt ist. Von dort aus läufst du einfach auf der Uferstraße entlang in Richtung Süden bis zur Hohenzollernbrücke, die in unmittelbarer Nähe des

Kölner Domes liegt. Den Dom, dessen Türme noch immer stehen und von weitem zu sehen sind, solltest du immer im Blick haben!«

Ich hatte aufmerksam seine Hinweise verfolgt und konnte ihn sogleich beruhigen:

»Herr Oberleutnant, diese Brücke kenne ich! Wir mussten sie am 30. Januar bei unserem Marsch durch Köln passieren, und zwar im Laufschritt. Die Sirenen hatten Luftalarm ausgelöst, und die Brücke wurde deshalb eingenebelt. Flugzeuge sind jedoch damals – gottlob – nicht aufgetaucht.«

Von Langsdorff war froh, dass ich die Brücke schon kannte.

»Sag deinen Kameraden, dass du dich wegen der Verschlimmerung deines Fußleiden in das Bergisch-Gladbacher Krankenhaus begeben musst. Der Weg dahin führt nur über die Hohenzollernbrücke. Über alles andere schweigst du wie ein Grab!«

Jahrzehnte nach diesen Geschehnissen fand ich im »Kriegstagebuch des Oberkommandos der Wehrmacht«, Teilband 2 von 1944–1945, herausgegeben von Percy E. Schramm, hierzu eine Notiz. Unter der Rubrik »Lagebuch 14. 2. 45« wird u. a. angeführt: »… dadurch, dass bei Köln die Hohenzollernbrücke wieder für 25-to-Fahrzeuge befahrbar ist und diese Eisenbahnbrücke zweigleisig benutzt werden kann, hat sich die Brückenlage bei der Heeresgruppe B wieder gebessert …«

Wenn das am 14. Februar 1945 so war – warum hat der Stab der Division dem Oberleutnant nicht am 11. Februar 1945 den Befehl erteilt, unsere Batterie, Mannschaften und Geschütze, über die Hohenzollernbrücke auf rechtsrheinisches Gebiet zu bringen? Stattdessen blieben wir im linksrheinischen Weidenpesch und mussten dann am 6. März die Geschütze sprengen, Munitions- und Verpflegungsbestände in die Luft jagen und die Mannschaften mit Sturmbooten auf das andere Ufer übersetzen!

Die Antwort auf diese Frage habe ich erst bei Walter Görlitz in seinem Buch über den »Endkampf an der Ruhr«* gefunden: »Hitler lockerte das Übersetzverbot, untersagte aber noch immer der Heeresgruppe B, mit allen Teilen den Uferwechsel vorzunehmen ... Aber die Folge all dieses Unsinnes war, dass viele Verbände ohne schwere Waffen und Material auf das rechte Rheinufer gelangten ...«

Am 4. März 1945 verließ ich mit den neuen Schnürstiefeln den Befehlsstand. Meine alten Stiefel hatte ich einfach beim Oberleutnant zurückgelassen. Auf dem Weg zu unserer Baracke traf ich meinen Freund, den zum Gefreiten beförderten Fritz Hildebrandt. Inzwischen hatten er und Lorenz Kaiser auch das vom Oberleutnant beantragte »Eiserne Kreuz I. Klasse« bekommen. Stolz trugen beide diese Auszeichnung.

Befehlsgemäß erzählte ich Fritz nur, dass ich morgen früh ganz allein zu Fuß über die Hohenzollernbrücke würde gehen müssen, um meine lädierten Füße in einem Krankenhaus untersuchen zu lassen, das sich in Bergisch-Gladbach befände. Bergisch-Gladbach läge jedoch rechtsrheinisch, und zwar etwa 15 Kilometer von Köln entfernt.

»Der Hans darf in die Heimat«, rief der Fritz den Kameraden zu. Heimat war für uns Flaksoldaten zu jener Zeit alles, was sich auf rechtsrheinischem Gebiet

---

* Walter Görlitz, Model. Der Feldmarschall und sein Endkampf an der Ruhr, Universitas 1998

befand. Der Rhein bildete für uns die Grenze zwischen Front und Heimat. Kemper, Sohn eines Bäckermeisters, dachte wie immer als Erster an das Naheliegende, an das Praktische: »Mensch, Fritz, da schreibe ich rasch noch ein paar Zeilen an meine Eltern. Den Brief kann der Hans mitnehmen und in Bergisch-Gladbach aufgeben, dann kommt er bestimmt schnell nach Leipzig.«

Alle anderen Jungen stimmten dem zu und folgten seinem Beispiel. Dass ich andere Stiefel trug, hatte noch keiner bemerkt, nicht einmal Fritz, dem sonst nichts entging. So wurde es zunächst ganz still in unserer Baracke. Nur aus der Ferne hörten wir ab und zu das dumpfe Bellen der Artillerie. Doch auf einmal erklang Stimmengewirr von draußen. Fritz spitzte die Ohren.

»Hört ihr denn nichts? Da singt doch einer! Das gibt es doch nicht! Hier geht es um Sein oder Nichtsein, und dann fängt einer an zu singen? Der hat doch eine Meise!« Hier gebrauchte der Fritz einen seiner harmlosen Ausdrücke. Aber er konnte sich nicht beruhigen. »Der denkt wohl, er ist hier hier auf dem Bockbierfest!«

Die anderen dachten, der Fritz spinnt, und erledigten ihren Schreibkram. Aber das Singen wurde lauter. Und das hatte seinen Grund. Denn inzwischen hatte der Oberleutnant dem Fourier befohlen, an alle Mann, die 15 »Hilfswilligen« eingeschlossen, je eine Flasche Cognac auszugeben. Außerdem sollten wir Jungen zusätzlich noch zwei Dosen der heiß begehrten Fliegerschokolade bekommen.

Auf ausdrücklichen Befehl des Oberleutnants durften jedoch alle sechs Geschützführer keinen Alkohol trinken. Auch der Batteriechef sah davon ab, natürlich auch der Oberfähnrich. Selbstverständlich nahm auch ich davon Abstand. Ich wollte einen klaren Kopf behalten. Nüchtern bleiben mussten selbstverständlich auch die Kanoniere, die nach dem Dienstplan in dieser Nacht den Wachdienst wahrnehmen mussten.

Ständig versahen jeweils fünf Posten nachts den Wachdienst. Wie immer wurden sie alle zwei Stunden abgelöst. Das Losungswort für die kommende Nacht hieß »Bismarck«. Von Langsdorff hatte zudem angeordnet, Panzergranaten zur Abwehr eines eventuellen Panzerangriffes bereitzustellen.

Mit der »Panzergranate 40«, einem Geschoss mit Wolfram-Hartkern, konnte unsere »Acht-Acht« 99 mm dicken Panzerstahl auf eine Entfernung von rund zwei Kilometer durchschlagen. Kein westalliierter Panzer war vor ihr sicher. Insbesondere der amerikanische »Sherman« wurde eine leichte Beute der »Acht-Acht«.

So war die Gefechtsbereitschaft für die kommende Nacht gesichert. Mit Angriffen viermotoriger Bomberverbände rechnete aufgrund der Frontnähe niemand mehr.

Ich dachte jetzt an das Abschiednehmen. Zunächst suchte ich den Oberfähnrich auf. Unbedingt aber musste ich dem Unteroffizier Ernst Kuzorra Lebewohl sagen. Hier in der Batterie führte er die neunköpfige Mannschaft des Geschützes »Hannibal«. Alle sechs großen Geschütze unserer Batterie trugen Namen antiker Feldherren.

Durch den Unterricht in Waffenkunde war bereits im Benrather Staatsforst ein enger Kontakt zwischen uns Jugendlichen und dem 34-jährigen Ernst Kuzorra entstanden. So erfuhren wir, dass er drei Söhne im Alter von sechs, sieben und zehn Jahren hatte. Er war ein verträglicher Mensch, und wir kamen gut mit ihm aus. Eines Tages meinte er, wir könnten ihn ruhig duzen. Ich freundete mich sogar richtig mit ihm an – ich, der 17-

Jährige, mit dem schon 34-Jährigen. Hierfür gab es gute Gründe.

Nach eigenem Bekunden war Ernst Kuzorra weitläufig mit dem Schalker Fußballspieler gleichen Namens verwandt! Für uns Jugendliche war zu jener Zeit Schalke 04 das Nonplusultra der Fußballkunst. Spieler wie Fritz Szepan und Ernst Kuzorra kannte jeder.

Zwar hatte der VfB Leipzig 1936 Schalke 04 im Endspiel um den Vereinspokal des Deutschen Fußballbundes mit 2:1 besiegt. Aber das war nichts gegen die Bilanz der Schalker: Sechsmal deutscher Meister in den Jahren 1934, 1935, 1937, 1939, 1940 und 1942! Beim 9:0 im Endspiel 1939 gegen Admira Wien spielten Szepan und Kuzorra die Wiener regelrecht schwindlig.

Dass der Unteroffizier Ernst Kuzorra selbst nicht Fußball spielen konnte, hatte für uns Jungen keine Bedeutung. »Unser« Ernst war verwandt mit dem großen Kuzorra und hieß außerdem noch so. Das war so, als stände unser Fußball-Idol leibhaftig vor uns!

Der Unteroffizier war zudem einer der wenigen Kölner in unserer Batterie. Er selbst, sein Vater und sein Großvater, waren alle in Köln geboren. Schon der Großvater hatte im vorigen Jahrhundert als Gendarm im preußischen Köln, auf dem Kopf die Pickelhaube und an der Seite den langen Säbel, für Ordnung gesorgt. Sein Sohn trat in des Vaters Fußtapfen. Nur der Enkel, »unser« Ernst, wählte einen anderen Weg und wurde Bibliothekar.

Ernst Kuzorra liebte Bücher und war daher schon berufsbedingt belesen. Er wusste viel über die Entwicklung der Stadt Köln. Sein besonderes Interesse galt der Zeit des Mittelalters. Von dieser Epoche war ich schon in der Schule fasziniert gewesen. So hatten wir, ein Leipziger und ein Kölner, von Anfang an viel Gesprächsstoff für die dienstfreie Zeit gefunden, völlig losgelöst vom allgegenwärtigen Kriegsgeschehen.

Daher ging ich am späten Abend des 4. März 1945 zu ihm. Ich konnte nicht einfach ohne Händedruck verschwinden. Es würde ihn sowieso Wehmut packen, wenn er jetzt von mir zu hören bekam, dass ich morgen früh über die Hohenzollernbrücke gehen müsste. Denn Ernst Kuzorra war ein Bewunderer dieser Brücke.

Die Liebe zu diesem Bauwerk hing mit seiner Familiengeschichte zusammen. Sein Vater habe, so hatte er mir erzählt, als Gendarm gemeinsam mit anderen Polizisten im Jahre 1911 dem deutschen Kaiser Wilhelm II. den Weg zur Einweihung der Hohenzollernbrücke freimachen müssen. Sein Großvater wäre als 15-Jähriger Zaungast gewesen, als Wilhelm I., seit 1871 erster Kaiser des zweiten deutschen Reiches, im Jahre 1880 der Feier zur Vollendung des Kölner Domes beiwohnte. Als Protestant habe dieser Monarch im traditionell katholischen Köln darauf bestanden, dass der hierfür vorgesehene Gottesdienst in der evangelischen Trinitatiskirche, nicht im Dom selbst, vorgenommen wurde.

Ernst verließ gerade seine Baracke. Er sah mich nicht. So rief ich nach ihm. Er kehrte um, kam auf mich zu und schüttelte mir die Hand.

»Du, Ernst, ich muss morgen früh wegen meines Fußleidens zu Untersuchungen nach Bergisch-Gladbach in das dortige Maria-Hilf-Krankenhaus. Der Oberleutnant hat so entschieden. Um dorthin zu kommen, bleibt mir nur der Weg über die Hohenzollernbrücke. Da man nicht weiß, wie lange so etwas heutzutage dauert, möchte ich mich von dir persönlich verabschieden.«

Seltsamerweise ging er auf mein Stichwort Hohenzollernbrücke nicht ein. Er schaute mich, so schien es mir, nur seltsam an. Doch plötzlich fiel sein Blick auf meine Stiefel. Aber ehe er etwas sagen konnte, drückte ich ihm schnell die Hand, drehte mich um und ging zu unserer Baracke zurück. Dort übergab mir Felix Eisenmann die eingesammelten Feldpostbriefe.

Nun kam der Abschied von Fritz. Wir kannten uns, wie berichtet, schon seit der 5. Klasse der Volksschule. Ich merkte ihm an, dass der Trennungsschmerz auch ihn ergriffen hatte. Er, den sonst nichts so leicht erschüttern konnte, war mit einem Mal sehr ruhig geworden. Sein Blick ging in die Ferne, nicht zu meinen neuen Stiefeln. Der Abschied ging uns beiden unter die Haut, da verloren selbst neue Stiefel ihre Bedeutung.

Unser Lebewohl war nichts für die Blicke anderer. Hinter der Baracke, wo uns keiner sah, umarmten wir uns lange. »Mach's gut«, sagte Fritz. Ich brachte überhaupt keinen Ton hervor. Da schaute unser Kleinster, Gustav Neumann, um die Ecke und sagte: »Ich muss euch leider stören, der Oberfähnrich hat nach dem Fritz verlangt.« So mussten wir uns schneller trennen als gedacht.

Der Oberleutnant wollte mit der Ausgabe des Cognacs wohl die Kampfmoral heben. Außerdem schien es ihm bestimmt sinnvoller, vor der befohlenen Vernichtung der Vorräte zumindest einen kleinen Teil davon seinen Soldaten zugute kommen zu lassen, die noch nichts von dem bevorstehenden »Unternehmen Sturmboot« wussten.

Alle Kanoniere nahmen die Ausgabe des Cognacs begeistert auf. Nach dem Warum fragte keiner. Dem »Chef« vertrauten sie blind. Die Flaksoldaten, die nicht hatten nüchtern bleiben müssen, schliefen fest bis zum

Wecken. In dieser Nacht vom 4. auf den 5. März 1945 geschah nichts, weder in noch vor der Batterie.

Alois Wackernagel, einem gemütlichen Holzfäller aus Oberammergau, fiel als diensthabendem UvD die Aufgabe zu, mich am Morgen des 5. März 1945 um fünf Uhr zu wecken. Der Bayer hatte mich nur am Ohr gezupft und war dann wieder leise aus unserem Schlafraum herausgegangen. Allgemeines Wecken fand erst um sechs Uhr statt.

Im Vorraum der Baracke hatte unser Fourier, Peter Szymanek, Unteroffizier aus Wien, befehlsgemäß bereits meine Zwei-Tages-Ration vor meinen Spind gelegt. Mit Erstaunen sah ich, dass der Marschverpflegung auch fünf Dosen Fliegerschokolade beigelegt worden waren. Ich konnte ja nicht wissen, dass Fritz unserem gemeinsamen Freund Szymanek verraten hatte, dass ich für mein Leben gern Schokolade aß. Der Hans, so erzählte er ihm, habe schon als Zwölfjähriger in der Schule erklärt, dass er später einmal Direktor einer Schokoladenfabrik werden wolle.

Pünktlich um sechs Uhr meldete ich mich, feldmarschmäßig ausgerüstet mit Stahlhelm und Karabiner, bandagiert und mit den Schnürstiefeln versehen, im Befehlsstand des Oberleutnants zum Abmarsch. Der Oberfähnrich war nicht anwesend.

Von Langsdorff teilte mir noch mit, er habe erst vor wenigen Minuten erfahren, dass die Amerikaner in der vergangenen Nacht in die westlichen Außenbezirke von Köln eingedrungen seien. Heftige Kämpfe wären entbrannt. Unseren Truppen ständen nur wenige schwere Waffen zur Verfügung. So könnte es sein, dass die Hohenzollernbrücke schon im Verlaufe des nächsten Tages, also am 6. März 1945, gesprengt werden müsse! Es gelte auf jeden Fall zu verhindern, dass die Amerikaner über diese Brücke auf rechtsrheinisches Gebiet gelangten!

Der Abschied fiel wohl beiden schwer, dem Oberleutnant wie dem Jungkanonier. Von Langsdorff drückte mir wortlos die Hand, drehte sich um und begab sich wieder in seinen Befehlsstand.

Ich schaute ganz unbewusst noch einmal zu unserer Baracke. Dort sah ich Fritz, den Freund, vor der Tür. Er winkte mir zu. Ich hob den Arm, wollte den Gruß erwidern. Aber er war schon verschwunden. Zum ersten Mal seit langer Zeit war mir so richtig zum Heulen zumute. Aber ich war ja Soldat, und Befehl blieb Befehl! Ein Zurück gab es nicht. Ich richtete den Blick nach Südost und zog in voller Ausrüstung allein zum Rhein, wie befohlen zunächst zur Mülheimer Brücke.

Am Vormittag des 5. März 1945 hockte ich, der kleine, nur 1,55 Meter große Flaksoldat, mutterseelenallein wie festgenagelt in einem wohl nur wenige Tage alten Bombentrichter unweit des linken Rheinufers, vielleicht noch zwei Kilometer von der Kölner Hohenzollernbrücke entfernt. Sie war mein Nahziel. Verfehlen konnte ich diese Brücke nicht. Sie befand sich in unmittelbarer Nähe des Kölner Domes. Dessen 157 Meter hohe Türme ragten noch immer aus den Trümmern der Altstadt hervor und wiesen mir den Weg.

Ich hatte wohl das äußere Ende des Kaiser-Friedrich-Ufers erreicht. Ein von mir vom Boden aufgehobenes Straßenschild ließ darauf schließen. Mir war auf diesem Weg bisher noch kein einziger Mensch begegnet! In den von mir passierten Stadtteilen schien das Leben erloschen. Als kalt, abweisend und bedrückend empfand ich die stehen gebliebenen Fassaden der zerstörten Wohnhäuser und Geschäfte. Ob hier jemals wieder Kinderlachen zu hören sein würde? Hier, wo ich jetzt angekommen war, sah ich brandneue Schäden, die wahrscheinlich beim Angriff vom 2. März 1945 entstanden waren. Die Bomben hatten die Straßendecke, auch die Erde der Promenade aufgerissen und neue Krater aufgeworfen. Bäume der wunderschönen Allee waren regelrecht zerfetzt und die zum Schutz vor der tiefer liegenden Lände gebaute kleine Mauer weithin zerstört worden. Das Gleis der Straßenbahn ragte wie ein Skelettfinger aus dem Kopfsteinpflaster hervor.

Die von der Stadtmitte aus betrachtet linker Hand an die breite Fahrbahn angrenzenden Häuser und Gebäude waren offensichtlich schon bei früheren Luftangriffen in Trümmer- und Ruinenfelder verwandelt worden. Ein Heer von Ratten beherrschte jetzt diese Schutthaufen. Menschen lebten hier gewiss schon lange nicht mehr.

Als fast unheimlich empfand ich die merkwürdige Stille an diesem Ort. Nur aus der Ferne, so schien mir, ließ sich Gefechtslärm vernehmen. Plötzlich erschrak ich, denn ich hörte Geräusche, die von einer aus Richtung Innenstadt näher kommenden Fahrzeugkolonne stammten. Etwa 150 Meter von mir entfernt, noch vor der aufgerissenen Straßendecke, stoppten die Fahrzeuge. Ich erkannte sofort, dass es sich bei dieser Kolonne um an drei Zugmaschinen angehängte Werfer handelte. Es waren drei 15-cm-Werfer, jeweils mit sechs Rohren bestückt. Die Kanoniere, immer vier Mann, bedienten einen Werfer, hatten keinen Blick für die menschenleere Uferstraße übrig.

Freies Schussfeld suchen, abprotzen, in Stellung gehen, laden und feuern, das alles geschah wie auf dem Exerzierplatz. Große Rauchwolken entstanden, und es ertönte jenes diesem Waffensystem eigentümliche ohrenbetäubende Heulen, das gleichermaßen Freund wie Feind Schauer über den Rücken jagte. Auf den Gegner wirkte es wohl demoralisierend. Die Amerikaner nannten diese Werfer daher »Moaning Minnie«, was so viel wie »Heulsuse« bedeutete.

Aus der Waffenkunde wusste ich noch, dass diese Werfer eine Reichweite von maximal 7000 Metern hatten. Somit konnte also die Frontlinie auch hier nur noch höchstens sieben Kilometer entfernt sein – eine lächerlich kurze Distanz.

Zunächst war ich für einen Augenblick wie gelähmt. Dann aber kam wieder Leben in mich. Ich schrie, so laut ich konnte, fuchtelte wild mit den Armen in der Luft herum. Aber der Gefechtslärm übertönte mein Rufen. Mein Gestikulieren mit den Armen blieb unbemerkt. Gern wäre ich auf eine der Zugmaschinen geklettert. doch ließ es der Zustand meiner bandagierten Füße nicht zu, einfach zu den Fahrzeugen hinzulaufen.

Rasch ging der Spuk vorüber. Die Fahrzeugkolonne fuhr in Richtung Innenstadt davon. Jetzt erschien die Uferstraße wieder ruhig wie zuvor. Blitzschnell den Standort wechseln, so lautete die Dienstanweisung für die Werfer-Kanoniere – aus gutem Grund; denn bereits nach wenigen Minuten setzte das feindliche Feuer ein. Ein Hagel von Geschossen deckte den Bereich der Straße zu, an der die Werfer in Stellung gegangen waren. Mir blieb nur der Sprung in den eingangs erwähnten, direkt vor mir liegenden Bombentrichter.

In diesem Augenblick dachte ich an meine Großeltern, die mich, den Zehnjährigen, nach dem Tod meiner Eltern 1938 vor dem Waisenhaus bewahrt hatten. Ich schickte ein Stoßgebet gen Himmel, und Gott hatte wohl ein Einsehen. Der gegnerische Feuerzauber endete abrupt, bevor mich die Granaten erreichten. Großes

Glück war es für die Werfer, aber ganz besonders für mich, dass an diesem Tag, wohl wegen der tiefhängenden Wolken, keine feindlichen Jagdbomber auftauchten.

Ich humpelte nun in kleinen Schritten dem Dom und damit der Hohenzollernbrücke entgegen. Gehen konnte man meine Art der Fortbewegung wahrlich nicht nennen. Selbst in diesen wunderbaren Schnürstiefeln waren mir die Füße schwer geworden.

Ich wusste an diesem 5. März 1945 nicht, dass unser Oberbefehlshaber, Feldmarschall Model, Chef der deutschen Heeresgruppe B, in den Tagen vom 5. bis 8. März 1945 persönlich an vorderster Front in der Nähe des Kölner Domes kämpfte, also ganz in meiner Nähe. Der Feldmarschall war ein selbst von den Amerikanern geachteter Offizier. Noch im September des Vorjahres hatte Model den alliierten Truppen in der Schlacht um die Brücke von Arnheim in Holland eine schwere Niederlage beigebracht. Erst in der Nacht vom 8. zum 9. März 1945, also ein halbes Jahr später, ging der Feldmarschall mit der letzten auf linksrheinischem Boden befindlichen deutschen Kampfgruppe über den Rhein. Von Pionieren gesteuerte Sturmboote hatten den Feldmarschall und seine Männer in der Nähe der bereits am 6. März 1945 gesprengten Hohenzollernbrücke aufgenommen.

Model, beliebt bei seinen Soldaten, beteiligte sich selbst noch an dem Feuergefecht gegen die nachdrängende amerikanische Infanterie. In diesen Märztagen fiel sein Ordonnanz-Offizier, Botho Graf zu Stolberg-Rossla, im feindlichen Artilleriefeuer (Walter Görlitz, a.a.O.).

Seit sechs Uhr morgens befand ich mich jetzt auf dem Weg zur Hohenzollernbrücke. Ab und zu hatte ich, wie mir der Oberleutnant angeraten hatte, der Füße wegen längere Verschnaufpausen eingelegt und war schließlich am Kaiser-Friedrich-Ufer in das Feuergefecht zwischen deutschen Werfern und US-Artillerie geraten.

Meine Uhr zeigte jetzt zehn Uhr an. Es waren also bisher vier Stunden seit dem Verlassen unserer Batterie vergangen. Weit konnte es nun nicht mehr sein bis zur Hohenzollernbrücke. Ich sah die Ruine eines Gotteshauses, die nur vage daran erinnerte, dass hier einmal die romanische Kirche St. Kunibert mit ihren so wunderschönen Spitzdächern gestanden hatte. Jahrhundertelang soll diese Kirche das nördlich vom Dom gelegene Rheinpanorama beherrscht haben. Mit dieser Kirche, die im Jahre 1247, also ein Jahr vor dem Beginn des Dom-Neubaues eingeweiht worden war, endete in Köln die Romanik. Aber all das erfuhr ich erst zwei Jahrzehnte nach meinem Marsch zur Hohenzollernbrücke.

Je mehr ich mich der zur Brücke führenden Rampe näherte, desto deutlicher waren die Posten der Feldgendarmerie zu erkennen, die im weiten Halbkreis den Zugang zur Brücke absperrten. Schwer bewaffnet, mit Stahlhelmen versehen, Stielhandgranaten im Gürtel, die Maschinenpistole griffbereit, so verlangten die »Kettenhunde«, so nannte der einfache Soldat die Feldgendarmen wegen ihres an einer Kette umgehängten Blechschildes, barsch die Papiere der Soldaten und Zivilisten, die über die einzige noch begehbare Kölner Brücke auf das rechtsrheinische Ufer wollten.

Ein baumlanger Feldgendarm im Range eines Feldwebels forderte von mir Marschbefehl und Soldbuch. Der gewiss 1,90 Meter große Mann blickte prüfend auf mich kleinen Flaksoldaten herab. Auch die Schnürstiefel nahm er in Augenschein. Er brauchte lange für die Durchsicht meiner Papiere. Aber dann ließ er mich doch passieren. Er sagte nur noch: »Pass auf, mein Kleiner, alle zehn Minuten schlägt hier eine Salve ein, lauf, so schnell du kannst mit deinen kranken Füßen.« Der Feldgendarm hatte also meinen Marschbefehl genau durchgelesen. »Hals- und Beinbruch«, rief er mir noch nach.

Unglaublich und unwirklich zugleich erschien mir, was ich auf der Brücke sah. Die Hohenzollernbrücke hatte ja Fahrbahnen für die Eisenbahn und den Autoverkehr, zudem Wege für die Fußgänger. Kriegsgefangene, wahrscheinlich Russen, waren unter scharfer Bewachung damit beschäftigt, die auf der Nordseite der Brücke liegenden zwei Gleise zu reparieren. Dabei sollte doch die Brücke, wenn ich unseren Oberleutnant richtig verstanden hatte, am nächsten Tag gesprengt werden. Ein Zug war weit und breit nicht zu sehen, und Eisenbahnverkehr hätte bei dieser Kriegslage auch keinen Sinn mehr gemacht. Solche Arbeiten für Kriegsgefangene, dazu noch unter Beschuss, verstießen gegen die Genfer Konvention. Aber wer scherte sich zu diesem Zeitpunkt um das Völkerrecht?

Wir, etwa ein Dutzend Leute, darunter Soldaten und Zivilisten, dabei auch Mütter mit kleinen Kindern, eine alte Frau mit einem Handwagen, der nichts enthielt, hatten uns an der Auffahrt zur Brücke versammelt, um dort auf die nächsten Granateinschläge zu warten.

»Jetzt los«, rief einer der Feldgendarmen. Und dann sind wir losgelaufen. Ich vergaß die kranken Füße, selbst das alte Mütterchen konnte plötzlich laufen, ein Soldat hatte ihr den Handwagen abgenommen. Wie vorausgesagt, krachte es nach etwa zehn Minuten. Alle warfen sich zu Boden. Ein Grantsplitter flog knapp an meinem Kopf vorbei. Die alte Frau hatte sich an das Brückengeländer geklammert, die Kinder schrien. Aber offensichtlich war niemand getroffen worden. So schnell jeder konnte, rappelten wir uns wieder auf. Es ist unwahrscheinlich, welche Leistungen der Mensch in Todesangst vollbringen kann!

Gottlob flogen in dieser Stunde die meisten Geschosse der feindlichen Artillerie rechts und links an der Brücke vorbei in den Rhein. Aber die mehr als 400 Meter lange Brücke wies doch bereits Schäden an den Brückenpfeilern und den früher so eleganten Brückenbogen auf. Bomben und wohl auch Granaten hatten zudem die Straßendecke durchschlagen. Der Durchmesser mancher Löcher dürfte bestimmt drei Meter betragen haben. Wir mussten bei unserem Lauf höllisch aufpassen, um nicht in die zu dieser Jahreszeit eiskalten Fluten des Rheines zu stürzen. Gewiss hat die Lufttemperatur an diesem Tag nur wenige Grad über null angezeigt.

Als wir am rechtsrheinischen Ufer ankamen, waren wir alle außer Atem und völlig erschöpft. Aber keiner hatte eine Verletzung erlitten. Jeder von uns umarmte den anderen, obwohl keiner den anderen kannte. Es war das Glück, das uns alle Schranken vergessen ließ. Selbst die alte Frau lächelte ein wenig. Auch ihr Handwagen zeigte keine Schrammen. Jedem von uns hatte ein Schutzengel beigestanden.

Jetzt, nachdem ich mehrere Male tief Luft geholt hatte, fiel mir wieder Ernst Kuzorra ein. Bestimmt hatte der Unteroffizier die von ihm so bewunderte, vom Kaiser persönlich eingeweihte Brücke seit Monaten nicht mehr betreten. Der Ernst würde gewiss feuchte Augen bekommen, wenn er »seine« Brücke in diesem desolaten Zustand sehen könnte. Dabei stand deren Sprengung erst noch bevor.

In einer weitgehend zerstörten Halle der Köln-Deutzer Messegebäude, nicht weit von der Brücke entfernt, standen wohl ein Dutzend Wehrmachtsfahrzeuge, durch Netze gut getarnt gegen Angriffe von Jagdbombern. Nach Prüfung meiner Papiere konnte ich auf einen Lastkraftwagen klettern, der nach Bergisch-Gladbach fuhr.

Jetzt war es ein Weg ins Ungewisse. Ich wusste in diesem Augenblick nicht, ob ich den Oberleutnant, den Freund Fritz Hildebrandt und die anderen Kameraden wiedersehen würde. An die Rückkehr in meine Heimatstadt Leipzig wagte ich gar nicht zu denken.

Im Ruhrkessel

In Bergisch-Gladbach und Bensberg

Nachdem ich gegen Mittag des 5. März 1945 glücklich die Hohenzollernbrücke passiert hatte, fuhr ich etwa drei Stunden später auf einem Wehrmachts-LKW mit anderen Soldaten und einigen Zivilisten auf rechtsrheinischem Gebiet von Köln-Deutz nach der 15 Kilometer entfernten Stadt Bergisch-Gladbach. In der Wartezeit bis zur Abfahrt des LKW verzehrte ich den größten Teil der mir mitgegebenen Fliegerschokolade. Nun war mir etwas wohler. Der Magen beruhigte sich. Den Durst löschten wir aus den Kanistern mit Trinkwasser, die auf dem LKW standen.

Mitten in der Stadt, die damals rund 33 000 Einwohner zählte und heute nach Eingemeindungen mit etwa 100 000 Bürgern eine Großstadt geworden ist, endete die Fahrt. Der Ort machte einen friedlichen Eindruck. Ich schaute mich um und konnte kein von Bomben zerstörtes Haus ausmachen. Einen solchen Anblick war ich gar nicht mehr gewöhnt. Kein Gefechtslärm drang an mein Ohr.

Doch plötzlich, völlig unvermittelt, detonierten Granaten! Darauf war ich gar nicht gefasst! Ich wähnte mich doch hier in Sicherheit. Dass dieser doch relativ weit vom Rhein entfernte Ort bereits mit Artillerie beschossen wurde, wollte mir nicht in den Sinn. Es musste den Amerikanern gelungen sein, auf linksrheinischer Seite schwere, weit reichende Geschütze in Stellung zu

149

bringen. Eine andere Erklärung hierfür gab es nicht. Feindliche Flugzeuge waren weit und breit weder zu sehen noch zu hören.

Die wenigen Fußgänger, die auf der Straße unterwegs waren, flüchteten in die Keller der umliegenden Häuser. LKWs versuchten, mit hohem Tempo aus dem Einschussbereich herauszukommen. Ich sprang in einen Graben, der die Straße begrenzte, denn die Einschläge kamen näher.

Die Splitterwirkung der Geschosse von solch weit reichenden Geschützen war enorm. Unser Waffen-Unteroffizier hatte uns einmal erklärt, dass die Amerikaner Haubitzen besäßen, die eine Reichweite bis zu 23 Kilometer hatten und deren Granaten 42 Kilogramm wogen. Allerdings wäre deren Feuergeschwindigkeit begrenzt.

Ganz unvermittelt trat wieder Ruhe ein. Ich kletterte aus dem Graben und sah, dass eine Granate auf der Straße eingeschlagen war und die Splitter den Motor eines LKW getroffen haben mussten. Der Wagen stand in Flammen und brannte völlig aus. Ich hörte Schreie. Es musste Verletzte, vielleicht sogar Tote gegeben haben. Da nahten schon Sanitätsfahrzeuge. Sie hielten ganz in der Nähe.

Mit einem solchen Empfang hatte ich nicht gerechnet. Beim Fahrer eines der Sanitätsfahrzeuge erkundigte ich mich nach der Lage des Maria-Hilf-Krankenhauses. Er sagte nur kurz:

»Komm zu mir hier vorn auf die Bank, mein Junge. Wir fahren jetzt mit den beiden Verwundeten sofort in dieses Krankenhaus. Einem der Verletzten hat ein Granatsplitter das Bein abgerissen, der andere ist nur leicht verletzt! Den Schwerverletzten haben wir notdürftig verbunden! Mein Kamerad, der andere Sanitäter, gibt ihm jetzt gerade eine schmerzstillende Spritze!«

In hohem Tempo fuhr der Sanitätswagen dann los in Richtung Krankenhaus. Vor dem Eingang standen bereits mehrere Fahrzeuge. Verwundete wurden in das Krankenhaus getragen.

Da ich ja nicht helfen konnte, ging ich gleich zur Pforte und legte meine Papiere vor. Eine Schwester im Ornat sah sich die Dokumente an, zeigte mir dann den Weg zu der Abteilung, die für die Aufnahme von Soldaten zuständig war.

Dass die Stadt plötzlich zur Kampfzone geworden war, löste auf den Fluren des sonst wohl sehr ruhigen Hauses eine rege Betriebsamkeit aus. Mit dem Eintreffen von Verwundeten aus ihrer eigenen Stadt hatte hier gewiss niemand gerechnet. Deswegen bewunderte ich als Lutheraner an jenem Tage die katholischen Ordensschwestern. Sie waren freundlich, gefasst gegenüber dem völlig Unerwarteten, fanden für jeden neuen Patienten ein nettes Wort. Sie bemühten sich, keine Hektik aufkommen zu lassen. Von ihnen ging eine wohltuende Wärme und Güte aus, die Schmerzen und Leid linderte oder gar vorübergehend vergessen ließ.

Erst unlängst habe ich erfahren, dass die Schwestern, die dieses Krankenhaus betreuten, dem Orden der »Armen Schwestern vom heiligen Franziskus« angehörten. Jahrzehnte nach dem Krieg ist dieses Hospital in »Marien-Krankenhaus« umbenannt worden.

In diesem Hause konnte man sich geborgen fühlen. Ob man hier jedoch sicher war, ließ sich in jenen Tagen nicht mit Bestimmtheit sagen. Zwar war, wie ich von außen gesehen hatte, auf dem Dach des Krankenhauses ein großes rotes Kreuz angebracht, aber ob es die Granaten respektieren würden, das bezweifelte ich.

Mein »Eingang« wurde in den Büchern des Hauses vermerkt. Der Zustrom an Verletzten war viel stärker als erwartet. Deshalb mussten im Kellergeschoss Notbetten aufgestellt werden. Dort bekam auch ich ein Bett.

»Mein Junge«, sagte die für diesen Bereich zuständige Schwester Maria, »leg erst mal Mantel und Ausrüstung ab. Dein Gewehr stellst du dort in die Ecke, das brauchst du in unserem Hause nicht. Versuche zu schlafen, wenn du das bei dem Lärm kannst!«

Tatsächlich habe ich einige Stunden geschlafen. Ich war doch mit den Kräften am Ende. Es war mir auch egal, was da um mich herum vorging. Als ich aufwachte, stellte ich fest, dass alle Notbetten belegt worden waren. Dieser plötzliche Feuerüberfall hatte auch für die Einwohner dieser Stadt böse Folgen gehabt.

Jetzt wurden die Betten noch enger aneinander gerückt und zwei weitere Notbetten eingerichtet. Man brachte einen Schwerverletzten, der vor Schmerzen fürchterlich schrie. Schwester Maria sagte mir später, dass der Rücken des Mannes von Splittern durchsiebt gewesen sei. Während meines Schlafes musste es wohl einen zweiten Feuerüberfall gegeben haben! Vielleicht hatte das stabile Kellergewölbe den von außen kommenden Lärm der Detonationen gedämpft.

Schwester Maria, selbst in ihrer alles verdeckenden Ordenstracht eine wunderschöne Frau, die ihre Respekt einflößende Haube wie eine Krone trug, schaute nach dem Schwerverletzten. Er war ruhig geworden, wahrscheinlich hatte er eine Morphiumspritze bekommen.

»Er kann erst morgen behandelt und vielleicht operiert werden«, flüsterte mir die Schwester zu. Während dieser beiden Tage meines Aufenthalts in diesem Hause blieb ich »ihr Junge«!

»Wir haben im ersten Stock einen kleinen Speisesaal für diejenigen Kranken und Verletzten eingerichtet, die gehen können. Dort bekommst du ein Abendbrot.«

Meinen Karabiner hatte sie in einem Spind untergebracht.

Noch am Spätabend brachte sie mir den Bescheid, dass sich der Orthopäde mit einem Kollegen morgen Vormittag um zehn Uhr meine Füße ansehen wolle. Ich sollte in Zimmer 110 im ersten Stock auf den Arzt warten.

Zu der genannten Zeit begab ich mich also zum angegebenen Ort. Eine andere Ordensschwester führte mich zum Behandlungszimmer. Ich unterrichtete die beiden Ärzte über die Ursachen und die bisherige Behandlungsweise meines Leidens. Auch den Namen des für die 1938 durchgeführten Operationen verantwortlichen Chirurgen nannte ich. Offensichtlich war Professor Schede eine weit über die Grenzen der Leipziger Region hinaus bekannte Kapazität.

»Also, junger Soldat«, ließ sich der Orthopäde nach der Untersuchung vernehmen, »kriegsverwendungsfähig bist du mit diesen Füßen nicht! Aber was soll ich mit dir jetzt machen?« Er schaute seinen Kollegen an. Der zuckte nur mit den Schultern.

»Nach Leipzig kommst du von hier aus nicht mehr zurück. Die Verkehrsverhältnisse sind derartig katastrophal, dass man eine Fahrt mit der Eisenbahn völlig ausschließen kann! Hier bleiben aber kannst du auch nicht! Wir können den Zustrom an Verwundeten, die der Artilleriebeschuss gefordert hat, nicht mehr bewältigen. Daher hat der ärztliche Direktor unseres Hauses in Abstimmung mit dem zuständigen Militärbefehlshaber entschieden, dass alle gehfähigen Wehrmachtsangehörigen morgen Früh das Krankenhaus verlassen müssen.«

»Jeder gehfähige kranke oder verwundete Wehrmachtsangehörige muss entweder zu seiner Einheit zurückkehren oder in ein Lazarett der Wehrmacht verbracht werden«, ergänzte der andere Arzt seinen Kollegen.

»In deinem Fall solltest du die für deine Flakbatterie zuständige Feldpostleitstelle aufsuchen. Die erfahren zuerst, wo sich deine Kameraden jetzt befinden, wenn sie wirklich in der Nacht über den Rhein gesetzt sind, wie du vermutest.«

Eine Schwester trat ein, brachte eine Akte und verließ wieder den Raum.

»Wir werden deine Wehruntauglichkeit in einem Attest vermerken, das wir dir morgen früh mitgeben. Am besten wird sein, du begibst dich von hier aus zunächst einmal zum Schloss Bensberg. Dort hat die Wehrmacht jetzt ihr Hauptquartier eingerichtet! Bis zum Schloss sind es vier Kilometer. Dort wissen sie gewiss auch, wo sich die von dir gesuchte Feldpostleitstelle befindet.«

An diesem Tag und auch noch in der folgenden Nacht genoss ich das Umsorgtwerden durch die Ordensschwestern. Am Morgen des 7. März 1945 holte ich mir meine Papiere ab und verabschiedete mich von Schwester Maria. Vor dem Krankenhaus stand eine Vielzahl von Militärfahrzeugen, zumeist mit dem roten Kreuz gekennzeichnete Sanitätswagen. Eines der Fahrzeuge nahm mich mit zum Schloss Bensberg.

Dieses Schloss, offiziell als das »Neue Schloss Bensberg« bezeichnet, liegt 15 Kilometer östlich von Köln am Nordrand des Königsforstes in Bensberg. Heute ist Bensberg Ortsteil der Stadt Bergisch-Gladbach.

Im Auftrag des Fürsten Johann Wilhelm II. von der Pfalz-Neuburg, der von 1679 bis 1716 in Düsseldorf residierte, wurde 1705 mit dem Bau des Schlosses begonnen. Die Planung oblag dem venezianischen Baumeister Matteo Alberti. Das Hauptgebäude, Corps de Logis, wurde 1710 fertig gestellt.

Goethe bewunderte einst die künstlerische Ausstattung der Gebäude und Flure, insbesondere die Jagdbilder des niederländischen Malers Jan Weenix, die heute in der Alten Pinakothek in München bewundert werden können. Von 1838 bis 1918 beherbergte das Schloss 200 preußische Kadetten und ab 1934 eine »Nationalpolitische Erziehungsanstalt« (Napola).

Im Zweiten Weltkrieg wurde das Schloss beschädigt. Es verlor 1942 durch einen Brand das weltbekannte Deckengemälde »Sturz des Phaeton«, gemalt von dem italienischen Rokoko-Maler Antonio Pellegrini. Phaeton war der Sage nach der Sohn des griechischen Sonnengottes Helios, der seinen Vater überredet hatte, ihn einmal den Sonnenwagen lenken zu lassen. Aber Phaeton besaß nicht die Stärke des Vaters, die Rosse des Sonnenwagens zu halten. Er kam der Erde zu nahe und stürzte ab.

In diesem ehrwürdigen Schloss hatte General v. Kortzfleisch auf Befehl des Feldmarschalls Model seinen Gefechtsstand aufgeschlagen. Am 20. Juli 1944, dem Tag des Attentats auf Adolf Hitler, hatte sich dieser hochrangige Offizier in seiner damaligen Funktion als stellv. kommandierender General des Wehrkreises III Berlin-Brandenburg den Verschwörern verweigert. Diese Haltung trug zum Misslingen der Verschwörung bei.

Dieser General v. Kortzfleisch sollte im März 1945 mit den ihm zur Verfügung gestellten Truppen, die sich zu diesem Zeitpunkt aber noch im Raum Düsseldorf befanden, den von den Amerikanern am 7. März 1945 bei der Brücke von Remagen auf rechtsrheinischem

Gebiet errichteten Brückenkopf eindrücken und die US-Verbände wieder auf das linksrheinische Ufer zurückdrängen.

Angesichts dieser Situation herrschte im Schloss Bensberg, als ich dort gegen Mittag eintraf, ein für mich, den einfachen kleinen Flaksoldaten, nicht durchschaubares Kommen und Gehen von Militärpersonen. Fast erweckte es bei mir den Eindruck einer eher planlosen Geschäftigkeit. Mag sein, dass die für jedermann spürbare Hektik die sonst von strengen Regeln bestimmte Ordnung der militärischen Abläufe und Entscheidungen außerordentlich erschwerte.

Zunächst fand ich in diesem Haus keinen Ansprechpartner für mein Problem. Ich musste erkennen, dass ich in diesem Getriebe nicht einmal das berühmte winzig kleine Rädchen war. Wer sollte hier auch Zeit haben für das Anliegen eines 17-Jährigen, dem der Arzt Wehruntauglichkeit bescheinigt hatte? An diesem Ort ging es doch um die ganz großen Entscheidungen: Bleibt der Rhein die Barriere für den Vormarsch der Alliierten, oder können die feindlichen Truppen ungehindert tief in das Reich vorstoßen?

In diesem Chaos hatte Hitler Feldmarschall v. Rundstedt verabschiedet und Feldmarschall Kesselring als Oberbefehlshaber der an der Westfront operierenden deutschen Heeresgruppen eingesetzt. Kesselring hatte im Winter 1943/44 an der Italienfront ein Musterbeispiel hinhaltender Verteidigung geliefert. Hitler hoffte, Kesselring werde die Front am Rhein stabilisieren können. Aber Kesselring fand nur noch »erschöpfte, gelichtete, verzweifelte Reste von Frontdivisionen vor … zahllose Stäbe und Trosse ohne Kampfeinheiten … verängstigte Volkssturm-Kompanien, bewaffnet mit … Panzerfäu-

sten, mit denen diese Männer nicht umgehen konnten.«
(»Kampf ums Reich«, a.a.O.) Das Bahnnetz war vielfach
unterbrochen. Die alliierten Tiefflieger beherrschten die
Nachschubwege der deutschen Verbände.

Mutlosigkeit befiel mich. Ich war am Boden zerstört.
Regelrecht verloren fühlte ich mich, völlig allein gelassen in diesem Schloss – trotz oder gerade wegen der vielen Menschen. Ich vermisste meine Kameraden, die
meine Familie gewesen waren. Kein Fritz, kein Oberleutnant, kein Unteroffizier Kuzorra, nicht einmal der
Oberfähnrich, niemand war da, der mich hätte aufrich-
ten können. Es gibt Phasen im Leben, in denen man
auch als 17-Jähriger, dem doch im Allgemeinen die Welt
offen steht, den Mitmenschen braucht. Psychisches
Alleinsein kann zerstören. Mit Wehmut dachte ich
zurück an die Tage der Geborgenheit im Maria-Hilf-
Krankenhaus. Ich setzte mich in einem der Flure auf
eine Ruhebank, tat eine Zeit lang überhaupt nichts und
ließ einfach die Zeit seit meiner Einberufung zum Wehrdienst Revue passieren.

Ein Kommando, ausgestrahlt von einem Lautsprecher, holte mich unvermittelt in die Gegenwart zurück:
»Alle hier im Hause diensttuenden, auf ihren Einsatzbefehl noch wartenden oder sich aus anderen Gründen
hier im Schloss aufhaltenden Offiziere, Unteroffiziere
und Soldaten versammeln sich heute abend um 20 Uhr
im Festsaal. Herr Dr. Robert Ley, Leiter der Deutschen
Arbeitsfront, wird eine Rede halten! Erscheinen ist
Pflicht gemäß Befehl des Generals v. Kortzfleisch!«

Das hatte gerade noch gefehlt! Was konnte dieser
Mann, dessen Alkoholprobleme im ganzen Volk bekannt waren, den Soldaten in dieser aussichtslosen Lage
noch verkünden?

Gegen 20 Uhr waren die meisten Stühle im Festsaal besetzt, auch belegt mit Ausrüstungsgegenständen, Gepäck und Waffen derjenigen Soldaten, denen noch keine Marschbefehle erteilt oder andere Papiere ausgeschrieben worden waren.

Dr. Ley kam in seiner braunen Uniform, eilte auf die Bühne und sprach unentwegt vom bevorstehenden deutschen Sieg durch den Einsatz neuer Wunderwaffen. Welcher Art die sein würden, sagte er nicht. Nach etwa einer Stunde verschwand er vom Rednerpult. Beifall habe ich nicht vernommen.

Viele Soldaten, das sah ich, waren bereits während der Rede eingeschlafen. Manche hatten sich aus Mangel an anderen Schlafmöglichkeiten mehrere Stühle zusammengerückt und mit Hilfe des Tornisters und des Wintermantels eine provisorische Schlafstätte eingerichtet. Ich folgte diesem Beispiel.

Ein Feldwebel kontrollierte gemeinsam mit zwei Unteroffizieren die Ausweise der anwesenden Soldaten. Der Feldwebel schaute auch in meine Papiere, notierte sich meinen Namen und sagte mir Hilfe zu: »Jungkanonier Partschefeld, das kann dauern, möglicherweise viele Stunden, Telefonleitungen sind überbelegt!«

Der Feldwebel, ein freundlicher und ruhiger Mann, zeigte mir noch, wo ich kalte Verpflegung bekommen könnte. Dort erhielt ich ein halbes Kommissbrot und einen Kringel Hartwurst. Meine Feldflasche füllte ich mit Tee, der dort in großen Behältern bereitstand.

In meinem Brotbeutel fand ich tatsächlich noch zwei Dosen Fliegerschokolade. Dem Magen konnte ich also jetzt endlich etwas anbieten. Gleich sah die Welt wieder ein wenig besser aus. Natürlich war das nichts im Vergleich zu der Kost im Hospital oder der guten Verpflegung in der Batterie.

Ich ging vor das Schloss, um nochmals frische Luft zu schöpfen. Der Qualm der vielen Zigaretten und Pfeifen machte mir zu schaffen.

Der dunkle Nachthimmel wurde im Westen immer wieder durch feurige Lufterscheinungen erhellt. Wäre nicht Krieg gewesen – man hätte meinen können, es handle sich um Wetterleuchten. Doch in diesem Falle war es eben nicht das reflektierte Licht der Blitze ferner Gewitter. Hier war das »Wetterleuchten« ein Fanal zum Untergang des Hitlerreiches. Es wurde hervorgerufen vom Mündungsfeuer der Geschütze und von den Geschossgarben der Leuchtspurmunition.

Da es im Schloss ruhiger geworden war, hörte man hier draußen umso mehr den Schlachtenlärm von der nicht weit entfernten Front. Nachtruhe kannte dieser Krieg nicht. Nur dem Schein nach war das Schloss noch eine Insel der Seligen!

Ich ging zurück in den Festsaal. Selbst auf den harten Stühlen bin ich dann wieder eingenickt, wie viele andere auch. Gegen drei Uhr morgens, inzwischen war der 8. März 1945 angebrochen, wurde ich wach. Der Feldwebel, der versprochen hatte, mir zu helfen, stand vor mir: »Jungkanonier Partschefeld, du hast einen weiten Weg vor dir. Ich habe herausbekommen, dass sich die für deinen Truppenteil zuständige Feldpostleitstelle in Wuppertal-Vohwinkel befindet. Eine Telefonverbindung ist nur mit dem dortigen Wehrmeldeamt zustande gekommen, nicht mit der Feldpostleitstelle selbst. Wahrscheinlich haben die schweren Bombenangriffe auch große Teile des Kabelnetzes in dieser Stadt zerstört. Du musst dich also selbst auf den Weg nach Wuppertal-Vohwinkel machen. Ich sehe es dir an, dass du gerne wieder zu deiner Batterie zurück und nicht irgendeinem fremden Verband zugeteilt werden möchtest. Die notwendigen Papiere stelle ich dir aus. Sie sind gültig bis zur Feldpostleitstelle in Wuppertal-Vohwinkel! Mein Hauptmann wird den Marschbefehl unterschreiben. Wann das geschieht, ist noch ungewiss. Verwahre auf jeden Fall die anderen Dokumente, die du mir vorgelegt hast, gut: das Attest der Ärzte über deine Untauglichkeit und das Zeugnis deines Batterieführers über den ordnungsgemäßen Besitz deiner Stiefel!«

Ich bedankte mich ganz herzlich bei dem Feldwebel für seine Mühe! Feldwebel galten ganz allgemein als Leuteschinder! Dieser Bensberger Feldwebel hat mich eines Besseren belehrt!

Danach bin ich wieder eingeschlafen. Irgendwann verlangt die Natur ihr Recht. Erst gegen sechs Uhr, kurz vor seinem Dienstende, brachte mir der Feldwebel meine Papiere.

»Jungkanonier Partschefeld, du gehst jetzt gleich mit diesem Marschbefehl zu unserer Transportleitstelle im ersten Stock. Du meldest dich dort bei Unteroffizier Helmbrecht. Der wird dir erklären, wie du am besten nach Wuppertal-Vohwinkel kommst. Ich wünsche dir auf jeden Fall Hals- und Beinbruch und hoffe, dass du bald wieder nach Leipzig zurückkehren kannst! Ich bin zwar Hannoveraner, war aber schon mehrere Male in Leipzig. Meine Großeltern wohnen dort im Stadtteil Gohlis.«

Es gab noch einen kräftigen Händedruck, dann verließ mich der Feldwebel.

Der Unteroffizier Helmbrecht von der Transportleitstelle erläuterte mir den Weg von Bergisch-Gladbach nach Wuppertal. Auf etwa 50 Kilometer schätzte er die Entfernung zwischen diesen beiden Städten. Mit einer Eisenbahnverbindung dürfte ich nicht rechnen. Bahnlinien und Landstraßen lägen unter Dauerbeschuss der

Tiefflieger. Soweit noch Züge verkehrten, geschehe dies daher nachts und auch da hätten Truppenbewegungen immer Vorrang vor dem Transport anderer Personen.

»Für dich, Jungkanonier Partschefeld, kommen wohl nur LKWs als Fortbewegungsmittel in Frage. Aber auch mit diesen kommst du an dein Ziel. Zunächst gehst du nach Bergisch-Gladbach und suchst im Rathaus die Transportleitstelle auf. Dort können sie dir sagen, wann und wo ein LKW zumindest in Richtung Wuppertal wegfährt. Ich rechne, dass einige Tage vergehen werden, ehe du in Wuppertal ankommst. Hals- und Beinbruch!«

Unteroffizier Helmbrecht hatte die Verkehrssituation gut eingeschätzt. Erst acht Tage später, also am 15. März 1945, traf ich in Wuppertal ein. Acht Tage brauchte ich für diese Strecke!

Inzwischen hatte sich die militärische Lage aus deutscher Sicht weiter verschlechtert. In der Zeit vom 10. bis zum 22. März 1945 scheiterten alle Bemühungen der deutschen Wehrmacht, die Amerikaner auf das linksrheinische Ufer zurückzuwerfen! Generalleutnant Beyerlein, einst Stabschef des Feldmarschalls Erwin Rommel in Afrika, hatte dort inzwischen das Kommando über die deutschen Streitkräfte übernommen.

Auch der deutschen Luftwaffe gelang es trotz Aufbietung ihrer letzten Kräfte nicht, am 13. März 1945 die Brücke bei Remagen zu zerstören. 360 strahlgetriebene deutsche Jagdbomber der Typen Me 262 und Arado 234 hatten an diesem Tag die Ludendorff-Brücke im waghalsigen Tiefflug angegriffen. Auch aus dem Hinterland abgefeuerte V2-Raketen, elf Stück an der Zahl, führten nicht zu deren Einsturz. Am 17. März 1945 ist die Brücke wegen Überlastung zusammengebrochen.

Am 8. März 1945, einem Donnerstag, begann meine Fahrt mit dem LKW – manchmal waren es Fahrzeuge mit Holzvergaser – von Bergisch-Gladbach nach Wuppertal. Ich befand mich auf dieser Route mitten im so genannten Ruhrkessel. Noch war dieser Kessel an verschiedenen Stellen nach Norden und Osten nicht geschlossen.

Mein Weg führte mich über Odenthal, Blecher, meist auf Landstraßen, abseits der heutigen B 51, nach Wermelskirchen, Remscheid, schließlich nach Wuppertal. Gefahren bin ich entweder in der Abenddämmerung, nachts oder im Morgengrauen, ganz selten am Tage.

Meist waren wir 15 bis 20 »Reisende«, Wehrmachtsangehörige und Zivilisten aller Altersstufen, auch Kinder. Oft wurde der LKW unterwegs oder am Zielort von Feldgendarmen angehalten, die sehr sorgfältig unsere Papiere prüften. Stets konnte man froh sein, wenn diese Prozedur ohne Komplikationen vorüberging. Ich habe immer tief Luft geholt, sobald ich meine Ausweise und Dokumente wieder in Händen hielt.

Denn neuerdings auf Befehl Hitlers eingesetzte Standgerichte fahndeten mit Hilfe der Feldgendarmerie nach kampfunwilligen Truppenführern und Soldaten. Wer ohne ordnungsgemäße Papiere angetroffen wurde, musste damit rechnen, erschossen oder sogar gehängt zu werden.

Bekannt geworden ist das von einem General Hübner kommandierte berühmt-berüchtigte »Fliegende Sonderstandgericht«, von dessen Einsetzung selbst Feldmarschall Model nichts wusste (nach Walter Görlitz a.a.O.). Auf das Konto dieses Generals Hübner ging auch die Erschießung des Majors Scheller, den man dafür verantwortlich machte, dass die Ludendorff-Brücke in Remagen nicht gesprengt worden war.

Ich habe bei einem Bauern in der Scheune geschlafen, in Städten in den von den jeweiligen Behörden für Soldaten bereitgestellten Räumen und in kleinen Ortschaften in Privatquartieren. Immer wurde der »kleine 17-jährige Flaksoldat« umsorgt, manchmal regelrecht bemuttert. Einmal durfte ich sogar in einem Ehebett schlafen. Es war wie im Himmelreich. Meine schon hochbetagten Gastgeber hatten sich in einem Nebenraum auf eine Schlafcouch zurückgezogen.

Nie hat es mir an etwas gefehlt. Stets bekam ich das Beste, was die »Küche« in jener Zeit noch zu bieten hatte. Auch die von mir aufgesuchten Verpflegungsstellen der Wehrmacht waren gut bevorratet. Niemand ist mir feindselig begegnet. Stets aber galt der Hass den Piloten der Tiefflieger, die sich nicht scheuten, beim Überfliegen von Dörfern auch auf Kinder zu schießen. Es war tatsächlich kein Ruhmesblatt für die Alliierten, wenn Jagdbomber beliebige Fußgänger, Radfahrer, Bahnreisende oder Bauern auf dem Acker unter MG-Beschuss nahmen.

Es gab daher auch Übergriffe von Seiten der Bevölkerung gegen Piloten abgeschossener Feindmaschinen. Im Zweiten Weltkrieg sind u.a. 9838 britische Flieger in deutsche Gefangenschaft geraten. Weit über 100 alliierte Piloten sind im letzten Kriegsjahr gelyncht worden. »Ein abgeschossener US-Flieger wurde auf dem Mainzer Marktplatz mit Holzlatten totgeschlagen, auch Kinder beteiligen sich daran ...«, schrieb ein Feuerwehrmann in sein Tagebuch (Jörg Friedrich, »Der Brand«, a.a.O.).

In Wuppertal

In den Vormittagsstunden des 16. März 1945 erreichte ich Wuppertal, von Düsseldorf 28, von Essen 35 Kilometer entfernt. Auch diese Stadt war von den Bomben-angriffen schwer getroffen worden, das erkannte ich sofort. Es packte mich auch hier das blanke Entsetzen, als ich des Ausmaßes der Schäden gewahr wurde. Wer, wie ich, kurz vor Kriegsende die Trümmer in den einst-mals blühenden Großstädten Leipzig, Kassel und Köln gesehen hatte und nun auf Wuppertal schaute, musste den verfluchen, der für den Ausbruch dieses Krieges verantwortlich war!

Vor Kriegsbeginn hatte Wuppertal 355 000 Einwoh-ner. Bei Kriegsende wohnten hier nur noch 250 000 Menschen. Jetzt leben wieder fast 400 000 Bürger in die-ser Stadt.

Lange Zeit war es den britischen Bombern nicht gelungen, den mit Industrieschwaden abgedeckten Tal-einschnitt der Wupper zu finden. Aus der Höhe von 6000 Metern mochte man diese Nebel für einen See hal-ten. So glaubten die Wuppertaler an den Ruf ihrer Stadt als dem »Luftschutzkeller des Ruhrgebietes«. [*]

Aber dieses Wunschdenken zerstörte der Angriff vom 30. Mai 1943 auf brutalste Weise. Eine Luftflotte von 719 Bombern der Typen Halifax, Stirling, Lancaster und Wellington flog in einem 150 Kilometer langen Strom Wuppertal an. Sie warfen 1186 Spreng-, 342 000 Brand- und 28 454 Flüssigkeitsbrandbomben, so ge-nannte Phosphorkanister, auf die Stadt, vornehmlich auf die Stadtteile Barmen und Ronsdorf.[**]

In England galt diese Wuppertal-Operation 1943 als der größte Erfolg des Bombardements von zivilen Zie-len. »Keine Industriestadt in Deutschland«, schrieb damals die »Times«, »ist zuvor so vollständig von der

---

[*]   nach Friedrich, Der Brand, a.a.O.
[**] Franz Kurowski a.a.O.

Landkarte wegradiert worden.« 80 Prozent Wohnfläche waren zerstört, 3400 Personen getötet worden. 35 Bomber wurden bei diesem Angriff abgeschossen, weitere 60 gingen bei der Landung in England zu Bruch.

Diese Heimsuchung Wuppertals sprach sich im Kriegsjahr 1943 rasch in der deutschen Bevölkerung herum. Dabei hatte Reichspropagandaminister Dr. Goebbels den deutschen Zeitungen verboten, über das ganze Ausmaß des Schreckens von Wuppertal zu berichten.

Auch die Schwebebahn, das Wahrzeichen der Stadt Wuppertal, erlitt bei den Angriffen im Jahre 1943 schwere Schäden. Am 30. Mai waren vornehmlich die Stadtteile Barmen und Ronsdorf, am 25. Juni Elberfeld betroffen. Zerstört wurde weitgehend der Streckenabschnitt zwischen den Bahnhöfen Oberbarmen und Wupperfeld sowie die Bahnhöfe Kluse und Alexanderbrücke. Erst im Verlauf des Jahres 1944 konnte der damals unterbrochene Verkehr wieder aufgenommen werden.

Mit Hilfe der Behörden fand ich die für meine Truppe zuständige Feldpostleitstelle in Wuppertal-Vohwinkel. Ich traute meinen Ohren nicht, als man mir dort eröffnete, der Stab der 7. Flakdivision befände sich in einem Tal bei Bergisch-Gladbach und meine Flakeinheit mit dem Oberleutnant von Langsdorff als Batterieführer in der kleinen Ortschaft Voiswinkel, und auch Voiswinkel läge nur wenige Kilometer von Bergisch-Gladbach entfernt!

Zunächst war ich erleichtert. Mir fiel geradezu ein Stein vom Herzen, wusste ich doch nun, dass »meine Leute« mit den Sturmbooten auf das rechte Rheinufer gelangt waren. Ob es beim Übersetzen Schwierigkeiten oder Verluste gegeben hatte, das allerdings konnte mir hier niemand sagen.

Am 8. März 1945 war ich in Bergisch-Gladbach zu dieser acht Tage und Nächte dauernden strapaziösen und wegen der allgegenwärtigen Tiefflieger auch immer gefährlichen »Reise« per LKW nach Wuppertal-Vohwinkel aufgebrochen. Nun, so glaubte ich, konnte ich doch wieder dorthin zurückfahren und Voiswinkel suchen. Verblüffend war es schon, diese Ähnlichkeit der Ortsnamen: Vohwinkel hier, Voiswinkel dort! Man gab mir den Rat, meine Rückfahrt mit dem hiesigen Wehrmeldeamt abzustimmen und dort den entsprechenden Marschbefehl ausstellen zu lassen.

Gegen 15 Uhr meldete ich mich am Freitag, den 16. März 1945 im Wehrmeldeamt in Wuppertal. Für die Ausstellung von Marschpapieren war ein Major zuständig, ein kriegsversehrter Offizier. Ich legte ihm sämtliche Papiere vor und informierte ihn kurz über meinen Weg vom Benrather Staatsforst (Köln) nach Wuppertal.

»Ja, Jungkanonier Partschefeld, was soll ich mit dir anfangen? Schon morgen kann sich deine Flakeinheit anderswo befinden. Hier im Ruhrgebiet und im Bergischen Land verändert sich die Frontlinie tagtäglich!«

»Herr Major, bitte, lassen Sie mich nach Bergisch-Gladbach zurückkehren! Ich möchte zu meiner Batterie zurück! Ich werde meine Einheit schon finden!«

Mein mit fester Stimme vorgetragener Wunsch hatte den Major beeindruckt. Er dachte nach.

»Aus zwei Gründen werde ich dich nach Lüdenscheid in Marsch setzen. Es ist dir gelungen, auf sehr beschwerlichem Wege von Bergisch-Gladbach nach Wuppertal zu gelangen. Du bist zwar ein kleiner Kerl, hast dich aber als zäh und zielstrebig erwiesen. Ich traue dir daher auch zu, dass du von hier aus nach Lüdenscheid kommen wirst, zumal meines Wissens noch Personenzüge von Wuppertal-Oberbarmen über Hagen nach Lüdenscheid verkehren. Natürlich muss man auch auf dieser Strecke immer mit Tieffliegerangriffen rechnen. In Lüdenscheid befindet sich die für deine Waffengattung zuständige Flakkaserne. Nach den mir vorliegenden Informationen verfügt diese Kaserne noch über Funk- und Fernsprechverbindungen zu den meisten im Bergischen Land operierenden deutschen Truppenverbänden. Der Kommandant der Flakkaserne ist übrigens ein Vetter von mir, der sachkundig über deinen weiteren Weg entscheiden kann!

Er schaute mich freundlich an, und ich konnte nur sagen: »Herr Major, ich danke Ihnen für Ihre Entscheidung!«

»Ich werde den notwendigen Marschbefehl ausfertigen lassen und ihn dann auch unterschreiben! Außerdem gebe ich dir in einem verschlossenen Umschlag ein paar Zeilen für meinen Vetter mit, den du dessen Adjutanten persönlich übergibst! In diesem Haus befindet sich im Erdgeschoss die Transportleitstelle. Auf deren Rat bei der Wahl des Transportmittels und der Streckenführung kannst du vertrauen. Nach den in den letzten Tagen überstandenen Strapazen solltest du heute Nacht in Wuppertal bleiben. Du gehst also mit dem neuen Marschbefehl zum Quartieramt. Die werden dir eine Schlafstätte zuweisen. Unsere Posten am Ausgang unseres Hauses kennen den Weg dorthin. Bis deine Papiere und mein Schreiben an meinen Vetter fertig gestellt sind, wird bestimmt eine Stunde vergehen. In der Zwischenzeit kannst du dir in der Transportleitstelle bereits die notwendigen Informationen beschaffen. Ich bin zuversichtlich, dass du deine Kameraden wiederfindest. Alles Gute, Jungkanonier Partschefeld!«

Der Major drückte mir trotz seines hohen Ranges die Hand. Damit war ich entlassen. In der Transportleitstelle zeigte mir ein Unteroffizier auf einer Karte den Weg nach Lüdenscheid. Per Bahn würde die Strecke von Wuppertal-Oberbarmen über Hagen, Letmathe nach Altena führen. Dort bestünde Anschluss an das Schmalspurnetz nach Lüdenscheid. Ohne die in diesen Tagen nicht kalkulierbaren Wartezeiten auf die jeweiligen Anschlusszüge müsste ich mit einer reinen Fahrzeit von mindestens zweieinhalb Stunden rechnen. Es wären wohl rund 65 Bahnkilometer zurückzulegen.

Inwieweit jedoch die Bahn benutzt werden könne, würde angesichts ständig drohender Tieffliegerangriffe von den Bahnbehörden tagtäglich neu entschieden. Der Unteroffizier empfahl mir daher, mich morgen ganz früh auf dem Bahnhof Wuppertal-Oberbarmen einzufinden. Sollte es mit der Bahn nicht klappen, bliebe nur die Mitfahrt auf einem LKW. In einem solchen Falle könnte ich mich morgen Vormittag noch mit ihm abstimmen.

Ich ging wieder in den ersten Stock zum Zimmer des Majors, setzte mich dort im Flur auf eine Bank und wartete. Es war 17 Uhr geworden, als ein Feldwebel mir den Marschbefehl und das persönliche Schreiben des Majors brachte. Dann schulterte ich den Karabiner und ging. Der Posten am Ausgang wies mir den Weg zum Quartieramt. Um dorthin zu kommen, sollte ich die Schwebebahn benutzen. Das Quartieramt sei ausgelagert worden und würde sich jetzt in der Nähe des Bahnhofs Varresbeck befinden.

In der Schwebebahn saß ich neben einer Gruppe auffällig junger Leute im Alter von vielleicht 20 bis 25 Jahren, die sich angeregt unterhielten. Sie sprachen ein ausgezeichnetes Deutsch. Ich merkte aber sofort am Ak–

zent, dass es keine Deutschen waren. Es handelte sich, wie sich dann herausstellte, um dienstverpflichtete Holländer, die hier in Wuppertal in einem Rüstungsbetrieb arbeiteten.

Ich wurde ohne mein eigentliches Zutun in die Unterhaltung einbezogen. Obwohl ich doch als Einziger Uniform trug und außerdem bewaffnet war, blieb es ein Gespräch einfach unter jungen Menschen. Über den Krieg haben wir nicht gesprochen, sondern über Dinge, die junge Leute in diesem Alter bewegen: über die Aussichten der künftigen Ausbildung und möglichen beruflichen Entwicklung. Sogar gelacht haben wir. Der Krieg schien fern.

Rückblickend kann ich es noch heute nicht fassen, dass damals die jungen Holländer, deren Land wir 1940 überfallen hatten, mit einem zwar ganz jungen, aber doch als Soldat kenntlichen Deutschen geredet haben.

Unvermittelt fragte mich der augenscheinlich älteste der Holländer nach meinem Weg. Freimütig erklärte ich, dass mein Ziel zunächst die Stadt Lüdenscheid wäre, ich aber heute Nacht in Wuppertal bleiben könne, jetzt auf dem Wege zum Quartieramt sei, weil ich noch keine Schlafstätte hätte.

Da meinte der Wortführer der jungen Holländer, dass in ihrer Baracke immer Betten frei wären. Sie würden in drei Schichten arbeiten, ihre Schicht wäre gerade zu Ende gegangen, und sie kehrten jetzt in ihre Baracke zurück. Wenn ich wollte, könnte ich bei ihnen übernachten!

Ich habe damals keinen Augenblick gezögert und Ja gesagt! Gefiel mir das Gespräch mit jungen Menschen? Der Gedanke, die Holländer könnten mir, ihrem »Feind«, wenn auch zugegeben einem ganz jungen, etwas antun, ist mir überhaupt nicht gekommen! War ich naiv? Litt ich vielleicht unbewusst unter der nun fast 14 Tage dauernden Trennung von meinen gleichaltrigen Kameraden? Auch im Nachhinein bleibt mir meine damalige Entscheidung ein Rätsel!

Doch brauchte ich meine Spontanität nicht zu bereuen! Es gab einerseits ein großes »Hallo«, andererseits Erstaunen. Aber auch Reserviertheit und Ablehnung konnte ich aus einer Reihe von Gesichtern ablesen, als die Holländer in der Baracke ihren Landsleuten den Sinn dieser »Begleitung« in Gestalt eines kleinen deutschen Soldaten erklärten. Wahrscheinlich wurde mein Mut bewundert, vielleicht meine Unvoreingenommenheit ihnen gegenüber oder meine Offenheit?

Was hätte ich auch mit dem nicht geladenen Karabiner gegen etwa zwei Dutzend junge Holländer ausrichten können? Kein Hahn hätte nach mir gekräht. In den Kriegswirren jener Tage wäre ein Opfer mehr oder weniger nicht aufgefallen.

Aber nichts Böses geschah! Nach dem Abendbrot legten sie mir Bilder vor, auf denen sie mit ihren Freundinnen zu sehen waren. Die Holländer stammten aus Amsterdam. Ich erzählte ihnen von Leipzig. Auch jetzt wurde das Kapitel »Krieg« nicht berührt. Vielmehr wandten wir uns alsbald einem ganz »neutralen« Thema zu, an dem junge Männer – von der Liebe einmal abgesehen – in diesem Alter wohl in der ganzen Welt nicht vorbeikommen, nämlich dem Fußball! Einer der jungen Holländer erinnerte an das letzte Spiel der beiden Nationalmannschaften, das vor dem Krieg am 31. Januar 1937 in Düsseldorf stattgefunden und gerechterweise 2:2, also unentschieden, geendet habe. Sein Onkel hätte ihn, den damals 14-Jährigen, mitgenommen.

Wir haben noch eine Weile gefachsimpelt. Dann fiel ich doch todmüde in das für mich reservierte Bett. Den

Karabiner lehnte ich an den Pfosten des Stockbettes, hängte das Koppelzeug mit den Patronentaschen, die scharfe Munition enthielten, an einen neben meinem Bett stehenden Stuhl, dann bin ich sehr schnell eingeschlafen.

Gegen fünf Uhr morgens wachte ich auf. Es war Samstag, der 17. März 1945. Der Karabiner stand nach wie vor an der Stelle, an der ich ihn vor dem Schlafengehen hingestellt hatte. Auch keine einzige Patrone fehlte, wie ich später feststellte.

Eine Gruppe der jungen Holländer musste frühzeitig zur Arbeit aufbrechen. Mir war das wegen der Fahrt mit der Bahn ganz recht. Nach dem Waschen und Anziehen haben wir gemeinsam gefrühstückt und dabei meine eigene Kaltverpflegung einbezogen.

Beim Abschied wünschten mir diejenigen jungen Holländer, die gestern mit mir in der Schwebebahn gesprochen hatten, noch eine baldige gesunde Rückkehr nach Leipzig. Jedem von ihnen schaute ich fest in die Augen, drückte ihnen die Hände und wünschte auch ihnen ein baldiges Wiedersehen mit ihren Angehörigen in Holland.

Mit den Holländern, die zu ihrer Arbeitsstätte mussten, ging ich zum nahen Bahnhof der Schwebebahn und fuhr nach Wuppertal-Oberbarmen. Als ich dann wieder allein in der Schwebebahn saß, dachte ich zunächst, das wäre ein Fiktion gewesen, eine wunderschöner Traum! Aber die Realität war noch schöner als das Bild, das der beste Traum vermitteln kann. Ich habe nicht »am Wasser gebaut«, aber damals bekam ich noch im Nachhinein feuchte Augen.

Aus heutiger Sicht war es ein Erlebnis, dessen Tragweite beide Parteien damals gewiss nicht begriffen haben und gar nicht begreifen konnten! War es der frühe

Beginn einer Völkerfreundschaft? Es gibt Episoden im Leben, die man nie vergisst!

Jetzt bin ich 77 Jahre alt. Meine damaligen jungen Holländer werden inzwischen wohl die Achtzig überschritten haben. Ich hoffe, sie leben noch! Namen haben wir damals nicht ausgetauscht – ein Versäumnis!

So bestieg ich an jenem Samstag in Wuppertal-Oberbarmen, an nichts Böses denkend, den ersten Frühzug in Richtung Hagen. Nur zwei Tage später, am 19. März 1945, haben amerikanische Jagdbomber in den frühen Morgenstunden den Verschiebebahnhof der Reichsbahn in Wuppertal-Vohwinkel angegriffen. Hierbei nahmen die Piloten im Tiefflug auch Gerüste der Schwebebahn ins Visier! Bis zum Jahre 2000 waren dort noch die Einschüsse zu sehen.

In diesem Fall ist mir erst jetzt im Zuge der Niederschrift dieses Berichtes beim Studium der zutreffenden Fachliteratur plötzlich klar geworden, durch welch glückliche zeitliche Fügung ich damals in Wuppertal dem Unheil entgangen bin. Dafür muss ich noch heute meinem Schöpfer zutiefst dankbar sein, zumal da ich kurze Zeit später abermals vor einer Katastrophe bewahrt wurde.

In Lüdenscheid

Während der Bahnfahrt nach Lüdenscheid gab es an jenem Samstag jedoch keine Komplikationen. In den frühen Vormittagsstunden des 17. März 1945 traf ich ein, erkundigte mich nach dem Weg zur Flakkaserne und marschierte los. Dort meldete ich mich in der Schreibstube der Kommandantur und legte meine Papiere vor. Danach händigte ich, wie befohlen, dem Adjutanten, einem Leutnant namens Meiser, das Schreiben des Wuppertaler Majors aus, das an den Regimentskommandeuer, Herrn Oberst v. Wertheim, gerichtet war.

Zu jener Zeit war Lüdenscheid eine kreisfreie Stadt mit fast 50000 Einwohnern. Heute wohnen dort rund 80000 Menschen. Bereits 1935 hatte die Stadt den Status einer Garnisonsstadt erhalten. Drei Kasernen wurden gebaut, darunter die Flakkaserne im Stadtteil Buckesfeld. Der erste Luftangriff auf Lüdenscheid erfolgte bereits am 4. Juni 1940. 68 Einwohner erlitten Sachschäden durch die zum Teil schwer beschädigten Wohnhäuser. Eine Frau starb an den hierbei erlittenen Verletzungen.

Vor der Schreibstube, auf einer Sitzbank im Flur des Erdgeschosses, wartete ich wohl zwei Stunden auf die Entscheidungen über meinen Verbleib und Einsatz in der Flakkaserne. Dann wurde ich wieder in die Schreibstube gerufen. Leutnant Meiser persönlich nahm sich meiner an:
»Jungkanonier Partschefeld, dein Schreiben habe ich zusammen mit deinen Papieren dem Herrn Oberst v. Wertheim vorgelegt. Du sollst am Dienstag, den 20. März 1945, um zehn Uhr bei ihm erscheinen. Der Herr Oberst will dann über deinen Verbleib in der Kaserne entscheiden. Er hat aber bereits festgelegt, dass du in die Kompanie des Leutnants Holzammer aufgenommen wirst, deren Quartier sich in den Baracken vor der Kaserne befindet. Dort meldest du dich beim UvD. Den habe ich bereits informiert. Er wird in Abstimmung mit dem Leutnant Holzammer für dich wegen deines Fußleidens einen gesonderten Dienstplan festlegen, für Bett und Verpflegung sorgen und dich wohl auch in die Kleiderkammer wegen einer anderen Kopfbedeckung

schicken, damit du nicht mehr ständig mit dem Stahlhelm in der Kaserne herumlaufen musst. Noch Fragen?«

»Herr Leutnant, kann ich hier in der Kaserne wegen
meiner Beschwerden den Stabsarzt aufsuchen. Auch das
betreffende Attest liegt bei meinen Papieren!«

»Die nächste Sprechstunde findet am kommenden
Montag ab 14 Uhr statt. Beim nächsten Morgenappell
lässt du dich in die entsprechende Liste aufnehmen!
Dein Soldbuch und deine anderen Dokumente gebe ich
dir jetzt gleich zurück. Und nun wegtreten!«

Ich salutierte, ging zu dem angegebenen Ort und traf
dort den zuständigen UvD. Er wies mir in einer der
Baracken, die nicht voll belegt war, ein Bett zu und empfahl mir, sofort in die Kantine zum Mittagessen zu
gehen. Alle anderen Soldaten der Kompanie »Holzammer« wären bereits dort. Am Nachmittag sollte ich
noch die Kleiderkammer aufsuchen.

In der Kantine fand ich schnell Kontakt zu den
Kameraden meiner Kompanie, die bereits seit längerem
die anderen Betten in meiner Baracke belegt hatten.
Wegen meiner geringen Körpergröße bekam ich sofort
einen Spitznamen. Ich wurde der »kleine Neue«
genannt. Es gab Frikadellen mit Kartoffeln und grünen
Bohnen. Das Essen war schmackhaft und ausreichend.

Ein Soldat meiner Kompanie, ein altgedienter Ober-
gefreiter, begleitete mich zur Kleiderkammer und stellte mich dort gleich als den »kleinen Neuen« vor.

In Empfang genommen wurde ich von einem dicken,
aber zugleich sehr freundlichen Feldwebel. Ich war an
diesem Samstagnachmittag sein einziger Kunde. So
blieb ihm Zeit, mich mit allem Notwendigen auszurüs-
ten. Er fand für mich nicht nur eine passende Feldmüt-
ze, sondern sogar noch eine komplette Uniform und

Unterwäsche in meiner Größe! Es machte ihm offensichtlich Spaß, mich, den »kleinen Neuen«, neu einzukleiden. Beiläufig bewunderte er auch meine Schnürstiefel. Ich erzählte ihm, wie ich zu diesem Schuhwerk gekommen war, und zeigte ihm die »Besitzurkunde«, die mir mein Batterieführer, Oberleutnant von Langsdorff, ausgestellt hatte.

Der Feldwebel staunte nicht schlecht: »Da hast du aber einen verständnisvollen Vorgesetzten gehabt«, meinte er anerkennend.

Ich dankte ihm und versprach ihm meine Zigarettenration, da ich Nichtraucher wäre. Er aber wehrte meinen Dank ab und sagte leise, dass er doch nicht wisse, wie lange er noch über diese Bestände verfügen werde. Es klang traurig, und es war gut, dass in diesem Augenblick kein Dritter dies vernahm.

Nachdem ich all die kostbaren Sachen in meinem Spind untergebracht hatte, ging ich zum Duschen, spülte all den Schmutz der vergangenen Tage ab. Erst dann zog ich die neue Uniform an. Ich fühlte mich seit langer Zeit wieder wie neugeboren! Danach holte ich in der Kantine meine Kaltverpflegung ab und erzählte meinen Kameraden von meiner bisherigen Odyssee. Sie staunten nicht schlecht, was ein so kleiner Jungkanonier in so kurzer Zeit bereits alles erlebt hatte. Verschwiegen habe ich, ich kann nicht sagen warum, die Begegnung mit den jungen Holländern. Vielleicht sagte mir mein Gefühl, einer von meinen neuen Kameraden könnte mich einer unerlaubten Fraternisierung bezichtigen.

An diesem Abend bin ich frühzeitig zu Bett gegangen. Die Gespräche der anderen störten mich nicht. Manche spielten Skat. Ich schlief trotzdem.

Am Sonntag, den 18. März 1945, trat ich mit meinen Kameraden um acht Uhr zum Morgenappell an. Schätzungsweise 600 Soldaten standen in einem Karree auf dem Kasernenhof. Es lief das übliche Programm ab. Plötzlich hörte ich Flugzeuggeräusche. Am Himmel drehte eine Feindmaschine seelenruhig in Höhe von vielleicht 2000 Metern ihre Kreise über dem Kasernengelände. Es musste sich wohl um einen unbewaffneten Aufklärer handeln. Das Nationalitätszeichen konnte ich noch nicht erkennen. Es war nicht zu fassen: Kein Mensch nahm Notiz von diesem Flugzeug. Es schien so, als gehöre die Maschine zur Kaserne.

Auf dem zweigeschossigen Hauptgebäude der Kaserne befand sich ein kleines Türmchen, von dem man offensichtlich die Dachabdeckung entfernt hatte. Dort, das konnte ich deutlich erkennen, war zur Abwehr von Tieffliegern ein 2-cm-MG auf einem höhenverstellbaren »Fliegerdreibein« postiert worden. Der Posten stand daneben, machte aber erstaunlicherweise von der Waffe keinen Gebrauch. Dabei hatte unser Waffen-Unteroffizier Ernst Kuzorra uns erklärt, dass es nicht allzu schwierig wäre, eine solche »lahme Ente« mit diesem MG abzuschießen. Der Posten beobachtete den Aufklärer mit dem Fernglas, aber sonst tat sich nichts! Nach zehn Minuten verschwand die Feindmaschine am Horizont!

Um neun Uhr war der Appell beendet. Ich hatte mich noch in die Liste der Soldaten eintragen lassen, die am Montag den Stabsarzt aufsuchen wollten. Nun hatten all jene, die nicht für einen Wachdienst oder andere auch am Sonntag wahrzunehmende Aufgaben eingeteilt worden waren, für den Rest des Tages dienstfrei.

Natürlich wollte ich wissen, warum niemand die Feindmaschine beschossen hatte, und meine Kameraden erzählten mir, dass der Regimentskommandeur befohlen habe, den Aufklärer nicht abzuschießen!

So wiederholte sich am Montag das Schauspiel vom Sonntag: Punkt acht Uhr begann der Morgenappell in der bereits beschriebenen Weise, und pünktlich zu diesem Zeitpunkt erschien auch der feindliche Aufklärer und kreiste provozierend langsam über dem Kasernenhof. Wiederum geschah nichts. Beide Seiten hielten sich offensichtlich strikt an ein stillschweigend geschlossenes »gentlemen's agreement«.

Im Wartezimmer des Stabsarztes saßen bestimmt schon ein Dutzend Soldaten, als ich dort um 14 Uhr eintraf. Ich legte dem Stabsarzt mein Attest vor, erläuterte ihm Art und Ursachen meiner Beschwerden und fragte, ob in Lüdenscheid die Möglichkeit bestünde, ein Paar neue Spezialeinlagen zu bekommen.

»Jungkanonier Partschefeld, eine solche orthopädische Werkstatt gibt es hier am Ort nicht, aber in Iserlohn arbeitet noch die Firma Koch & Brinkmann. Du musst also diese Firma in Iserlohn aufsuchen. Würdest du die Bahn benützen, müsstest du über Altena und Letmathe fahren. Das ist allerdings viel zu umständlich und zeitraubend, denn die Anfertigung dauert bestimmt mehrere Stunden, und du musst an einem Tage hin und zurück. Am schnellsten kommst du bei den derzeit schwierigen Verkehrsverhältnissen noch mit dem LKW nach Iserlohn. Über die Landstraße sind es nur rund 30 Kilometer. Ich würde dir empfehlen, gleich morgen in aller Herrgottsfrühe loszufahren. Seit einiger Zeit verkehren tagtäglich, wegen der Tiefflieger bereits im Morgengrauen, LKWs vom hiesigen Rathausplatz aus nach Iserlohn und Plettenberg. Die LKWs, die Wehrmachtsangehörige und Zivilpersonen mitnehmen, kommen am selben Tag in der Abenddämmerung wieder zurück nach Lüdenscheid!«

»Herr Stabsarzt, ich muss morgen, am Dienstag, um

zehn Uhr beim Herrn Oberst v. Wertheim erscheinen. Daher kann ich erst am Mittwochmorgen fahren!«

»Einverstanden! Ich lasse die für deine Fahrt nach Iserlohn notwendigen Papiere ausschreiben. Du kannst dir die Unterlagen morgen hier abholen!«

Danach nahm ich noch an dem im allgemeinen Dienstplan für unsere Kompanie an diesem Nachmittag vorgesehenen Werfen mit Stielhandgranaten teil. Morgen Nachmittag sollte das Üben mit der Panzerfaust, Typenbezeichnung 60, stattfinden. Der Leutnant meinte, auch Flaksoldaten könnten bei der derzeitigen Kriegslage jederzeit in Nahkämpfe verwickelt werden.

Im Werfen war ich kein Ass. Mein Können lag ja seit Kindheit im Fangen von Bällen, nicht im Werfen irgendwelcher Gegenstände. So fand ich es ganz gut, dass uns der Leutnant mit der Handhabung dieser Nahkampfwaffe vertraut machte. Von den Infanteristen wurde die Stielhandgranate als der »Mörser des armen Mannes« bezeichnet. Dieses Wurfgeschoss war fast 18 cm lang, 200 Gramm schwer und wurde durch eine Abzugsschnur aktiviert.

Wie an den Vortagen begann auch am Dienstag, den 20. März 1945, pünktlich um acht Uhr der Morgenappell. Nur unser Aufklärer erschien seltsamerweise erst eine halbe Stunde später. Ein neuer Posten stand im Turm des Hauptgebäudes am MG. Und plötzlich feuerte dieser auf das Flugzeug. Wir erschraken, manche warfen sich zu Boden, andere rannten davon, viele blieben wie angewurzelt stehen. Tumult entstand. Ein Leutnant schrie Kommandos, die keiner beachtete. Niemand hatte mit einer solchen Reaktion des Postens gerechnet. Es geschah völlig unerwartet!

Das Flugzeug war getroffen worden, fing Feuer und drehte ab. Ob es abstürzte, konnte ich nicht ausmachen.

Der kommandierende Offizier ließ die Mannschaften wieder antreten, rief zum Ruhebewahren auf. Als wäre nichts geschehen, wurde der Morgenappell zu Ende geführt und der normale Dienstbetrieb fortgesetzt.

Als Trost blieb, dass auf dem Kasernenhof kein Mensch zu Schaden gekommen war. Über das Schicksal des Piloten des vermutlich abgeschossenen Aufklärers haben wir nichts erfahren.

Im Büro des Stabsarztes holte ich mir die für die morgige Fahrt nach Iserlohn notwendige Reiseerlaubnis. Diesem Papier lag das Verordnungsblatt für die Anfertigung meiner Spezialeinlagen bei. Dann begab ich mich eine Viertelstunde vor dem für zehn Uhr festgesetzten Termin ins Vorzimmer des Regimentskommandeurs. Punkt zehn Uhr betrat ich in tadelloser neuer Uniform das dem Kommandanten vorbehaltene Zimmer, schlug die Hacken zusammen und grüßte vorschriftsmäßig: »Herr Oberst, Jungkanonier Partschefeld meldet sich befehlsgemäß zur Stelle!«

Der Oberst saß hinter einem großen Eichentisch, erhob sich, trat auf mich zu und legte die rechte Hand auf meine Schulter. Noch nie in meinem kurzen Soldatenleben hatte ich kleiner, unbedeutender Flaksoldat einem so hohen Offizier direkt gegenübergestanden. Das konnte nur mit dem Wortlaut des von mir überbrachten Schreibens zusammenhängen. Ein wenig mulmig war mir schon dabei zumute.

»Na, mein Junge, was machen wir jetzt mit dir?«

Eine solche Anrede hatte ich nicht erwartet. So sprach ein Mensch. Meine gewiss auch für ihn sichtbare Anspannung ließ nun nach. Aber gerade deswegen änderte ich meine korrekte Haltung um keinen Deut.

»Herr Oberst, ich möchte gern zu meiner Batterie nach Bergisch-Gladbach zurück. Diese Batterie, die der

Herr Oberleutnant von Langsdorff führt, ist meine Familie!«

Oberst v. Wertheim, ein hochgewachsener, vielleicht erst 50 Jahre alter Offizier, ging zu seinem Schreibtisch zurück. Er schaute mich nachdenklich an.

»In Wuppertal hast du bei meinem Vetter offensichtlich einen guten Eindruck hinterlassen. Das geht aus den Zeilen hervor, die er mir geschrieben hat. Mein Vetter genoss schon immer in der Familie den Ruf, Charakter und Fähigkeiten seiner Gesprächspartner schnell und vor allen Dingen richtig einzuschätzen. Ich werde daher seiner Empfehlung entsprechen und dich in Kürze nach Bergisch-Gladbach in Marsch setzen ...«

Weiter kam er nicht.

Ich schrie: »Hurra!«, so laut ich konnte, bewegte mich aber um keinen Millimeter.

Der Adjutant, Leutnant Meiser, kam hereingestürzt, um gegebenenfalls den zu bestrafen, der es wagte, solche Laute im »Allerheiligsten« von sich zu geben. Aber der Herr Oberst hatte schon abgewinkt. Der Leutnant verließ das Zimmer so schnell, wie er gekommen war. Ich sah, wie der Oberst lächelte. Er nahm erneut hinter seinem Schreibtisch Platz.

»Meinem Adjutanten habe ich befohlen, mit deiner Division Verbindung aufzunehmen. Noch klappt es mit Funk und Telefon. Gegenwärtig stellen wir auf Weisung des Feldmarschalls Model eine Kampfgruppe in Kompaniestärke auf. Sie soll den Flakstützpunkt Siegburg verstärken. Noch steht der Zeitpunkt des Abmarsches dorthin nicht fest. Der Feldmarschall ist gerade jetzt wegen der ständigen Tieffliegerangriffe gezwungen, ständig seinen Gefechtsstand zu verlegen. Höchstwahrscheinlich führe ich selbst diesen kleinen Verband an. Ihm werden die besten Kanoniere meines Regiments angehören. Der Weg nach Siegburg wird uns auch über Bergisch-Gladbach führen. Mir würde diese Fahrt per LKW die Gelegenheit bieten, vor den alles entscheidenden Kämpfen meiner hochbetagten, bei meiner jüngsten Schwester in Altenberg wohnenden Mutter einen kurzen Besuch abzustatten.

Sobald diese Einheit aufbricht, wirst du sie bis Bergisch-Gladbach begleiten! Wir werden versuchen, dich dort beim Stab deiner Division abzuliefern. Selbstverständlich bekommst du gesonderte Marschpapiere bis nach Voiswinkel, damit dir die Feldgendarmerie in keinem Fall etwas anhaben kann. Sämtliche Einzelheiten regelt Leutnant Meister. Nun kannst du wegtreten!«

Ganz militärisch exakt grüßte ich und verließ den Raum. Ich jubilierte, ohne es mir von den im Vorzimmer anwesenden Personen anmerken zu lassen. Nun war es beschlossen, ich durfte zurück zu meiner Batterie! Den Zwischenfall heute Morgen beim Appell hatte der Oberst mit keinem Wort erwähnt.

Am Nachmittag dieses ereignisreichen Tages nahm ich noch an den Übungen mit der großen Panzerfaust, Typ 60, teil. Wir erfuhren hierbei, dass das Geschoss dieser Panzerfaust bei einem Winkel von unter 30 Grad eine Panzerung von 200 mm durchschlagen konnte! Bei den Panzerbesatzungen der Alliierten war diese Waffe daher besonders gefürchtet.

Erst als Pensionär habe ich der Fachliteratur entnommen, dass die Panzerfäuste, die erstmals 1943 an der Front auftauchten, von der HASAG, der Firma Hugo Schneider AG, in Leipzig entwickelt worden sind. Deren Standort, es war ein riesiges Werk, lag nur wenige Kilometer von den Häusern entfernt, in denen sowohl meine Großeltern als auch meine Pflegeeltern wohnten. Da ist mir klar geworden, warum damals in den Kriegsjahren ab 1943 die zuständigen Dienststellen die in der Nähe dieser Wohnstätten eingerichteten Nebelgeräte frühzeitig in Betrieb gesetzt haben. Denn wenig später schrillten dann die Sirenen und lösten Luftalarm aus.

Ich informierte meinen Kompanieführer über die am Vormittag vom Regimentskommandeur getroffene Entscheidung. Meine Unterlagen für die Fahrt nach Iserlohn hatte er bereits eingesehen.

Der Morgen des 21. März 1945, ein Mittwoch, war angebrochen. Alles hatte gut geklappt. Bereits um acht Uhr stand ich in Iserlohn in der Altstadt Nr. 7 vor dem Haus der Firma Koch & Brinkmann, Orthopädische Werkstätten, in Iserlohn. Das Unternehmen besteht noch heute.

Ich trug dem damaligen Chef, Herrn Herrmann Koch, seines Zeichens Meister für Orthopädie-Technik, mein Anliegen vor und überreichte ihm das Verordnungsblatt. Er schaute zunächst kritisch meine Schnürstiefel an, aber machte hierzu keine Bemerkung, sondern erklärte, dass er die Spezialeinlagen bis zum Nachmittag fertig stellen könne.

Gegen 19 Uhr wollte der Fahrer des LKW wieder nach Lüdenscheid zurückkehren. Jetzt war es 15 Uhr. Da blieb mir noch genügend Zeit für die Werkstatt.

Am Fuß passten die neuen Einlagen wie angegossen. Der Meister verstand sein Handwerk. Aber das Einfügen in die englischen Schnürstiefel gefiel ihm nicht.

»Mein Herr Flaksoldat«, sagte er, »die gehören nicht zusammen, meine Einlagen und Ihre Schnürstiefel.«

Ich zuckte mit den Achseln. Was sollte ich hierauf erwidern. Es gab ja gar keine Alternative oder doch?

Der Meister Koch, ein liebenswürdiger Mann in einem schwer abzuschätzenden Alter, sah mich lange an.

»Junger Mann«, diese Anrede gefiel mir schon besser, »ich habe da hinten im Regal noch ein Paar orthopädische Schuhe mit einem hohen Schaft, deren Größe den für Sie notwendigen Maßen entsprechen würde. Sie fänden in deren Schaft einen viel besseren Halt als in diesen Schnürstiefeln, obwohl ich zugeben muss, dass sie aus feinstem Leder gefertigt worden sind. Ziehen Sie doch meine Schuhe mit den neuen Einlagen einfach einmal an, damit Sie spüren, in welchem Schuh Sie einen besseren Halt haben!«

Ich tat es. Es war ein tolles Gefühl. Das hätte ich nicht für möglich gehalten.

»Wie sind Sie überhaupt zu diesen Schnürstiefeln gekommen?«

Jetzt erzählte ich ihm die Geschichte von Anfang an und begann mit der Tauglichkeitsprüfung in Kassel. Ich war zu dieser Stunde der einzige Kunde. So konnte ich berichten. Herr Koch hörte mir aufmerksam zu. So erfuhr er von dem Vorgesetzten, der mit den Schnürstiefeln dem fußkranken Jungkanonier helfen wollte.

»Ich mache Ihnen einen Vorschlag«, sagte er und schaute auf das Verordnungsblatt, »Herr Jungkanonier Hans Partschefeld: Sie bekommen von mir die maßgefertigten orthopädischen Schuhe, und ich behalte Ihre Schnürstiefel! Die Schuhe stehen schon zwei Jahre in diesem Regal und wurden bislang nicht abgeholt. Es war ein Fremder, kein Hiesiger, der den Auftrag gab. In dieser schweren Zeit ist seither viel geschehen. Ich rechne nicht mehr damit, dass der damalige Kunde noch einmal hier erscheint.«

Ich bewegte den Kopf hin und her. Ich war unschlüssig.

»Herr Soldat«, der Meister erfand immer neue Anreden, »bedenken Sie dabei, Sie könnten hier im Ruhrgebiet in Gefangenschaft geraten. Ob dann der Feind die Bescheinigung Ihres Oberleutnants anerkennt oder vielmehr glaubt, Sie hätten möglicherweise die Leiche des Bomberpiloten gefleddert?«

Darauf fand ich keine Antwort. Solche Gedanken waren mir bisher überhaupt nicht gekommen. Andererseits konnte man eine solche Betrachtungsweise von Seiten des Gegners nicht völlig ausschließen.

»Bis zur Abfahrt Ihres LKW bleibt noch genügend Zeit. Setzen Sie sich dort in den Sessel und denken Sie über mein Angebot nach. Meine Schuhe und Ihre Einlagen würden Ihre Beschwerden gewiss wirksamer lindern als die bestimmt wunderbaren Schnürstiefel. Dem Stabsarzt dürfte es völlig egal sein, in welchen Schuhen Sie die von ihm verordneten Einlagen tragen. Entscheidend bleibt Ihr Wohlbefinden – und das Ausschließen möglicher Fehldeutungen durch alliierte Soldaten im Falle einer Gefangennahme!«

Der Meister hatte mich überzeugt.

»Ich nehme Ihr Angebot an!«

Er strahlte über das ganze Gesicht.

»Das ist eine vernünftige Entscheidung. Die werden Sie nicht bereuen!«

Während ich diesen Bericht schrieb, habe ich mit dem heutigen Chef von Koch und Brinkmann telefoniert. Herrmann Koch, der mich damals so gut beriet, lebt nicht mehr. Aber das Iserlohner Orthopädiehaus schien aufrichtig erfreut, dass ich diese Episode am Rande des damals zu Ende gehenden Krieges in diesem Bericht erwähne. Das trifft auch zu auf die Geschäftsleitung des inzwischen in »Marien-Krankenhaus« umbenannten damaligen »Maria-Hilf-Krankenhauses« in Bergisch-Gladbach. Es ist damals wie heute niemals etwas selbstverständlich. Warum sollte man daher verschweigen, wenn einem in einer bösen Zeit Gutes widerfuhr.

Ich bedankte mich ganz herzlich bei dem Meister. Er brachte mich noch zur Tür und winkte mir nach. Auf diese Weise blieben ein Paar herrliche Schnürstiefel in Iserlohn.

Die Rückfahrt nach Lüdenscheid verlief ebenso problemlos wie die Herfahrt. Aber wie so oft im Leben kam das »dicke Ende« nach! Schon von weitem sah ich Feuer und Rauch über der Kaserne aufsteigen. Aufgeregt standen meine Kameraden auf dem Platz der vor der Kaserne liegenden Baracken.

Was war in meiner Abwesenheit in oder mit der Kaserne geschehen? Alle redeten auf einmal auf mich ein. So verstand ich überhaupt nichts.

»Bitte, es soll nur einer reden!« Sie verstummten. Dann sprach nur noch der Stubenälteste, der Obergefreite Axel Schreiber:

»Also, es war so. Wir standen heute Morgen wie immer Schlag acht Uhr im Karree auf dem Kasernenhof. Hauptmann Treskow begann in Vertretung des Regimentskommandeurs gerade seine Ausführungen über den baldigen Einsatz einer Kompanie in Siegburg. In dem Augenblick glaubten wir, Flugzeuggeräusche zu hören, aber da war es schon zu spät. Plötzlich ratterten MGs, Geschossgarben schlugen im Karree ein. Einige der Männer fielen sofort um, manche rannten schreiend davon, andere blieben zunächst stehen, brachen dann zusammen, waren bestimmt mehr oder weniger schwer verletzt. Rufe ertönten: ›Hilfe, Sanitäter!‹ Der Posten am MG fiel vom Turm. Er war auf der Stelle tot.«

Ich schaute den Obergefreiten entsetzt an: »Wer hat denn geschossen?«

»Sechs Jagdbomber haben die Kaserne angegriffen. Sie sind offensichtlich Punkt acht Uhr mit gedrosselten Motoren über das hinter der Kaserne liegende Wäldchen geflogen und haben dann sofort mit Bordwaffen auf die im Viereck angetretenen Soldaten gefeuert. Außerdem wurden zwei kleinere Bomben abgeworfen, die gottlob auf freies Gelände gefallen sind.«

Man sah Axel Schreiber an, dass es ihm schwer fiel, darüber zu reden.

»Der Regimentskommandeur kam sofort herbei, hat zuallererst alle Maßnahmen zur Rettung der Verwundeten eingeleitet und dann befohlen, dass ab sofort auf diesem Kasernenhof kein Appell mehr stattfinden dürfe und das Antreten von Soldaten nur noch in kleinen Gruppen, verteilt auf das gesamte Kasernengelände, erlaubt wäre. Außerdem ordnete er an, dass auf dem weitläufigen Kasernengelände zum Schutz vor künftigen Luftattacken Schützenlöcher und Schützengräben auszuheben sind.«

Der Obergefreite holte tief Luft, schwieg dann aber doch, aber zwei andere Kameraden riefen nahezu gleichzeitig: »Das war die Vergeltung für den Abschuss des unbewaffneten Aufklärers am Vortag!«

Alle anderen nickten beifällig. Einer war voller Zorn: »Aber diesen Idioten am MG hat das Schicksal schnell ereilt! Er hatte doch gar keine Erlaubnis, auf den Aufklärer zu schießen! Nun ist es mit der Ruhe vorbei!«

»Das ist der Fluch der bösen Tat«, meinte ein anderer.

Ich fasste mich an die Stirn. Träumte ich oder war es Wirklichkeit. Nur durch puren Zufall war ich an diesem Tag in Iserlohn gewesen, weit weg von der Lüdenscheider Flakkaserne.

Hätte mich der Regimentskommandeur am vergangenen Samstag nicht erst für Dienstag, sondern bereits für den Montag zu sich befohlen, dann wäre ich vom Stabsarzt bereits gestern nach Iserlohn in Marsch gesetzt worden. Dann hätte auch ich heute Morgen auf dem Appellplatz gestanden.

Als würde der Stubenälteste meine Gedanken erraten, sagte er traurig: »Jungkanonier Partschefeld, auch zwei unserer Stubenkameraden sind tot: Peter Hillgruber und Otto Planitzki, Helmuth Berger wurde schwer verwundet, das wissen wir bereits! Die genaue Zahl der Toten und Verwundeten kenne ich jedoch noch nicht.«

Ich konnte nur den Kopf schütteln. Wie nannte man das: Dusel gehabt? Ist es nur reiner Zufall gewesen? Oder Fügung? Vielleicht war es die »Vorsehung«, die Hitler nach dem am 8. November 1939 in München im Bürgerbräukeller fehlgeschlagenen Anschlag und nach dem am 20. Juli 1944 in der Wolfsschanze missglückten Attentat beschworen hatte?

Das klare Denken kam zurück. Ich war überzeugt davon, dass der liebe Gott einfach nicht wollte, dass ich kleiner Kerl auf diese Weise, fern von meinen Angehörigen, das Erdendasein beenden sollte!

In mir freundlicherweise zugesandten Berichten aus Lüdenscheider Zeitungen der damaligen Zeit findet der beschriebene Angriff auf die Kaserne in Buckesfeld keine Erwähnung. Möglich, dass man damals – aus welchen Gründen auch immer – über das Ereignis und seine Folgen eine Nachrichtensperre verhängt hat. Noch gab es, selbst so kurz vor Kriegsende, keine Pressefreiheit im Deutschen Reich. Jedoch wurde mir ein Bericht zugesandt, den eine Kommission am 28. September 2001 der Bezirksregierung Arnsberg unter dem Titel

»Munitionsaltlasten auf Konversionsflächen« vorlegte. Daraus konnte ich entnehmen, dass in Lüdenscheid nur Bomben auf die Flakkaserne in Buckesfeld geworfen worden sind und nur dort Schützenlöcher und Schützengräben bestanden haben! Bei den beiden anderen Lüdenscheider Kasernen in Hellersen und am Baukloh waren Bombenangriffe und solche Schutzbauten nicht zu verzeichnen.

Diesen Report hat mir liebenswürdigerweise Herr Dr. Alexander v. Plato vom Institut für Geschichte und Biographie der Fern-Universität in Hagen überlassen.

Unübersichtlich und teilweise auch verworren wurde Ende März 1945 die Kampf- und Verkehrslage in einigen Gebieten in und um den gesamten Ruhrkessel herum. Weil diese Schilderung hier zu weit führen würde, habe ich sie als Anlage II in den Anhang aufgenommen.

Zeitungsberichten zufolge war man jetzt auch im Raum Lüdenscheid in der Eisenbahn und an anderen Orten und Plätzen seines Lebens nicht mehr sicher. Auch für Zivilisten verschärfte sich die Kriegslage in dieser Region außerordentlich. Tiefflieger griffen am 28. März 1945 einen Personenzug der Schmalspurbahn auf der Strecke Lüdenscheid–Altena zwischen den Ortschaften Altenroggenrahmede und Mühlenrahmede an. 36 Tote waren hierbei zu beklagen.

Am 1. April 1945 wurden drei deutsche Soldaten wegen angeblicher Fahnenflucht von einem Standgericht zum Tode verurteilt. Auf dem Gelände der Flakkaserne am Buckesfeld (!) erfolgte dann noch am 9. April 1945 deren Hinrichtung durch Genickschuss. Die Leichen hat man am gleichen Tag auf dem damaligen Adolf-Hitler-Platz öffentlich zur Schau gestellt! Das sollte abschreckend auf die Bevölkerung wirken.

Zwei Tage später begannen amerikanische Panzer mit der Beschießung der Stadt Lüdenscheid. Dadurch wurden wichtige Verkehrspunkte zerstört. Noch am 12. April 1945 sind zwölf Personen bei einem Luftangriff auf Trempershof getötet worden. Noch wenige Stunden vor der kampflosen Besetzung der Stadt Lüdenscheid durch amerikanische Truppen wurde auf Betreiben eines NS-Führungsoffiziers der als Nazigegner denunzierte Friseurmeister Hermann Masalsky erschossen.

Nach diesem »Zwischenfall« am 21. März 1945 entfielen also die gewohnten Morgenappelle. Stattdessen wurde die infanteristische Ausbildung der Flaksoldaten verstärkt. Übungen mit Handgranaten, Panzerfäusten, Maschinenpistolen und Scharfschießen mit dem Karabiner standen auf dem Dienstplan.

Am 27. März 1945, einem Dienstag, wurde ich zum Leutnant Meiser, dem Adjutanten des Regimentskommandeurs, gerufen: »Jungkanonier Partschefeld. Ich soll dir von Herrn Oberst v. Wertheim ausrichten, dass sich die Situation inzwischen dramatisch verändert hat. Daher unterbleibt die beabsichtigte Verlegung einer Lüdenscheider Flakeinheit zum Flakstützpunkt Siegburg, die dich bis nach Bergisch-Gladbach hätte mitnehmen sollen. Der Herr Oberst hält jedoch an seiner Entscheidung fest. Nur musst du dich nun allein nach Voiswinkel auf den Weg machen. Aber dass du dich allein durchschlagen kannst, hast du ja bereits bewiesen. Unser Chef traut dir also nach wie vor zu, dass du deine Flakbatterie dort findest. Deine Marschpapiere werden ausgefertigt. Der Herr Oberst unterschreibt sie selbst. Spätestens morgen solltest du aufbrechen. Ich selbst werde mich um eine Mitfahrgelegenheit für dich kümmern. Es ist durchaus möglich, dass morgen einer unserer LKWs nach Halver fährt. Der soll dort Ersatzteile abholen und könnte dich mitnehmen. Zwar sind es bis zu diesem Ort nur elf Kilometer, aber immerhin, einen Teil der Strecke bis Bergisch-Gladbach bzw. Voiswinkel hättest du dann schon mal hinter dich gebracht. Du musst dann weiter über Wipperfürth und Kürten nach Bergisch-Gladbach. Übrigens, der Herr Oberst hat mir befohlen, mit dem in der Nähe von Bergisch-Gladbach befindlichen Stab deiner Division Kontakt aufzunehmen. Noch funktionieren die Telefonverbindungen. Das kann sich aber stündlich ändern!

Jungkanonier Partschefeld, bereite dich gleich auf deine Abreise vor. Du musst jederzeit abrufbereit sein. Vorher bekommst du selbstverständlich deine Papiere! Unser Herr Oberst wünscht dir auf jeden Fall Hals- und Beinbruch!«

Der Leutnant gab mir ein Zeichen, dass ich gehen könnte. Zunächst war ich überrascht. Aber dann sagte ich zu mir selbst: »Hans, das schaffst du schon!«

Ich unterrichtete meinen Kompanieführer und verabschiedete mich bereits jetzt vorsichtshalber von meinen hiesigen Kameraden. Beneidet haben sie mich nicht. Allein auf sich selbst gestellt zu sein in einer solchen Situation, ist offensichtlich nicht jedermanns Sache. Ich verstand das, denn ich selbst suchte doch auch »meine Familie«, meine Flakbatterie.

Noch am Dienstagabend konnte ich meine Papiere abholen. Am Mittwochmorgen, man zählte den 28. März 1945, ging dann alles sehr schnell. Unser Wehrmachtsfahrzeug fuhr bereits um sieben Uhr los. So verließ ich Lüdenscheid. In Halver setzten sie mich ab. Nun stand ich wieder einmal allein auf weiter Flur. Aber Verzagen galt nicht. Ich hatte ja ein Ziel vor Augen und besaß ausgezeichnete Marschpapiere. Das war in dieser

Zeit für einen »allein reisenden« Soldaten eine regelrechte Lebensversicherung.

In Voiswinkel

Erst am Morgen des 1. April 1945, es war der Ostersonntag des Jahres 1945, fand ich in der Nähe von Bergisch-Gladbach, wohl bei der kleinen Ortschaft Unterboschbach, ganz hervorragend durch Netze getarnt, die Unterkünfte des Stabes der 7. Flakdivision. Fast hätte ich den Zugang zu dieser Anlage des Stabsquartieres verfehlt.

Praktisch vier volle Tage hatte ich für die Strecke von Lüdenscheid nach Bergisch-Gladbach benötigt. In einen Tieffliegerangriff bin ich nicht geraten. So konnte ich unter den gegebenen Umständen mit dieser Leistung ganz zufrieden sein.

Alles war doch gut gegangen. Erstaunlicherweise hatte es in den Kriegswirren jener Tage auch unterwegs noch mit der Verpflegung geklappt. Selbst eine Schlafgelegenheit hatte ich immer gefunden. Ich lebte und war endlich am Ziel, und nur das zählte!

Ein Hauptfeldwebel prüfte meine Papiere, die bis zum Erreichen der Ortschaft Voiswinkel galten. Ich informierte ihn zunächst kurz über meinen Weg von der Kölner Hohenzollernbrücke nach Bergisch-Gladbach, Bensberg, Wuppertal und Lüdenscheid und von dort aus hierher wieder zurück. Mein Ziel, sagte ich, sei Voiswinkel. Dort läge meine von Oberleutnant von Langsdorff geführte Flakbatterie.

Der Hauptfeldwebel kam aus dem Staunen gar nicht mehr heraus: »Jungkanonier Partschefeld! Ich freue mich, dass du nach dieser in den jetzigen Zeiten wohl ›Weltreise‹ zu nennenden Tour hier gelandet bist. Aber eine Nachricht oder eine Meldung über dein Kommen ist hier nicht eingetroffen. Aber wichtiger wird für dich sein, dass deine Batterie tatsächlich in Voiswinkel liegt und dass dieser kleine Ort nur wenige Kilometer von uns entfernt ist. Du musst nur hier von diesem Feldweg zurück auf die Landstraße, die Odenthaler Straße, dann läufst du direkt auf Voiswinkel zu!

Gegenwärtig flicken die Kanoniere deiner Batterie gerade die von Jagdbombern zerschossene Telefonleitung. Daher kann ich dich im Augenblick nicht mal schnell mit deinem Batterieführer verbinden. Jetzt erhole dich erst einmal bei uns, bevor du weiterziehst. Unsere Nachrichtenhelferinnen werden sich um dich kümmern.«

Er ging und verbreitete dann wohl im Stabsquartier die Kunde von dem kleinen 17-jährigen Flaksoldaten, der nach »Irrungen und Wirrungen« heimgekehrt sei! Aus dem Verhalten des Hauptfeldwebels schloss ich, dass meine Dienstauffassung in diesen Tagen nicht mehr als Selbstverständlichkeit angesehen wurde.

Offensichtlich hat sich dann meine Anwesenheit hier schnell herumgesprochen. Mehrere junge Nachrichtenhelferinnen kamen herbei. Darauf war ich nicht vorbereitet. Wann hatte ich denn zum letzten Mal solch nette, in ihren Uniformen gut gekleidete, hübsche junge Damen gesehen? Erst da kam mir zu Bewusstsein, dass ich ja nicht nur ein Soldat, sondern auch ein Mann war, wenn auch noch ein ganz junger. Ich atmete den Duft des Parfüms ein. Auch andere von diesen jungen Mädchen ausgehenden Reize blieben mir nicht verborgen. Da merkte ich sehr schnell, dass es auch noch eine andere Welt gab als das Elend und den Schrecken dieses Krieges.

Die »Blitzmädchen«, so wurden die Nachrichtenhelferinnen im Volksmund genannt, verwöhnten mich mit Bohnenkaffee und selbst gebackenen Leckereien, aber auch viele Küsse gab es auf jede Wange. Das gefiel mir natürlich am besten. Rückblickend kann ich sagen, ich bin dort »Hahn im Korb« gewesen.

Nach einer genussreichen Stunde mit Naschwerk, harmlosen Liebkosungen und Plaudereien über Alltägliches beendete der Hauptfeldwebel meinen kleinen Flirt mit den jungen Damen. War er vielleicht eifersüchtig?

»Jungkanonier Partschefeld, das lässt man sich wohl gefallen, wenn man erst 17 Jahre ist. Aber wir wollen doch jetzt wieder zum Ernst des Lebens zurückfinden. Ich glaube, der Zeitpunkt für deinen Marsch nach Voiswinkel ist gekommen!«

Er hatte ja im Grunde genommen Recht. Jetzt, kurz vor der Ziellinie durfte ich doch nicht schlappmachen. Es hieß, auch wenn es schwer fiel, den Verlockungen zu widerstehen. Die Mädchen lachten, drückten mich und gaben mir zum Abschied nochmals viele Küsschen auf die Wangen. Ich wurde ganz verlegen und bin bestimmt rot angelaufen. Jetzt war es des Guten zu viel! Ich zog los, wie befohlen. Dienst und Krieg hatten mich wieder im Griff.

Es war ein herrlicher Vorfrühlingstag, dieser Ostersonntag des Jahres 1945. Kein Wölkchen war am Himmel zu sehen, aber was noch wichtiger war, kein Jagdbomber ließ sich blicken. Man konnte meinen, in der Welt sei der Frieden eingekehrt.

Es schien auch so, als wäre ich auf der Odenthaler Landstraße der einzige Mensch oder nicht? Wenn ich mich richtig erinnere, wurde die Landstraße auf beiden Seiten von einer Allee begrenzt. Plötzlich sah ich auf der rechten Seite zwei Soldaten, die sich an einem der Bäume an der wohl zerrissenen Telefonleitung zu schaffen machten. Ehe ich das Geschehen überhaupt richtig erfassen konnte, rief einer der beiden Soldaten:

»Mensch, Felix, da kommt ja der Hans!«

Sie hatten mich viel früher erkannt als ich sie. Im Nu kletterten beide, es waren Felix Eisenmann und Friedbert Frühbaur, von den Bäumen herab, flogen mir regelrecht entgegen, packten mich, wollten mich überhaupt nicht mehr loslassen. Mein Karabiner lag auf der Straße. Beinahe hätte ich das Gleichgewicht verloren und wäre mit den beiden um ein Haar in den Straßengraben gestürzt.

Endlich konnte ich mich den Umarmungen meiner Kameraden entziehen. Fast wäre ich erstickt, sie hatten mich regelrecht umklammert. Jeder von uns hatte feuchte Augen.

»Ja, wo kommst du denn her? Wo warst du denn in den letzten Wochen?«

Ich war nicht fähig, sofort zu antworten, zu übermächtig war die Freude über das Wiedersehen. Minutenlang konnte ich nicht sprechen.

»Und wie geht es den anderen?«, brachte ich endlich heraus.

»Sie leben alle, Gott sei Dank! Auch dein Spezi, der Fritz! Zweifel über deine Rückkehr hat er nie aufkommen lassen. Sogar ein Quartier hat er für dich schon reserviert: in einem ›Dreimäderlhaus‹ in Voiswinkel! Kein anderer durfte dort hinein. Er ist richtig böse geworden, wenn einer das nicht respektieren wollte! Der Oberleutnant hat nur immer gelächelt und den Fritz gewähren lassen!«

Der Fritz ist schon ein toller Kerl, dachte ich im Stillen. So einen Freund findet man selten.

»Geh nur jetzt. Die Telefonleitung hat Vorrang. Wir kommen nach. Das Wiedersehen feiern wir später!«

Ich warf den Karabiner über die Schulter und lief jetzt, so schnell ich konnte, nach Voiswinkel hinein. Ein

alter Herr zeigte mir den Weg zur Unterkunft des Oberleutnants. Wahrscheinlich kannte hier schon jeder Einwohner unseren Batterieführer.

Ein Posten stand vor dem Hause, in dem der Oberleutnant Quartier bezogen hatte. Ich nannte ihm meinen Namen. Er hatte schon von mir gehört.

»Geh nur ins Haus, der Leutnant ist bei ihm.«

Die Tür stand offen. Da kamen mir meine beiden
Vorgesetzten aus dem oberen Stockwerk entgegen. Im
Flur des Erdgeschosses erkannte mich von Langsdorff
sofort. Ich kam gar nicht dazu, mich militärisch korrekt
zurückzumelden.

Der Oberleutnant nahm mir den Karabiner aus der
Hand und drückte mich erst einmal an seine Brust, wie
es ein Vater nicht besser hätte tun können. Dann hielt er
minutenlang meine Hände fest.

Dagegen starrte mich der inzwischen zum Leutnant
beförderte Oberfähnrich – ich sah es sofort an den Ach-
selstücken – mit weit aufgerissenen Augen an, als wäre
ich ein Gespenst.

»Mein Junge«, sagte der Oberleutnant, »ich freue
mich, dass du zur Batterie zurückgefunden hast. Wir
haben dich vermisst!«

Ich versuchte, Haltung zu bewahren. Ein solcher
Willkommensgruß übertraf alle meine Erwartungen.
Jetzt wusste ich, meine »Familie«, die Batterie, hatte
mich wieder aufgenommen.

Sawitzki schwieg noch immer. Wahrscheinlich beein-
druckte ihn meine Rückkehr. Ich hätte es ihm auch nicht
verübeln dürfen, wenn er mich nach der langen Abwesenheit schon von seiner Personalliste gestrichen hätte.
Seit fast vier Wochen war ja kein Lebenszeichen von mir
zu den beiden Offizieren gelangt. Aber wie hätte ich das
auch anstellen sollen?

»Der verlorene Sohn ist heimgekehrt!« Jetzt hatte auch der Leutnant seine Sprache wiedergefunden und reichte mir die Hand. Noch immer war ja Sawatzki mein direkter Vorgesetzter. Jetzt lächelte auch er.

Ich sagte nur schlicht: »Herr Oberleutnant und Herr Leutnant, Jungkanonier Partschefeld meldet sich zum Dienst zurück!«

»Na, das wird ja auch Zeit nach dieser wochenlangen Bummelei!«, lachte der Oberleutnant. Beide gaben mir ein Klaps auf den Oberarm und strahlten. Solche Vorgesetzte wünscht sich ein Soldat für jeden Tag!

»Heute, am Ostersonntag, ist das Mittagessen seit zwölf Uhr in der hierfür eingerichteten Scheune im Gange. Unser Koch hat das ihm zur Verfügung gestellte Waschhaus umfunktioniert. Wir kennen ihn ja als Meister der Improvisation. Außerdem klappt die Versorgung mit Lebensmitteln trotz aller Widrigkeiten durch die ständigen Tieffliegerangriffe noch immer erstaunlich gut. Not gelitten haben wir in Voiswinkel noch nicht. Im Gegenteil, wir konnten sogar an unsere Quartiergeber hier am Ort Lebensmittel abgeben, die von den Einwohnern kaum noch beschafft werden können. Kranke Einwohner und die Kinder bekommen von uns, wenn sie es wollen, täglich eine warme Mahlzeit!«

Ich staunte! Aber so war unser Oberleutnant. Wir Jungen hätten keinen besseren Batterieführer finden können. Jeder von uns bewunderte ihn. Von Langsdorff verlangte zwar von jedem Kanonier Disziplin, Diensteifer und Pflichterfüllung, aber er teilte auch mit den Soldaten deren Sorgen, kümmerte sich um sie, war für sie da, wenn sie ihn brauchten. Nie kehrte er den Vorgesetzten heraus. Das hatte er gar nicht nötig. Ein jeder in der Batterie brachte ihm Achtung und Respekt entgegen. Er war der unbestrittene »Chef«!

»Den Fritz findest du auch in dieser Straße, nur zwei Häuser weiter. Der wird dich über alles informieren, was du jetzt über die Batterie an diesem Standort wissen musst. Vielleicht ist er auch schon zum Mittagessen gegangen. Ich werde anordnen, dass sich alle Kanoniere und Vorgesetzten heute Abend um 20 Uhr in unserer Scheune treffen. Dann kannst du uns allen deine Geschichte erzählen! Wie unser Rückzug zum Rhein vor sich gegangen ist, da kennt sich der Fritz Hildebrandt am besten aus. Auf jeden Fall sind deine gleichaltrigen Kameraden alle wohlauf!

Eine schlimme Nachricht habe ich allerdings auch für dich, und die will ich dir nicht verschweigen: Kurz vor unserem Rückzug zum Rhein sind Ernst Kuzorra und sechs seiner Männer gefallen. Die MG-Garbe eines Tieffliegers hat sie am Vormittag des 5. März 1945 erwischt. Du bist doch mit ihm befreundet gewesen?«

»Jawohl, Herr Oberleutnant!«

So fiel ein riesiger Wermutstropfen in meinen Becher der Freude. Den Ernst, den Kölner, hatte es erwischt. Ich war tief betroffen. Er hatte doch drei Kinder. Der Krieg kannte keine Gnade.

Ich suchte nun den Freund. Von Langsdorff und Leutnant Sawatzki gingen zum Mittagessen.

Ich war noch nicht weit gekommen, da sah ich ihn, den Fritz. Er hatte das Haus seiner Quartiersleute gerade verlassen, drehte mir den Rücken zu.

»Hallo, junger Freund!«, rief ich.

Er fuhr herum, als hätte ihn ein Insekt gestochen, sah mich, stürzte auf mich zu, schnell konnte ich noch den Karabiner an eine Hauswand lehnen und den Rucksack abstreifen. Aber dann gab es kein Halten mehr.

»Der Hans ist da, der Hans ist da, der Hans ist da!« Er tanzte um mich herum, der große Kerl, drehte mich mit herum, dass mir ganz schwindlig wurde. Aber dann umarmte er mich, schon ein Brocken von Mann in seinem Alter. Da kam ich mir vor wie Pat und Patachon. Gegen den wollte ich nicht im Ringkampf antreten!

Um auszudrücken, was wir empfanden, bedurfte es keiner Worte. Ich sah, wie ihm die Tränen herunterkullerten. Aber auch ich war nicht weit davon entfernt, in Tränen auszubrechen. Um die anderen kümmerten wir uns nicht. Wir waren nur mit uns selbst beschäftigt. Es dauerte eine Weile, ehe wir wieder in die Gegenwart zurückkehrten.

»Na, verändert hast du dich nicht! Wo bist du nur gewesen die vielen Wochen? Hast wohl unterwegs ein nettes Mädchen getroffen? Wir warten hier auf den Feind und du hast wohl mit einer schönen Frau im Bett gelegen? Ja, diese Kleinen, die haben es faustdick hinter den Ohren. Als Großer, da muss man sich abrackern und mühen, den Kleinen fällt alles in den Schoß!

»Ja, Fritz, ich gebe es ja zu, ich war immer nur der kleine schutzbedürftige, 17-jährige Flaksoldat. Aber was kann ich dafür, dass ich klein und du groß bist!«

»Ich kenn dich, Kleiner, dann verdrehst du auch noch deine wunderschönen blauen Augen, und dann sind die Mädchen hin. Ich habe schon manchmal gedacht, wie macht der kleine Kerl das bloß, spielt den Schutzbedürftigen und weckt dann bei den Frauen mütterliche Instinkte!«

Aber dann haben wir beide nur noch gelacht. Der Krieg war uns völlig gleichgültig. Einige Dorfbewohner, die uns begegneten und, trotz aller Gefahren, den obligaten Osterspaziergang unternehmen wollten, schauten uns im Vorbeigehen merkwürdig an. Aber das berührte uns nicht. Das war jetzt unsere Welt. Unendlich glücklich waren wir, weil jeder von uns beiden die vergangenen Wochen unbeschadet überstanden hatte.

»Komm, lass uns essen gehen, dann haben wir Zeit für unsere Geschichten!«

Unterwegs trafen wir noch den Bärenreuther. Erst tat er so, als hätte er mich nicht erkannt. Aber dann begrüßte auch er mich sehr herzlich.

»Ich hab schon gedacht, du hättest die Fronten gewechselt.«

Ich schaute ihn böse an. Aber ehe ich mich verteidigen konnte, blaffte ihn bereits der Fritz an:

»Du hast wohl nicht alle Tassen im Schrank! Der Hans hat beim Arzt sein Fußleiden verschwiegen, hat nie geklagt über seine Beschwerden, hat immer tapfer an seinem Drilling gestanden! Und jetzt ist er wieder hier bei uns! Das mach ihm erst mal nach, du langer Lulatsch! Beinahe hättest du im Benrather Staatsforst unseren Sawatzki erschossen, hattest damals wohl Tomaten auf den Augen. Und jetzt traust du dem Hans so etwas zu?«

Fritz war richtig giftig geworden, und wenn der zornig wurde, war mit ihm nicht zu spaßen. Da ging man ihm besser aus dem Wege. Das tat auch der Bärenreuther, obwohl er den Fritz bestimmt um zehn Zentimeter überragte: »Das sollte doch nur ein Scherz sein!«

»Schöner Scherz, dem Hans die Ehre abzuschneiden. Der liebt sein Vaterland. Und der kennt sich in der Geschichte aus. Der weiß schon mit 17 Jahren mehr über Friedrich den Großen als mancher Professor!

»Ich entschuldige mich beim Hans!«

»Das will ich dir auch geraten haben!«

Fritz wurde nun wieder ruhiger.

»Ich nehme die Entschuldigung an!« Ich wollte den Frieden wiederherstellen und reichte dem Bärenreuther die Hand. Fritz tat das nicht. Er grollte noch.

Jetzt hatte der Bärenreuther die Nase voll. »Geht mal weiter. Ich muss nochmal zurück in mein Quartier, habe etwas vergessen!«

»Fritz«, redete ich besänftigend auf ihn ein, »das war bestimmt nur ein Scherz!«

Aber dem Fritz fehlte das Verständnis für solche Scherze: »So etwas sagt man einfach nicht!«

Inzwischen waren wir an der Scheune angelangt. Die Nachricht von meiner Rückkehr schien sich schon herumgesprochen zu haben. Ich wurde umringt von meinen gleichaltrigen Kameraden. Jeder wollte mir die Hand drücken.

»Heute Abend erzähle ich euch alles!«

Nach dem Essen suchten wir zwei, Fritz und ich, im Dorf hinter einer Mauer, abgeschirmt von einer mächtigen Linde, einen ruhigen Platz. Und dann begann der Fritz zu erzählen:

»Also, du bist doch am frühen Morgen des 5. März 1945, es ist ein Montag gewesen, zur Hohenzollernbrücke marschiert. Danach informierte der Oberleutnant die ganze Mannschaft, der Divisionsstab habe ihn vor Panzerangriffen gewarnt. Noch im Laufe des Tages sei mit dem Auftauchen amerikanischer Panzer zu rechnen. Da die Sturmboote uns frühestens in den Abendstunden auf die rechtsrheinische Seite bringen könnten, sollten wir erst kurz zuvor die Sprengung der Geschütze, Granaten und Vorräte vornehmen.

Und dann kamen sie! Ein ganzes Rudel vom Typ Sherman, bestimmt 15 schwere Panzer. Sowohl die sechs großen Geschütze als auch unsere beiden kleinen Kanonen hatten panzerbrechende Granaten im Rohr bzw. entsprechende Patronen im Magazin. An den Drillingen standen die Mannschaften des Arnold Bärenreuther und des Lorenz Kaiser. Meine Gruppe und die des Felix Eisenmann waren als Reserve sprungbereit. Der Oberleutnant ließ uns zu sich kommen. Auch der Oberfähnrich war bei ihm. Noch waren die Panzer außer Schussweite, aber die Amerikaner feuerten bereits, ohne unsere Stellung zu erreichen. Die wollten sich wohl selbst Mut machen mit der Ballerei!

Der Oberleutnant beobachtete mit dem Fernglas die auf unsere Stellung zurollenden Ungetüme. Vielleicht waren sie jetzt noch 3000 Meter von uns weg. Ich lag nur zwei Meter entfernt neben dem Oberleutnant, etwas verdeckt durch den doch wohl nicht einmal einen Meter hohen Zuschauerdamm. Unser Chef war die Ruhe selbst. Er hatte angeordnet, dass wir nur auf seinen ausdrücklichen Befehl hin das Feuer der Panzer erwidern sollten.

Die Kanoniere hatten die Geschützrohre der ›Acht-Acht‹ ganz heruntergelassen. Auch bei denen war keine Unruhe zu erkennen. Bestimmt war eine solche Situation für die Altgedienten nicht neu, einige von ihnen, wie unser Ernst Kuzorra, sind ja 1943 in der Panzerschlacht bei Kursk zur Unterstützung unserer Tiger-Panzer eingesetzt worden. Aber für uns Junge war das neu. Das Rattern der Panzerketten geht einem schon durch und durch, wenn man das zum ersten Mal erlebt. Da bekommt man schon das große Muffensausen. In dieser Situation habe ich begriffen, dass mancher in Russland das Hasenpanier ergriffen hat, wenn Hunderte von T 34 in die deutsche Front eingebrochen sind. Oft hat erst ein in Reserve gehaltenes Flakregiment mit der ›Acht-Acht‹ die Panzer zum Stehen gebracht.

Ich hörte den Oberleutnant sagen, dass die Shermans noch 2500 Meter von uns entfernt wären. Aber noch immer gab er nicht den von uns Jungen nun sehnlich erwarteten Feuerbefehl. Es gehören schon eiserne Nerven dazu, auf die günstigste Schussposition zu warten. Da rief der Oberfähnrich den Mannschaften zu: ›Die Panzer kommen ohne Infanterie!‹ Alle waren erleichtert. Uns Jungen fiel ein Stein vom Herzen.

Und dann kam der Befehl: ›Feuer!‹ Rums machte es. Alle sechs schweren Geschütze feuerten zeitgleich auf die jetzt doch bedrohlich näher kommenden Tanks.

Gleich die erste Salve hatte gesessen. Sechs Panzer waren getroffen! Ein tolles Ergebnis! Salve auf Salve verließ unsere Geschütze. Das war eine eingespielte Mannschaft. Lautstark rief der Oberleutnant: ›Sie drehen ab! Feuer einstellen!‹

Zwei Panzerbesatzungen hatten ihre getroffenen Panzer verlassen. Aber der Oberleutnant gab unseren Jungen an den beiden Drillingen nicht die Erlaubnis, mit unseren 2-cm-Geschossen auf die fliehenden Amerikaner zu feuern. Wir hätten sie sonst alle erwischt.

Die Amerikaner dankten dem Oberleutnant diese ritterliche Geste nicht. Zehn Minuten später kamen mehrere Jagdbomber. Sie sind bestimmt per Funk von den Panzerbesatzungen herbeigerufen worden. Sie kamen überraschend im Tiefflug und schossen aus allen Rohren. Das Geschütz ›Hannibal‹ wurde getroffen. Ernst Kuzorra ist dabei mit sechs seiner Männer gefallen. Das Geschütz selbst war nicht mehr funktionsfähig. Das brauchten wir nicht einmal mehr unbrauchbar zu machen.

Unsere Drillinge haben diese weitere Bewährungsprobe glänzend bestanden. Ich selbst habe drei Abschüsse beobachtet. Auch unsere Rundumbefestigungen mit Sandsäcken haben gehalten.

Inzwischen war es Mittag geworden. Der Oberleutnant beriet sich mit dem Oberfähnrich und seinen Unteroffizieren. Es wurde beschlossen, keine weiteren

Panzer- und Jaboangriffe mehr abzuwarten, sondern die Sprengsätze jetzt zu zünden und dann in kleinen Gruppen zum Treffpunkt Mülheimer Brücke zu laufen. Dort sollten wir in den Trümmern zerbombter Häuser, zerstörter Fabriken und vielleicht noch intakten Hafenanlagen der Binnenschifffahrt in Deckung gehen und auf die Sturmboote warten. Der Divisionsstab stimmte dieser Vorgehensweise zu.

Der Oberleutnant hat uns 19 Jungen mit dem Oberfähnrich vorausgeschickt. Er wollte es uns wohl ersparen, die Sprengung unserer Geschütze mit ansehen zu müssen. Es ist zu keinen weiteren Kampfhandlungen gekommen. Nach dem Einsetzen der Abenddämmerung haben uns die Pioniere auf ihren Sturmbooten ohne weitere Verluste übergesetzt.

Am nächsten Morgen hörten wir noch den Gefechtslärm aus dem Kölner Zentrum. Von der Sprengung der Hohenzollernbrücke, die an diesem 6. März 1945 wohl unmittelbar bevorstand, haben wir nichts mehr mitbekommen.

Von Köln aus ging es mit LKWs zunächst über die Bergisch-Gladbacher Straße, links vorbei an dieser Stadt, nach Voiswinkel. Wir haben Bergisch-Gladbach also nicht links, sondern rechts liegen gelassen«, beendete Fritz seinen Bericht.

»Und ich lag an diesem Tag im Maria-Hilf-Krankenhaus in Bergisch-Gladbach. Da hättet ihr mich eigentlich aufsammeln können. Dann wäre mir die 25-tägige Odyssee durch den Ruhrkessel nach Wuppertal und Lüdenscheid erspart geblieben! Ja, so nah waren wir uns und konnten doch nicht zusammenkommen. Das war ja bald so wie bei den Königskindern«, entgegnete ich.

»Aber jetzt sind wir wieder zusammen, und nur das zählt«, meinte der Fritz.

»So«, sagte Fritz, »jetzt bring ich dich erst einmal in dein Quartier, das ich seit mehr als drei Wochen für dich reserviert habe.«

Jetzt war ich aber gespannt. Es war ein von außen sehr schönes Einfamilienhaus. Hatte der Eisenmann nicht von einem »Dreimäderlhaus« gesprochen? Aber Fritz hüllte sich in Schweigen. Er stellte mich den Eigentümern vor, dem Ehepaar Marianne und Stephan Biesenbach. Es waren sehr nette Leute. Ich schätzte den Hausherrn auf etwa 50 Jahre, die Hausfrau mochte wohl ein paar Jahre jünger sein. Sie nahm mir Mantel, Karabiner und Rucksack ab und bot mir Platz im Wohnzimmer an.

Ihre ganze Sorge gelte ihren drei Töchtern im Alter von 25, 20 und 17 Jahren, erzählte der Hausherr. Die älteste von ihnen, Marianne, sei bereits verheiratet, der Mann diene als Unteroffizier bei den Pionieren in Nordnorwegen, man warte schon seit längerer Zeit auf einen Feldpostbrief von ihm. Die zweitälteste Tochter, Stephanie, auch verheiratet, lebe bei ihren Schwiegereltern in Leverkusen. Ihr Mann sei wegen eines Magenleidens nicht eingezogen worden. Er arbeite in den Bayer-Werken. »Unsere Jüngste, die Waltraud, die ja erst 17 Jahre alt ist, hat sich in diesen schwierigen Zeiten noch nicht gebunden. Nicht einmal einen Freund gibt es. Wir freuen uns jedenfalls, dass wir Sie aufnehmen können, denn das Zimmer von der Stephanie ist frei.«

Herr Biesenbach zog an seiner Pfeife. Mutter Marianne war gegangen, um den Kaffee und den selbstgebackenen Kuchen zu servieren. Es sei ja schließlich Ostersonntag und sie hätte jetzt einen ganz jungen Soldaten, um den sie sich ein wenig kümmern müsse. Fritz schaute mich an. Er brauchte gar nichts zu sagen. Ich wusste schon, was er dachte: »Da sieht man es wieder, der Kleine erscheint, wird sofort umsorgt und bemuttert. Klein müsste man sein!«

Und dann kam sie, die 17-Jährige, die Ungebundene, ja, ich musste gleich ergänzen, die Schöne, die Liebliche. Was war nur los mit mir? Ich konnte den Blick nicht von ihr wenden. Fritz stieß mich in die Seite. Er hatte bemerkt, dass ich Feuer gefangen hatte. War das denn ein Wunder? Als junger Soldat musste man leben wie ein Asket. Waltraud war bestimmt nicht größer als ich, trug das Haar sehr lang und hatte eine tolle Figur. Ich bemerkte natürlich sofort, dass ich ihr auch nicht unsympathisch war. Ihr Augenaufschlag verwirrte mich vollends.

Fritz erzählte dem Hausherrn einige Episoden aus unserer Verbindung. Ich hörte überhaupt nicht zu. Herr Biesenbach lachte einige Male hell auf, und ich wusste nicht, warum. Wer weiß, was der Fritz wieder für Geschichten auftischte?

Es wurde Kaffee getrunken und der Kuchen verzehrt. Dann zeigten mir Mutter und Tochter mein Zimmer, das früher die Tochter Stephanie bewohnt hatte. Ich verabschiedete mich artig von den beiden. Nur jetzt keinen schlechten Eindruck hinterlassen! Fritz war beim Hausherrn verblieben. Schließlich waren sie doch bei dem Thema »Krieg« angekommen – gut, dass wir jetzt gehen mussten.

Wir liefen zu dem vom Oberleutnant angesetzten Treffen. Er schilderte die Frontlage im Süden. Über die anderen Fronten würden ihm keine Nachrichten vorliegen. Noch immer würden unsere Truppen die Stellungen zwischen Siegburg und Siegen halten. Insbesondere der Flakstützpunkt Siegpark könnte über große Erfolge bei der Bekämpfung von Panzerverbänden einer neu eingesetzten, aber noch unerfahrenen amerikanischen Panzerdivision melden. Der ganze Rhein von Köln bis Düsseldorf sei jetzt Frontlinie geworden. Von linksrheinischer Seite aus würde die amerikanische Artillerie Ziele auf rechtsrheinischem Gebiet beschießen. Als Zuhörer musste ich da sofort an meine Erlebnisse in Bergisch-Gladbach denken.

Dann habe ich wohl eine Stunde lang der ganzen Mannschaft von den Stationen meiner Irrfahrt erzählt. Die Begegnung mit den Holländern in Wuppertal erwähnte ich in diesem Kreise jedoch nicht. Nur dem Oberleutnant habe ich am folgenden Tag davon erzählt, und zwar unter vier Augen.

Der schüttelte nur den Kopf: »Jungkanonier Partschefeld, das hätte aber böse enden können!«

Auch Fritz weihte ich ein, und er meinte: »Mein lieber Hans, da hast du aber Glück gehabt. Die Wunden bei den von uns schon seit 1940 besetzten Ländern sind noch immer frisch. Da weiß man nie, wie solche Leute, auch ganz junge, reagieren!«

Er versprach mir jedenfalls, gegenüber Dritten kein Wort hierüber zu verlieren.

In Stephanies Bett habe ich ausgezeichnet geschlafen. Mutter Marianne ließ es sich nicht nehmen, mir bis auf Weiteres, zu welcher Uhrzeit auch immer, ein Frühstück zu bereiten. Der Dienst begann um acht Uhr, wenn man überhaupt von einem Dienst im Sinne unserer Aufgaben im Benrather Staatsforst und Weidenpesch sprechen konnte. Es gab keine Geschützstellungen. Zwar hatte der Oberleutnant vier schwere Geschütze aus einem Depot beschaffen können, aber keine leichte Flak zur Abwehr von Tieffliegern. Die vier Geschütze standen gut getarnt in einem Waldgebiet, das sich bis zum Frankenberg erstreckte. Über große Munitionsbestände verfügten wir nicht, doch über eine Menge Panzerfäuste und Stielhandgranaten. Mit all diesen Waffen war jedoch kein Staat zu machen. Aber noch immer ließ die Verpflegung keine Wünsche offen. Einstweilen verfügten die Wehrmachtsdepots über ausreichende Bestände. Aber wie lange würden die Vorräte reichen? Darauf konnte keiner eine Antwort geben.

Am Tag der Rückkehr zu meiner Einheit, dem 1. April 1945, schlossen die Amerikaner bei Lippstadt westlich von Paderborn den Ruhrkessel. »Sack« nannten die Amerikaner diesen Kessel. Der »Sack« verlief im Westen von Siegburg, Bonn, dann am Rhein entlang bis Düsseldorf, machte einen Bogen nach Duisburg, zog sich im Norden von Duisburg über Herne bis Werl, im Osten von Werl über Meschede bis Siegen und im Süden von Siegburg bis Siegen, die so genannte Sieg-Linie.

Noch wenige Tage zuvor, am 28. und 29. März 1945, hatten sich an der Nordfront des Kessels dramatische Vorgänge abgespielt.

Während es an der Südfront, also an der Sieg-Linie, nach dem 1. April 1945 noch etwa zehn Tage relativ ruhig blieb, verstärkten die amerikanischen Truppen ihren Druck auf die deutschen Stellungen im Norden und Osten des Kessels. Feldmarschall Model musste am 8. April 1945 seinen Gefechtsstand in das für fremde Truppen schwer zugängliche Sauerland nach Lüdenscheid verlegen.

Feldmarschall Model setzte schließlich seinem Leben selbst ein Ende. Er ist am 21. April 1945 von seinem Adjutanten, Oberst Pilling, im Wald zwischen Lintorf und Werdau südlich von Duisburg tot aufgefunden worden. Zuvor aber hatte der Feldmarschall am

17. April 1945 im Einvernehmen mit General Wagner die ihm unterstellte Heeresgruppe B in einem in der Militärgeschichte wohl einmaligen Dokument für aufgelöst erklärt, um nicht formell kapitulieren zu müssen.

An dem genannten Tag haben sich die letzten im Ruhrkessel befindlichen Verbände der deutschen Wehrmacht den alliierten Streitkräften ergeben. Insgesamt sind mehr als 325 000 deutsche Soldaten dort in Gefangenschaft geraten.

Die Nachrichten über die militärische Lage unserer im Ruhrkessel eingeschlossenen Heeresgruppe wurden von Tag zu Tag spärlicher. Auch von Süden her rückte die Front immer näher. Wir, die alten wie die jungen Flaksoldaten, lagen hier in Voiswinkel und harrten der Dinge, die da kommen würden. Auch wir Jungen spürten, dass die Befehlsstrukturen zusammenbrachen. Der Wehrmachtsbericht, den wir hörten, verhieß für unser Kampfgebiet nichts Gutes, ließ keinerlei Hoffnung auf eine Wende aufkommen, und wenn erst einmal die Hoffnung erlischt, ist das Ende nahe.

Mein persönliches Glück war es in dieser bewegten Zeit, dass sich zwischen Waltraud und mir eine bittersüße Romanze entwickelte. Da die tägliche Dienstzeit schrumpfte, konnten wir uns häufig treffen. Waltraud kannte ja alle Winkel, Scheunen und Ställe in dieser Ortschaft, wo sich Verliebte ein Stelldichein geben konnten. Sogar eine kleine verlassene Jagdhütte entdeckten wir. Wir haben uns geküsst und liebkost. Wohl hätte ich gern auch noch das letzte Geheimnis Verliebter mit ihr geteilt, aber das konnte ich nicht verantworten. Was würde geschehen, wenn ein Kind die Folge wäre? Die Amerikaner würden in wenigen Tagen nach Bergisch-Gladbach und damit auch nach Voiswinkel kommen.

Mein Schicksal stand daher in den Sternen. Auf dieser Grundlage konnte man der Liebe keinen freien Lauf lassen.

Waltraud hat in jenen Tagen viel geweint. Mein Trösten half da wenig. Keiner von uns beiden wusste, was kommen würde. Das sah sie ein. Aber ich gebe zu, dass wir manchmal nahe daran waren, die Beherrschung zu verlieren. Es hat unheimlich viel Kraft gekostet, mich ihren Wünschen zu versagen. Es war doch so wunderschön, wenn wir uns aneinander schmiegten.

Noch einmal sind wir mit Unteroffizier Szymanek, unserem Fourier, nach Altenberg, einem wunderschön gelegenen Ortsteil von Odenthal gefahren, um aus einem dort in der Nähe gelegenen Wehrmachtslager Proviant zu holen. An jenem Tage, es muss der 10. oder 11. April 1945 gewesen sein, konnten wir uns freilich keinen Besuch des sehenswerten Altenberger Domes erlauben. Denn wir hatten die Zugmaschine und den Hänger voll gestopft mit Proviant. Unser Unteroffizier saß vorn neben dem Fahrer. Fritz und ich hockten auf der Ladefläche der Zugmaschine, Johann Römer und Helmut Kemper auf dem Hänger.

Auf der Straße von Altenberg nach Odenthal sind wir einem unendlich langen Zug russischer Kriegsgefangener begegnet, die in Richtung Burscheid liefen. Es waren elende Gestalten in verdreckten, zerrissenen Uniformen und zerfetzten Schuhen. Manche liefen sogar barfuß. Man sah diesen Menschen an, dass sie vielleicht schon einige Tage nichts zu essen bekommen hatten. Ausgemergelt waren sie, und hilflos wirkten sie. Bewacht wurden die Kriegsgefangenen von einem Trupp müder Volkssturmmänner.

Ohne jede Absprache, wie auf ein geheimes Kommando hin, warfen wir Unmengen von Brot und Obst in die Kolonne. Die Volkssturmmänner schauten weg. Wir sahen die abgestumpften Gesichter der unrasierten Gefangenen. Sie konnten nicht sprechen, und wenn sie etwas gesagt hätten, hätten wir es nicht verstanden. Aber ihre Augen bekamen wohl ein wenig Glanz, einige winkten und wollten uns damit danken.

Wir taten es, ohne daran zu denken, dass wir vielleicht in wenigen Tagen auch Gefangene sein könnten. Noch heute, mit 77 Jahren, kann ich mich daran erinnern und denke, es war gut, was wir damals getan haben. Unser Glück war, dass der Elendszug nicht von SS-Leuten bewacht wurde. Die hätten uns garantiert auf der Stelle erschossen!

Der Oberleutnant merkte, dass selbst wir Jungen nun zweifelten, dass die Stimmung zu kippen drohte. Er hatte ein feines Gespür für »atmosphärische Störungen« innerhalb seiner Einheit. Er wusste, dass er »seinen Jungen« eine Aufgabe stellen musste, die zumindest deren Widerstandswillen beleben könnte. Am Spätnachmittag des 12. April 1945, es war ein Donnerstag, riefen er und der Leutnant uns 20 Jungen zu sich.

»Meine Jungen«, es klang merkwürdig feierlich, »wir zwei, euer Leutnant und ich, haben beschlossen, mit einem kleinen Verband den Durchbruch durch die amerikanischen Linien zu wagen. Letzten Informationen zufolge – der Divisionsstab hat sich endlich mal wieder gemeldet – stehen die amerikanischen Panzer nur noch wenige Kilometer von Bergisch-Gladbach entfernt. Ihr 20 Jungen sollt versuchen, durch diese Stadt und den sich anschließenden weitläufigen Königsforst Anschluss an die im Süden noch kämpfenden deutschen Truppen zu gewinnen! Euer Leutnant, den ihr ja als tapferen Mann kennen gelernt habt, wird euch anführen. Morgen in aller Herrgottsfrüh fahrt ihr mit zwei Zugmaschinen bis zur Stadtgrenze von Bergisch-Gladbach, geht auf der Odenthaler Straße bis zum Stadtzentrum und versucht dann das Waldgelände zu erreichen. Wir geben euch Panzerfäuste und Handgranaten und auch einige Maschinenpistolen mit, außerdem für mehrere Tage Lebensmittel und Trinkwasser. Über alles Weitere entscheidet Leutnant Sawatzki an Ort und Stelle.«

Das hatten wir nicht erwartet. Unsere Stimmung besserte sich ein wenig. Zugleich dachten wir, nun löst sich unsere Batterie auf. Alles Mögliche ging mir und bestimmt auch meinen Kameraden durch den Kopf. Aber die Entscheidung war gefallen. Wie immer war ein Befehl eben ein Befehl!

Es galt nun Abschied zu nehmen von Voiswinkel. Einige von uns Jungen wurden damit betraut, noch am gleichen Abend unsere Ausrüstung auf die beiden Zugmaschinen zu verladen. Das Wecken wurde auf fünf Uhr, die Abfahrtszeit auf sechs Uhr festgelegt. Ich war freigestellt und ging daher in mein Quartier. Meine Neuigkeit stimmte alle traurig. Mutter Biesenbach weinte, Waltraud tauchte auf, wir küssten uns, dann weinte auch sie. Herr Biesenbach sagte kein Wort und vergaß selbst die heiß geliebte Pfeife zu stopfen. Er wirkte wie abwesend. Vielleicht dachte er auch an die Nachrichten über das Vordringen der Amerikaner. Würde es hier in Voiswinkel zu Kämpfen kommen?

Herr Biesenbach schaltete das Radio ein. Der Wehrmachtsbericht meldete: »Im Ruhrgebiet und im Bergischen Land warf der Feind neue Divisionen in die Schlacht. Trotzdem blieb dem Gegner, der in diesen Kämpfen über 50 Panzer verlor, der erstrebte Durchbruch wiederum versagt.«

Während des Abendessens, das ich im Kreise der Familie Biesenbach einnahm, fiel kein Wort. Vater, Mutter und Tochter Waltraud schauten nur immer wieder zu mir. Aber auch mir war nicht zum Reden zumute.

Bereits um 21 Uhr bin ich zu Bett gegangen, habe jedem Familienmitglied nochmals die Hand gedrückt und mich für alle Fürsorge bedankt. Mutter Biesenbach drückte mich fest an sich, dann verließ sie fluchtartig die große Küche. Wahrscheinlich konnte sie ihre Tränen nicht mehr zurückhalten.

Ich war kaum im Bett, da kam Waltraud zu mir. Es war das erste und damit auch zugleich das letzte Mal, dass sie abends in mein Zimmer gekommen ist. Sie hatte verheulte Augen. Im Nachthemd stand sie da. Ich, im Schlafanzug, drückte sie fest an mich. Ich weiß heute nicht mehr, wie lange wir da so gestanden haben. Beide weinten wir wie die Schlosshunde. Auch ich gab mir keine Mühe, die Tränen zurückzuhalten. Ich küsste sie noch ein letztes Mal an allen Stellen, wo man ein geliebtes Wesen nur küssen kann. Wir fanden kein Ende. Einen letzten, unendlich langen Kuss bekam ich noch, dann verließ sie das Zimmer, ohne sich noch einmal umzuschauen.

Von mir unbemerkt, hatte sie zuvor auf meinen Nachttisch ein kleines Foto gelegt, auf dem sie mit ihren beiden Schwestern zu sehen war. In der Aufregung hat sie wohl darauf vergessen, einen Gruß dazuzuschreiben. Es ist eines der ganz wenigen Fotos, die auch die Flucht aus der DDR überlebt haben. Es ist auch heute noch in meinem Besitz! Am nächsten Morgen habe ich sie dann nicht mehr gesehen.

Für Sentimentalitäten blieb jetzt auch keine Zeit mehr. Der Aufbruch zur nahen Stadtgrenze von Bergisch-Gladbach konnte beginnen. Wir waren alle schwer bewaffnet. Vor dem Auftauchen der ersten Häuser dieser Stadt sprangen wir von unseren Fahrzeugen, entfalteten die mitgeführte Reichskriegsflagge und marschierten auf der Odenthaler Straße in die Stadt hinein. Unser Leutnant ging uns voran. Der große Bärenreuther stimmte das Deutschlandlied an, und wir sangen alle mit. Überall hingen die weißen Fahnen aus den Fenstern. Die Einwohner rechneten wohl jeden Augenblick mit dem Eintreffen der Amerikaner.

Der Leutnant befahl: »Jeweils zehn Mann verteilen auf beide Straßenseiten, an den Häusern entlanggehen, immer nach Deckungsmöglichkeiten suchen, nicht mehr singen, Waffen entsichern, die Panzerfäuste bereithalten, auf meine Kommandos achten, die linke Gruppe führt der Bärenreuther, die rechte der Hildebrandt. Sollte ich kampfunfähig werden, übernimmt der Bärenreuther das Kommando!«

Unser Leutnant war ein vorsichtiger Mann und umsichtiger Offizier. Jetzt tasteten wir uns langsam zur Stadtmitte vor. Kein Einwohner ließ sich blicken. Die werden gedacht haben, verdammt, jetzt kommen die Unsrigen doch wieder zurück. Es war bedrückend still, richtig unheimlich. Noch hörten wir keine Geräusche von Panzerketten. Wir sollten doch das südlich der Stadt gelegene Waldgebiet erreichen. So lautete die Weisung des Oberleutnants.

Wir befanden uns jetzt auf der Sander Straße und sahen dann den Wald. Noch hatten wir den Waldrand nicht erreicht, als uns zwei Soldaten entgegenkamen, ein Unteroffizier und ein Stabsgefreiter. Das waren Männer, die dem Feind und damit dem Tod schon oft ins Auge geschaut haben mochten. Sie wandten sich an den Leutnant. Von einer förmlichen Anrede sahen sie ab.

»Ja, wo wollt denn ihr kleinen Jungen hin? Wollt ihr den Heldentod für Führer und Vaterland sterben?«

Wir waren stehen geblieben.

»In dem Wald dort wimmelt es nur so von Panzern. Gegen die könnt ihr mit euren Waffen nichts ausrichten. Die schießen euch zusammen, selbst wenn ihr von denen zwei oder drei mit euren Panzerfäusten erledigt! Haut ab! Verzieht euch! Ihr seid doch noch viel zu jung, um hier für nichts und wieder nichts zu krepieren!«

Diese drastische Ausdrucksweise verfehlte ihre Wirkung auf den Leutnant nicht. Nun war selbst Sawatzki ratlos. Er sah, dass die beiden kampferprobte Soldaten waren.

Der Leutnant rief den Bärenreuther und den Fritz zu sich und bat die beiden »Altgedienten« um ihren Rat. Nach wenigen Minuten war der »Gedankenaustausch« beendet. Dafür sorgten auch die jetzt unüberhörbaren Geräusche der Panzerketten.

In dem Durcheinander hatten wir gar nicht bemerkt, dass eines unserer Fahrzeuge uns im Schritttempo gefolgt war. Zuerst sah es der fremde Unteroffizier.

»Jagt das Fahrzeug in die Luft. Geht in Deckung! Bietet kein Ziel!«

Unser Leutnant sah wohl ein, dass hier infanteristische Erfahrung gefragt war. Die hatte er nicht.

»Nehmt allen Proviant vom Fahrzeug, so viel ihr tragen könnt! Tragt es zu je vier Mann in Zeltbahnen. Wir gehen zurück nach Voiswinkel! Lauft schon los! Ich werde zusammen mit dem Unteroffizier und dem Stabsgefreiten unser Fahrzeug mit ein paar Panzerfäusten in die Luft sprengen! Bis ich nachkomme, führt euch der Bärenreuther, wenn dem etwas zustoßen sollte, übernimmt der Hildebrandt das Kommando!«

Rasch und ohne Fragen zu stellen, befolgten wir den Befehl, hasteten zurück zur Odenthaler Straße und dann zur Stadtgrenze. Dort wartete ja noch unser zweites Fahrzeug. Das Deutschlandlied haben wir kein zweites Mal gesungen. Unterwegs wurde uns die Last zu viel. Die Fenster der Erdgeschosse in der Odenthaler Straße waren weit geöffnet. Sie waren so niedrig angelegt, dass man ohne große Mühe hätte einsteigen können. Wir warfen den Proviant in die Zimmer der Erdgeschosswohnungen und verteilten ihn so, dass viele etwas davon hatten. So haben wir dort noch ein gutes Werk vollbracht!

Wir kletterten auf unser Fahrzeug, erschöpft und niedergeschlagen, aber die Fahne hatte der Bärenreuther gerettet. Die Detonation, die dem anderen Fahrzeug ein Ende setzte, hallte noch nach. Jetzt kamen der Leutnant und der Fahrer des gesprengten LKW. Sie keuchten und waren völlig außer Atem. Jetzt ging es zurück nach Voiswinkel. Im Verlaufe des 13. April 1945 haben die Amerikaner Bergisch-Gladbach besetzt.

Gefangenschaft und Heimkehr

Als wir 20 Jungen mit Leutnant Sawatzki noch am frühen Vormittag des 13. April 1945 nach Voiswinkel zurückkehrten, rief der Oberleutnant seine Unterführer zu einer Beratung zusammen. Dort berichtete der Leutnant: »Ein Durchkommen durch die amerikanischen Linien in einer Gruppe von mehr als einem halben Dutzend Soldaten halte ich hier oder in der Nähe von Bergisch-Gladbach mit den uns zur Verfügung stehenden Waffen nicht mehr für durchführbar! Die Amerikaner werden voraussichtlich noch heute mit ihren Panzern die Stadt besetzen und dann weiter nach Voiswinkel vorrücken!«

»Was machen wir nun?« Selbst der Oberleutnant schien ratlos.

Noch standen zwei schwere Flakgeschütze gut getarnt in dem nahe gelegenen, sich zum Frankenberg hinstreckenden Waldgebiet, ebenso die Zugmaschinen. Mehrere Male war in den letzten 14 Tagen versucht worden, die zunächst noch verfügbaren vier Geschütze aus dem Wald herauszuholen und außerhalb von Voiswinkel in Stellung zu bringen. Der Oberleutnant wollte die Bewohner dieser wohl 1000 Seelen zählenden Ortschaft, die unserer Batterie seit dem 6. März 1945 bereitwillig Unterkunft gewährt hatten, nicht in Gefahr bringen.

Das Vorhaben war immer wieder gescheitert. Allgegenwärtig waren die feindlichen Jagdbomber. Sie beherrschten den Luftraum uneingeschränkt. Kein Bauer wagte sich mehr auf das Feld, kein Kind ging zur Schule. Der Busverkehr, der die Pendler früher zur Arbeit nach Bergisch-Gladbach, ja sogar in die Fabriken nach Köln-Kalk und Köln-Deutz gebracht hatte, war längst eingestellt worden.

Kaum hatte die Begleitmannschaft mit einer der vier großen Kanonen den schützenden Wald verlassen und befand sich samt Zugmaschine auf dem neben dem Acker zur Landstraße führenden breiten Feldweg, donnerten schon wie auf Kommando die Tiefflieger heran, warfen mehrere kleinere Bomben und jagten mit ihren Bordwaffen die Kanoniere in den Straßengraben. Sie veranstalteten regelrechte »Hasenjagden« auf die Menschen. Ständig sahen wir alliierte Aufklärungsflugzeuge am Himmel, die ihre Beobachtungen an die Jagdbomber weitergaben.

Zwei der vier Geschütze waren bei diesen Aktionen verloren gegangen. Glücklicherweise hatte es dabei nur Verletzte gegeben, keine Toten. An Gegenwehr war nicht zu denken. Über leichte Flak zur Abwehr der Tiefflieger verfügte die Batterie nicht mehr. Es war zum Verzweifeln. An diesem 13. April war auch noch der Funkverkehr zur Division abgebrochen. Auch die zum Divisionsstab führende, von meinen beiden Kameraden Felix Eisenmann und Friedbert Frühbauer am Tag meiner Rückkehr wieder geflickte Telefonleitung war mittlerweile tot. Nachrichten über die militärische Lage im Bergischen Land konnten wir nur noch dem Radio entnehmen. Ein Wunder, dass es noch Strom gab, aber wie lange?

Unser Durchbruchsversuch war kläglich gescheitert, und die Stimmung sank auf den Nullpunkt. Nun galt es, neue Beschlüsse zu fassen. In dieser Lage erklärte unser

Oberleutnant, er stelle es den Mannschaften frei, in den Abendstunden entweder in kleinen Gruppen unter Leitung eines Unteroffiziers oder Obergefreiten auf Schleichwegen zu versuchen, durch die amerikanischen Linien zu kommen, oder in einem größeren Verband unter seiner Führung den Rückzug in das Innere des Kessels anzutreten!

Wir, die ehemalige Mannschaft des Drillings »Heinrich«, also die »Gruppe Hildebrand«, der neben Fritz ich selbst, Gustav Neumann, Helmut Kemper und Johann Römer angehörten, wollten versuchen, mit unserem aus Wien stammenden Unteroffizier Szymanek, dem Fourier, auf einem der hier zahlreichen Waldwege durch die feindlichen Linien zu gelangen. Szymanek glaubte einen Pfad zu kennen, der uns an den Panzern vorbeiführen könnte. Es bildeten sich auch noch andere kleine Gruppen. Aber die meisten Kanoniere wollten gemeinsam mit dem Oberleutnant den Rückzug antreten.

Den russischen »Hilfswilligen« hatte von Langsdorff freigestellt, entweder zu den Amerikanern überzulaufen oder mit ihm zurückzugehen. Sollten sie sich für den Rückzug entscheiden, würde er auch weiterhin für ihre Verpflegung sorgen. Nach Beratungen mit seinen Landsleuten teilte der Dienstälteste der Russen dem Oberleutnant mit, dass sie in einem Abstand von einigen hundert Metern den abziehenden Soldaten folgen wollten! Wir konnten das zunächst nicht fassen. Aber das Verhalten der russischen »Hilfswilligen« zeigte, wie groß ihre Furcht vor der Auslieferung an die Sowjets war. Mit dem Anschluss an die Truppe des Oberleutnants wollten sie wohl einfach nur den Zeitpunkt der Rückkehr in Stalins Machtbereich hinausschieben.

Nachdem wir uns vom Oberleutnant, dem Leutnant und den anderen gleichaltrigen Kameraden verabschiedet hatten, brachen wir, noch immer schwer bewaffnet, in den Abendstunden dieses ereignisreichen Tages unter der Führung des Unteroffiziers Szymanek zunächst zu der nahe gelegenen kleinen, wohl nur aus wenigen Häusern bestehenden Ortschaft Heidberg auf. Dort war der Unteroffizier in den letzten Wochen bei einem Bauern einquartiert gewesen. Im Hause dieses Bauern besprachen wir auch mit noch einigen anderen herbeigeeilten Einwohnern des Dorfes unser weiteres Vorgehen.

Inzwischen war die Dunkelheit hereingebrochen. Plötzlich ertönte von draußen, wahrscheinlich von einem Lautsprecherwagen aus, eine Stimme in einwandfrei verständlichem Deutsch: »Einwohner von Heidberg, hier spricht ein Amerikaner von dem nur wenige Kilometer von eurer Ortschaft entfernten Panzerverband. Wir wissen, dass sich in eurem Dorf noch bewaffnete deutsche Soldaten aufhalten. Diese Soldaten fordern wir hiermit auf, sich in den frühen Morgenstunden des kommenden Tages zu ergeben und gegen acht Uhr waffenlos unseren Truppen entgegenzukommen! Sollten die deutschen Soldaten die Häuser jedoch nicht verlassen, werden unsere Panzer morgen früh ab neun Uhr das Feuer auf eure Ortschaft eröffnen!«

Dann war absolute Stille. Wir hörten nur, wie in einiger Entfernung ein Fahrzeug wegfuhr. Alle anwesenden Einwohner redeten auf uns ein. Man verstand kein Wort. Dann verschaffte sich unser Unteroffizier Gehör.

»Hört mal alle her! Selbstverständlich verlassen wir morgen früh eure Ortschaft! Wir wollen doch nicht, dass eure Häuser, Scheunen und Ställe in Brand geschossen werden. Hier Widerstand zu leisten kommt doch einem Selbstmord gleich! Und meine Jungen, die bisher ihre Pflicht fürs Vaterland getan haben, wollen doch im Alter von 17 Jahren auch noch nicht sterben.

Ihre Zukunft beginnt doch gerade erst. Jetzt noch das Leben der mir anvertrauten Jungen und alles Leben in diesem Dorf aufs Spiel zu setzen, das kann ich nicht verantworten. Wir werden daher der Aufforderung der Amerikaner Folge leisten!«

Alle hier anwesenden Zivilisten, aber auch wir Jungen, atmeten auf. Damit war klar, dass der Unteroffizier seinen Plan, sich mit uns Jungen auf einem Schleichpfad an den Panzern vorbeizupirschen, begraben hatte.

Nun schüttelten ihm die hier im Raum befindlichen Dorfbewohner die Hände, dankten ihm überschwänglich und verließen dann das Haus. Auf einmal waren wir fünf 17-Jährigen mit dem Unteroffizier und dem Bauern allein in dessen guter Stube.

»Schlaft euch noch einmal richtig aus«, sagte er. »Ich richte euch in meiner Scheune ein gutes Lager. Meine Frau wird gleich das Abendessen zubereiten. Es soll euch schmecken wie zu Hause!

Nun wurde es hier ganz ruhig. Der Bauer war wohl in die Scheune gegangen, die Bäuerin hantierte in der Küche. Von uns sprach keiner ein Wort. Jeder hing seinen Gedanken nach. Auch unser sonst so gesprächiger Unteroffizier blieb stumm.

In der großen Wohnküche servierte die Bäuerin das Essen. Viele Eier und eine gehörige Portion Speck hatte sie in die Pfanne geworfen, herrliches, selbst gebackenes Bauernbrot und selbst geschlagene Butter auf den Tisch gestellt. Sogar selbst gebrautes Bier zauberte sie hervor und für die »Milchbärte« unter uns Jungen einen Zuber voll frisch gemolkener Milch. Alles erinnerte mich an daheim, wo die Großmutter uns Enkelkinder in einer vielköpfigen Familie satt kriegen musste. Gleich drei Enkelkinder auf einmal, ich eingeschlossen, waren ihr in den letzten Kriegsjahren ständig anvertraut worden.

Klaglos und mit großer, nie erlahmender Liebe hat sie auch uns noch großgezogen. Ich ließ das Vergangene Revue passieren.

Unser Unteroffizier brach den Bann. »Jungens, langt zu wie bei Muttern!«

Das ließen wir uns nicht zweimal sagen. Das Essen verscheuchte zumindest zeitweilig die Gedanken an das, was morgen geschehen würde. Im Stillen dachte ich, die Kameraden sind bei dir, der Fritz sitzt neben dir, totschlagen werden uns die Amerikaner schon nicht. Wir haben nichts getan, wofür man uns hätte verurteilen können. Sein Vaterland in der Not verteidigt, nur seine Pflicht getan zu haben, das konnte in meinen Augen nichts Ehrenrühriges gewesen sein. Mit dem Gedanken einer Gefangennahme und deren Folgen hatten wir uns bisher überhaupt noch nicht befasst.

Bauer und Bäuerin taten alles, damit dieser letzte Abend und zugleich die letzte Nacht in Freiheit lange in unserem Gedächtnis haften bleiben würden. Noch eine Stunde lang nach dem Essen haben wir mit unseren beiden Gastgebern über Gott und die Welt gesprochen.

Ein noch gereichter Bauernschnaps verschaffte uns die nötige Bettschwere und erleichterte das Einschlafen. Fritz merkte ich an, dass er wohl zu viele Schnäpse zu sich genommen hatte. Als wir in der Scheune ankamen, konnte er nur noch murmeln: »Das ist aber anständig von den Amis, dass sie uns hier wenigstens noch in Ruhe schlafen lassen!«

Kaum hatte er das gesagt, fiel er auf den vom Bauern hergerichteten Schlafplatz und begann sogleich zu schnarchen. Ich habe ihn in zwei bereitliegende Pferdedecken eingewickelt. Er hat davon nichts mitbekommen. Auch der Unteroffizier schien zu schwer geladen zu haben. Er hatte so merkwürdig glasige Augen. Unser

Neumann dagegen verschwand. Ihm sei schlecht, brachte er mühselig hervor. Dann hörte ich, wie er sich auf dem Hof übergab. Wir anderen drei hatten uns beim Schnapstrinken wohlweislich zurückgehalten.

Der Bauer weckte uns um sechs Uhr. Nach dem Waschen und Anziehen gab es das letzte Frühstück in Freiheit. Wir verabschiedeten uns vom Bauern und der Bäuerin. Noch immer schwer bewaffnet gingen wir in Richtung Wald. Ich hatte zusätzlich zum Karabiner zwei Stielhandgranaten im Gürtel, unser Neumann trug neben dem Karabiner noch eine kleine Panzerfaust, der Unteroffizier eine Maschinenpistole; Fritz, Helmut und Johann verfügten nur über ihre Karabiner.

Niemand war zu sehen. Das Dorf erweckte jetzt den Eindruck, als hätten es seine Bewohner verlassen. Unser Unteroffizier steuerte den ihm bekannten, am Waldrand gelegenen, unter einem kleinen Hügel liegenden Stollen an. Diesen Stollen hatten die Dorfbewohner in den ersten Kriegsjahren in weiser Voraussicht in das Erdreich getrieben und klugerweise zwei Eingänge vorgesehen. An den Seiten des Stollens waren Holzbänke aufgestellt und die Decken mit dicken Balken abgestützt. Im Gefahrenfall konnten dort bestimmt 30 bis 40 Personen Unterschlupf finden.

Heute aber blieben wir sechs Uniformierten bislang die einzigen Besucher. Ein Uhrenvergleich zeigte, dass bis acht Uhr noch 30 Minuten fehlten. Wir blieben vor dem Stollen stehen und lauschten. Fritz hatte sogar sein Ohr an den Waldboden gepresst. Aber hören konnte er nichts. Zwar glaubten wir das Klirren von Panzerketten zu vernehmen, aber das war wohl nur eine Sinnestäuschung. Es blieb weiterhin merkwürdig ruhig im Wald.

»Ich glaube, wir legen jetzt unsere Waffen ab«, beschloss der Unteroffizier und entledigte sich seiner

Maschinenpistole. Auch Fritz und die anderen Kameraden legten ihre Kriegsgeräte ab. Sie verbuddelten alle Waffen unter einem Gebüsch. Nur ich behielt den Karabiner und die Handgranaten.

»Was willst du noch mit dem Spielzeug?« Der Unteroffizier sah mich auffordernd an.

Ich zögerte: »Es wäre doch möglich, dass sich zwischen den angekündigten amerikanischen Panzern und unserem Standort hier in dem weitläufigen Waldgebiet noch versprengte deutsche Truppen aufhalten, auf die wir stoßen könnten, vielleicht sogar SS-Verbände. Wenn die uns ohne Waffen antreffen, sind wir geliefert!«

Fritz aber meinte, dass dies nach dem gestrigen Auftauchen des Lautsprecherwagens höchst unwahrscheinlich sei und wir uns doch darauf berufen könnten, dass der Oberleutnant uns die Wahl des Weges freigestellt hätte.

»Ich gehe jetzt den Amerikanern entgegen! Wer kommt mit?« Der Unteroffizier ging. Die anderen schlossen sich ihm an, auch Fritz.

Ich allein blieb. Da sagte der Fritz noch: »Ich hole dich hier ab, sobald ich die Panzer sehe!«

Ich kletterte auf den Hügel, noch immer bewaffnet, und schaute ihnen nach, bis sie im Wald verschwunden waren. Nun stand ich allein auf dem Hügel, still und stumm wie das berühmte Männlein im Walde. Die Minuten verrannen. Nichts, aber auch gar nichts war zu hören. Nicht einmal den Hauch eines Windes spürte ich. Angestrengt starrte ich in den Wald. Noch hatte ich keine wirkliche Angst. Aber natürlich war mir mulmig zumute. Es raschelte. Ich riss den geladenen und bereits entsicherten Karabiner hoch. Aber es war nur ein Vogel, der aufflog. Bekam ich schon Halluzinationen? Ein Blick auf die Uhr zeigte, es war Punkt acht Uhr.

Was sollte ich machen. Fritz kam nicht zurück. Vielleicht konnte er auch nicht mehr zurückkommen. Ich beschloss, nun auch loszugehen, und warf nach wenigen Metern den Karabiner und die Handgranaten weg, auch die Patronentaschen mit der Gewehrmunition.

Meine Füße bewegten sich wie von selbst, taten automatisch ihren Dienst. Erst in diesem Augenblick wurde mir bewusst, dass ich nicht mehr die englischen Schnürstiefel trug, die bei der unmittelbar bevorstehenden Gefangennahme bestimmt peinliche Fragen ausgelöst hätten. Schmerzen spürte ich in meinen orthopädischen Maßschuhen nicht. Ich lief immer weiter in den Wald hinein.

Eine breite Schneise tat sich auf. Und nun entdeckte ich sie: eine lange Kolonne von Panzern, einer hinter dem anderen, alle vom Typ Sherman mit ihren bekannten hohen Silhouetten. Die Luken waren geöffnet und besetzt. Ich sah, als ich mich einmal umschaute, wie die in den Turmluken sitzenden Soldaten sich einen Spaß daraus machten, mit dem auf dem Turm montierten 12,7-mm-MG auf mich zu zielen. Sie lachten dabei.

Beeindruckt hat mich das damals überhaupt nicht. Im Gegenteil, ich dachte, vielleicht würden die in die Hosen machen, wenn sie sich an meiner Stelle befänden. Es gehörte schließlich kein Mut dazu, einem kleinen, unbewaffneten, 17-jährigen deutschen Soldaten in einer solchen Situation Angst einzujagen. Meine Hosen sind damals sauber geblieben! Doch bin ich gottlob später in der Gefangenschaft Amerikanern in Uniform begegnet, denen ich Respekt zollte.

Auf einer Lichtung fielen mir sofort mehrere Jeeps auf, vor denen der Unteroffizier, Fritz und meine drei anderen Kameraden standen. Ich sah allen die Erleichterung an, dass ich hierher gefunden hatte und dabei unversehrt geblieben war! Ein Sergeant nahm mich in Empfang, tastete mich ab und befahl: »Go on!« Von diesem Augenblick an, es war der 14. April 1945, 8.30 Uhr, war ich Kriegsgefangener der US-Armee!

Wir wurden mit anderen Gefangenen zunächst zu einem Sammelplatz gebracht, der sich in Köln-Deutz auf dem Hof einer zerstörten Fabrik befand. Den Namen der Firma konnte ich nicht ausmachen. Überall lagen amerikanische Militärzeitungen herum. Auf der Titelseite lautete die Überschrift an diesem Tag: »18 Miles to Leipzig«.

Plötzlich detonierten Granaten in unmittelbarer Nähe unseres Standorts. Fluchtartig verließen wir den Hof, rannten zur Fabrikhalle und pressten uns an die noch stehen gebliebenen Außenmauern des Gebäudes. In letzter Minute noch durch Granaten deutscher Geschütze sterben, das wollten wir nun doch nicht. Es war also offensichlich, dass hier im Kölner Raum auf rechtsrheinischem Gebiet am 14. April 1945 noch immer deutsche Truppen Widerstand leisteten.

Die meisten der Wachposten waren in den wohl noch begehbaren Kellerräumen verschwunden. Uns wurde das mit Waffengewalt verwehrt. Jagdbomber dröhnten über uns hinweg. Bald darauf trat Ruhe ein. Die Tiefflieger hatten bestimmt die Geschütze zum Schweigen gebracht. Aber vorsichtshalber blieben wir noch in Deckung.

Unvergessen bleibt, dass kurz darauf ein offenbar betrunkener Lieutenant auftauchte und uns Gefangene mit der Pistole bedrohte. Er lief vor uns, vielleicht drei Meter entfernt, auf und ab, stieß wilde Drohungen aus und schoss dabei mehrmals in die Luft. Ein Wachposten holte einen Captain herbei, der den Lieutenant beruhigte und ihm die Waffe wegnahm. Ich verstand von dem in Englisch geführten Palaver nur so viel, dass der Bruder des Offiziers bei den heutigen Kämpfen gefallen sei und er dessen Tod nun rächen wolle.

Am Nachmittag dieses Tages fing es dann früh an zu regnen. Es goss später wie aus Kübeln, ununterbrochen wohl zwei Stunden lang. Für uns war es ein Glück, dass die Amerikaner uns Jugendlichen bei der Gefangennahme unsere Rucksäcke mit den außen herumgelegten Zeltbahnen nicht abgenommen hatten. Das Sauwetter ließ uns sogleich deren Wert erkennen. Nur unser Unteroffizier Szymanek hatte den Rucksack abgeben müssen. Aber die geretteten fünf Zeltbahnen reichten auch für uns sechs. Ohne diese nicht hoch genug einzuschätzende Großzügigkeit des Feindes wären wir bereits am ersten Tag der Gefangenschaft dem Regen schutzlos ausgeliefert gewesen.

Dort auf dem Fabrikgelände haben wir auch die Nacht verbracht. Der Regen ließ schließlich nach und hörte dann ganz auf. Fritz entdeckte in einer Ecke des Hofes einige noch brauchbare Kisten, die wir als Sitzgelegenheiten verwendeten. An Schlafen war nicht zu denken.

Mit Wasser aus einem von den Amerikanern herbeigeholten deutschen Tankwagen konnten wir unseren Durst löschen. Auch mehrere der ursprünglich für die Amerikaner selbst bestimmten Verpflegungspakete stellten die Wachposten auf den Hof. Als wir sie öffneten, glaubten wir, unseren Augen nicht trauen zu können. Für uns waren die Konserven und die anderen wunderschön verpackten Lebensmittel Kostbarkeiten aus einer anderen Welt.

Dieses Verhalten der Amerikaner uns gegenüber am ersten Tag der Gefangenschaft ließ uns glauben, so schlimm würde es wohl nicht werden. Wir ahnten ja nicht, was uns bevorstand: der Transport zum Lager bei Sinzig am Rhein. Bereits am nächsten Tag, das Wetter hatte sich gebessert, wurden wir per LKW über eine Pontonbrücke zu diesem linksrheinisch in der Nähe von Sinzig gelegenen Lager gebracht, das die Amerikaner längs des Rheines eingerichtet hatten.

Als wir ankamen, sahen wir Zehntausende von gefangenen deutschen Soldaten hinter Umzäunungen aus Stacheldraht. Sie lagen oder standen dort auf den nassen und verschlammten Wiesen der Rheinauen. Nun hausten auch wir hier, wie alle anderen, unter freiem Himmel. Es gab kein Dach über dem Kopf, keine Unterkünfte.

Wie sollten wir hier bestehen? Die Versorgung mit Trinkwasser und die Verpflegung waren unzureichend. Es gab viel zu wenig sanitäre Einrichtungen. Unsere Kleidung verdreckte zusehends. Medizinische Dienste fehlten in der ersten Zeit vollkommen. Ungeziefer fiel über uns her. Zum ersten Mal in unserem Leben machten wir Bekanntschaft mit Läusen. Jederzeit konnten Seuchen ausbrechen. Die Lage war, ohne zu übertreiben, katastrophal!

Wir gruben mit den Händen und primitiven Werkzeugen wie Esslöffeln und Blechbüchsen Erdlöcher und waren froh, dass wir zu dem kleinen Kreis der Glücklichen gehörten, die Zeltbahnen besaßen. Selbst Fritz, dieser robuste junge Mann, wollte manchmal verzweifeln. Wir dachten alle das Gleiche: Das war keine menschenwürdige Behandlung von Kriegsgefangenen und entsprach in keiner Weise den in der Genver Konvention festgelegten Normen.

Dieser bereits 1864 (!) in Genf abgeschlossene internationale Vertrag sollte das Los der Verwundeten und Kranken der im Feld stehenden Heere verbessern. 1929 wurde in das Vertragswerk der Schutz für Kriegsgefangene, 1949 auch für Zivilpersonen aufgenommen. Jedoch schreibt die Genfer Konvention nur die Regeln für die Behandlung der Gefangenen vor.

Am 12. Mai 1945 befanden sich in dem von der US-Armee auf freiem Feld errichteten Lager, das sich über zehn Kilometer am Rhein entlang erstreckte, fast 120 000 deutsche Kriegsgefangene. Amerikanische Militärärzte stellten in den am Rhein angelegten Lagern eine jährliche Sterberate von 30 Prozent fest.*

Uns blieb als Trost nur die Hoffnung, es werde sich allmählich bessern. Es war uns klar, dass die Amerikaner nicht mit einer solchen Zahl von Kriegsgefangenen gerechnet und damit auch nicht ausreichend Vorsorge für deren Unterbringung getroffen hatten. Sie sind gewiss von dieser Entwicklung überrascht worden. Hinzu kam, dass die Alliierten alle Verkehrswege, die Bahnanlagen, Lokomotiven und Waggons zerstört hatten. Dadurch konnte wohl auch der Nachschub an lebenswichtigen Gütern und Lebensmitteln nur langsam in Gang kommen. Und dass die Versorgung der Kriegsgefangenen auf der amerikanischen Prioritätenliste ganz am Ende rangierte, versteht sich von selbst.

Anfang Mai 1945 tat sich wirklich etwas. Kriegsgefangene begannen im Auftrag der Amerikaner mit dem Aufbau von festen Zelten! Dann kam die Riesenüberraschung. Es wurde verkündet, dass sich alle Lagerinsassen unter 18 Jahre mit ihren Papieren am Lagerausgang einzufinden hätten. Die noch nicht 18-Jährigen würden in ein anderes Camp verlegt.

---

* James Bacque, Der geplante Tod. Deutsche Kriegsgefangene in amerikanischen und französischen Lagern 1945–1946, Ullstein Verlag

So etwas wie Aufbruchstimmung entstand unter uns Jungen. Nur unser Unteroffizier wurde traurig. Nun musste er Anschluss an eine andere Gruppe suchen. Als Einzelner konnte man hier nicht bestehen. Aber mitnehmen konnten wir ihn nicht. Durch die Kontrollen würde er nicht kommen. Wir überließen ihm als »Abschiedsgeschenk« zwei unserer fünf Zeltbahnen.

Wir fünf, Fritz, der tapfere kleine Gustav Neumann, Johann Römer, Helmut Kemper und ich, beschlossen, nach wie vor eng beieinander zu bleiben. Es standen dann doch weniger Jungen in unserem Alter am Lagertor, als wir gedacht hatten.

Und nun kam die Überraschung: Wir wurden in das neue Camp mit den festen Zelten geführt. Es gelang uns auch, gemeinsam in einem Zelt unterzukommen, nachdem man uns zuvor entlaust hatte. Über 20 Schlafplätze verfügte ein solches Zelt. Insgesamt umstanden in dem Jugendcamp zwölf Zelte U-förmig einen Platz in der Größe eines halben Fußballplatzes, je acht Zelte auf der rechten und linken Seite, die restlichen vier Zelte in der Mitte.

Auf Anordnung der Amerikaner mussten wir einen »Zeltältesten« wählen. Zu unserer Überraschung fiel die Wahl auf Fritz. Der war daraufhin wie verwandelt. Jetzt hatte er die richtige Aufgabe. Von ihm ging wieder eine Energie aus, die uns Mut machte. Jetzt wurden die zwölf Zeltältesten aufgefordert, nun ihrerseits einen Lagerältesten zu bestimmen, und Fritz erhielt den Rang eines stellvertretenden Lagerältesten. Das konnte für uns nur von Nutzen sein, denn mit einem Amt sind im Leben immer Privilegien verbunden.

Unser Camp grenzte an der offenen Seite des »U« an das Lager der Wachmannschaften mit deren Versorgungseinrichtungen, an die Baracke des amerikanischen

Lagerkommandanten, die Unterkünfte für Ärzte, amerikanische wie deutsche, Dolmetscher und andere Hilfskräfte. Auch eine Sanitätsstation befand sich dort.

Der Lagerälteste des Jugendcamps und dessen »Vize«, also unser Fritz, hatten kraft ihres Amtes Zugang zu diesem von amerikanischen Posten abgesperrten und bewachten Bereich. Andere Kriegsgefangene durften dieses Areal nicht betreten.

Nun bekamen wir Jungen Verpflegung wie die amerikanischen Soldaten. Für uns alle war das jetzt nach der schrecklichen Zeit im großen Lager wie Weihnachten. Wir hatten wieder ein Dach über dem Kopf, und hungern mussten wir auch nicht mehr. Wenn man erst 17 Jahre alt ist, kann man Elemente des Kurzzeitgedächtnisses ausschalten, vielleicht auch nur verdrängen. Auf jeden Fall glaubte ich, dass wir das Schlimmste hinter uns hatten.

Auch Nachrichten über die Entwicklung in Deutschland und in der Welt drangen zu uns und wurden von uns nun wieder bewusst aufgenommen. Hitler hatte am 30. April 1945 Selbstmord begangen und Deutschland am 8. Mai 1945 bedingungslos kapituliert. Nur die Japaner wollten noch nicht aufgeben.

Zwei Tage waren vergangen. An das für unsere Begriffe wunderschöne Zelt hatten wir uns schnell gewöhnt. Mein Liegeplatz befand sich, vom Zelteingang gesehen, ganz vorn auf der rechten Seite. Unmittelbar neben mir lag Fritz.

Als ich am Morgen des dritten Tages aufwachte, war mir hundeelend. Ich klagte über Bauchschmerzen, bestimmt hatte ich Fieber, glaubte erbrechen zu müssen. Und jetzt merkte ich, dass weicher Stuhlgang in die Hose gegangen war. Das empfand ich am schlimmsten. Ich sagte das alles dem Fritz.

»Mensch, Hans, mach doch nicht schlapp! Jetzt doch nicht, wo wir so gut untergekommen sind. Ich hole sofort einen Sanitäter!«

Und trotzdem, welch wundersame Wendung war mittlerweile eingetreten. Jetzt konnte der Fritz mit seinem »Sesam öffne dich« einen Sanitäter holen! Was wäre vor einer Woche mit mir geschehen, wenn die Krankheit im großen Lager aufgetreten wäre?

Nach einer Weile kam ein deutscher Sanitätsgefreiter. Seine Diagnose war klar:

»Mein Junge, du hast die Ruhr! Ich tippe auf die Bakterienruhr. Im großen Lager haben wir eine Menge solcher Fälle. Diese Art der Ruhr wird durch Bakterien ausgelöst, die bei schlechten hygienischen Bedingungen mit dem Trinkwasser aufgenommen werden. Dabei hast du unverschämtes Glück! Erst gestern haben wir in eurem Jugendcamp eine große Grube ausheben und hier hinter euren Zelten ein kleineres für Fieberkranke aufstellen lassen. Du musst unbedingt in die Grube. Es gibt Kranke, die zu Beginn der Erkrankung bis zu 60 Entleerungen täglich haben. Aber meistens lassen die Durchfälle bei richtiger Behandlung innerhalb von fünf Tagen nach oder hören ganz auf. Nachts schläfst du auf einer Liege in dem kleinen Zelt, Nachtkälte solltest du vermeiden. Zunächst bekommst du von mir ein Kohlepräparat, das bindet die Krankheitsstoffe. Am besten bis auf Weiteres nur ungesüßten Tee trinken. Auch Abwaschungen des ganzen Körpers tragen zur Entgiftung der schweißigen Haut bei. Deine Wäsche und deine Kleidung müssen entseucht werden. Da du ja noch sehr jung bist, hoffe ich, dass dein Organismus noch nicht geschwächt ist. Sollte das der Fall sein, wovon ich ausgehe, kannst du vielleicht schon in einer Woche wieder hier in diesem Zelt schlafen.«

Er wandte sich jetzt Fritz zu: »Du kommst jetzt gleich mit zur Sanitätsstation. Dort bespreche ich mit dir das weitere Vorgehen und gebe dir die Tabletten für euren Patienten.«

Und als Fritz zurückkam, lief ein Programm an, das mir geholfen hat, schnell wieder auf die Beine zu kommen. Vielleicht hat es sogar mein Leben gerettet, denn viele im großen Lager an der Ruhr erkrankte Kriegsgefangene sind daran gestorben.

Fritz legte fest, und keiner widersprach, dass er und meine drei anderen Kameraden sich abwechselnd um mich kümmern. Fritz hatte eine wenn auch verblichene amerikanische Uniform und einen Eimer mit Wasser mitgebracht. Vor unserem Zelt haben die drei mich regelrecht abgeschrubbt. Meine verschmutzte Kleidung, einen anderen Ausdruck möchte ich hier lieber nicht verwenden, wurde in einen Papiersack gesteckt. Sie ist gereinigt worden, und ich konnte später die amerikanische wieder gegen meine eigene Uniform eintauschen.

Gemeinsam haben sie mir die Tabletten eingegeben und mich dann zur »Grube« gebracht. Diese war etwa zwei Meter breit, bestimmt zehn Meter lang und vielleicht mehr als einen Meter tief. Von Breitseite zu Breitseite waren Balken verlegt, auf denen man sitzen und sein »Geschäft« verrichten konnte. Es standen mehrere Behälter mit Chemikalien bereit, um die »Hinterlassenschaften« der Kranken desinfizieren zu können.

An diesem Tag und an den drei folgenden saß ich auf dem »Donnerbalken«, direkt an der Seitenwand der Grube. Noch zehn Jungen aus den anderen Zelten hatten dort Platz genommen. Die meisten sahen sehr elend und angegriffen aus. Fritz deponierte mehrere große Kannen Tee neben dem Grubenrand. Alle zwei Stunden kam einer von meinen vier Kameraden vorbei und flößte mir den Tee ein. Nach einem vom Sanitäter vorgegebenen Zeitplan wurden die mir verordneten Medikamente verabreicht. Zweimal am Tag haben mich der Fritz, der Helmut, der Johann und der kleine Gustav Neumann wechselweise abgewaschen. Nachts schlief ich auf der Liege in dem kleinen Sanitätszelt. Es war in diesen Maitagen nachts noch immer recht kühl.

Nicht alle von den anderen an der Ruhr erkrankten Jungen sind in diesem Maße umsorgt worden wie ich! So konnte ich tatsächlich bereits nach fünf Tagen wieder meinen Platz im großen Zelt einnehmen. Freundschaft und Kameradschaft hatten sich bewährt. Das war auch in diesen Zeiten nicht selbstverständlich. Aber jeder von uns fünf Jungen wusste, dass schon morgen ein anderer von einer Krankheit oder einem anderen Unglück betroffen sein konnte. Dies sorgte damals für eine Solidarität, wie sie wohl heutzutage selten geworden ist.

Von Tag zu Tag wurde das Wetter besser, die Temperaturen stiegen an. Wir haben uns auf dem Platz vor unseren Zelten die Zeit mit Ballspielen vertrieben. Für alle möglichen Kartenspiele fanden sich Liebhaber. Die alten Soldatenlieder wurden gesungen. Viele dösten nur so vor sich hin.

Am 15. Juni 1945 wurde ich 18 Jahre alt. Fritz, unser stellvertretender Lagerältester, hatte ein Flasche Wein besorgt und viel Schokolade für die Naschkatze Hans. Und anschließend brachte der Fritz die Nachricht mit, dass sich jeder, unabhängig vom Alter, registrieren lassen könne, der in jene Städte und Dörfer entlassen werden möchte, die jetzt noch von amerikanischen Truppen besetzt wären, in die aber nach den Vereinbarungen von Jalta am 1. Juli 1945 die Rote Armee einmarschieren werde. Im Zuge dieser Neuordnung der Besatzungszonen würden die amerikanischen Truppen aus diesen Gebieten spätestens am 30. Juni 1945 abziehen. Davon war auch die Stadt Leipzig betroffen.

Wir fünf waren uns einig, dass wir in unsere Heimatstadt Leipzig zurückkehren wollten, auch wenn dort die Kommunisten die Macht übernehmen würden. Also ließen wir uns registrieren! Wir bekamen unseren Entlassungsschein und den Termin genannt für den Transport mit LKWs in heimische Gefilde: am 28. Juni 1945, einem Donnerstag, sollte die Fahrt beginnen und in Weißenfels bei Leipzig enden. In Weißenfels, 35 Kilometer von Leipzig entfernt, würden bereits wieder die Eisenbahnzüge nach Leipzig verkehren.

Die Freude über die nun mögliche Heimkehr zu den Großeltern und zur Pflegemutter drängte alle Bedenken über die in Leipzig nach dem Einmarsch russischer Truppen wohl eintretende Änderung der gesellschaftlichen Ordnung in den Hintergrund.

Ein regelrechter Konvoi von Lastwagen, bestimmt zwei Dutzend Fahrzeuge, brachte uns stehend, ohne jedwede Unterbrechung, in stundenlanger Fahrt von Sinzig am Rhein nach Weißenfels. Innerlich aufgewühlt wie seit langem nicht, verspürte ich keine Schmerzen. Noch immer besaß ich die orthopädischen Maßschuhe aus Iserlohn.

Der Konvoi fuhr in ein amerikanisches Lager für deutsche Kriegsgefangene mitten in Weißenfels. Schon glaubten einige, die Amerikaner würden uns jetzt hier festhalten. Auf den LKWs schwenkten alle ihren Entlassungsschein. Unsere Sorge erwies sich aber als unbegründet. Wir wurden zum Verlassen der Fahrzeuge aufgefordert. Da standen wir nun, ganz unschlüssig, was nun geschehen würde. Ein Captain kletterte auf einen Stuhl und rief uns zu: »Good bye!«

Die Art und Weise, in der die Amerikaner nach der Errichtung des Jugendcamps am 10. Mai 1945 im Lager auf den Rheinwiesen bei Sinzig am Rhein mit uns jugendlichen Kriegsgefangenen umgegangen sind und in der sie im Zuge unserer Entlassung aus diesem Lager dafür sorgten, dass wir Leipziger Jungen noch vor dem Einmarsch der Roten Armee am 1. Juli 1945 zurück in unsere Heimatstadt gelangen konnten, indem sie selbst den Transport organisierten und durchführten, verlangt eine Anerkennung und Würdigung!

Im Widerspruch zur Darstellung James Bacques (»Der geplante Tod«, a.a.O.) stelle ich aus eigenem Erleben fest, dass ich, damals ein 17 Jahre alter ehemaliger Flaksoldat, nach einer kurzen Periode unter katastrophalen Verhältnissen ab Mitte Mai 1945 von den Amerikanern im Sinne der Genfer Konvention hochanständig behandelt worden bin.

Wir fünf liefen zum Weißenfelser Bahnhof. Ein richtiges Gespräch kam nicht mehr zustande. Alle waren wohl zu sehr mit der Frage beschäftigt, wen sie zu Hause noch antreffen würden. Unsere Anschriften hatten wir ausgetauscht.

In Leipzig bestieg jeder die Straßenbahn, die ihn zum eigenen Wohnort führte. Bei mir war es die Linie 4, die damals bis Engelsdorf fuhr. Aber ich konnte schon an der Emmaus-Kirche in Sellerhausen aussteigen. Ich klingelte an der Wohnungstür der Familie Hillmer in der zweiten Etage der Plausiger Str. 2. Großmutter öffnete die Tür. Fast hätte sie der Schlag gerührt. Sie rief nur: »Der Junge, der Hans, ist wieder da!«

Unendlich lange umarmten wir uns. Ich war wieder daheim! Mein erster Weg führte mich zu meiner Pflegemutter, der Tante Lissy, in der Macherner Straße Nr. 4.

Ich konnte das Haus zu Fuß in zehn Minuten erreichen. Als sie die Tür öffnete, sagte sie kein Wort. Sie riss nur die Augen ganz weit auf und umarmte mich. Und dann bekam ich einen ganz langen Begrüßungskuss. Erst jetzt sagte sie:

»Willkommen zu Hause! Ich bin froh, dass du wieder da bist!« Und dann weinte sie! Es waren Tränen der Freude! Von ihrem Mann, meinem Pflegevater, hatte sie seit jenem Neujahrstag nichts mehr gehört. Aber auch er hat den Krieg überlebt und wurde 1948 aus englischer Gefangenschaft entlassen.

Am 1. Juli 1945, es war ein Sonntag, marschierten die Russen ein. Leipzig, die Weltstadt, die Messestadt, wurde kommunistisch.

Fazit und Reflexionen

Wie kam es zu diesem Bericht? Spiritus Rector, treibende Kraft hierfür war der Berliner Militärhistoriker Jörg Friedrich, Jahrgang 1944, der an der »Enzyklopädie des Holocaust« mitgewirkt hat. Im Nachwort zu seinem Werk »Der Brand« fordert er die noch Lebenden jener Generation, die den Bombenkrieg noch bewusst erlebt hat und darüber selbst Zeugnis ablegen kann, auf, niederzuschreiben, was ihnen davon im Gedächtnis geblieben ist.

Als nun 77-Jähriger habe ich daher versucht, an dieser Stelle jene Empfindungen und Gefühle darzustellen, die für meine Haltung als 17-jähriger Flaksoldat im Kampf gegen die »fliegenden Festungen« und die alliierten Jagdbomber in der letzten Phase des Zweiten Weltkrieges maßgebend gewesen sind.

Mein Bericht zeigt, dass die Offiziere, Unteroffiziere, einfachen Soldaten und meine jugendlichen Kameraden, denen ich damals persönlich begegnet bin bzw. mit denen ich gemeinsam am Geschütz stand, im Sinne der Erklärung Konrad Adenauers vor dem deutschen Bundestag am 3. Dezember 1952 »ehrenhaft gekämpft haben«. Ich kann bezeugen, dass sie tapfer gewesen sind und ihr Vaterland liebten. Nur wenige mögen zum damaligen Zeitpunkt gewusst haben, dass ihr Einsatz einer schlechten Sache diente.

In der Bundesrepublik Deutschland gewährt uns die in der Verfassung verbriefte Demokratie das höchstmögliche Maß an Pressefreiheit. Jeder kann heutzutage Einblick nehmen in die Publikationen aus aller Welt. Damals, in der Zeit der Diktatur, bestimmte allein Joseph Goebbels, was die deutschen Zeitungen schreiben und die Deutschen lesen durften. Heute, nach nunmehr 60 Jahren, ist es leicht, die Ehrenhaftigkeit der Motive der damaligen deutschen Soldaten in Zweifel zu ziehen.

Schwer hat mich in der Nachkriegszeit der Konflikt in der Frage nach Gott und seinem Willen angesichts der Verbrechen des Nationalsozialismus belastet. Mich persönlich hat Gott in der Zeit meines Kriegseinsatzes und in der Gefangenschaft immer wieder vor Tod und Verderben bewahrt. Warum aber ließ Er den millionenfachen Mord an den Juden zu? Warum gelang keines der 42 auf Adolf Hitler verübten Attentate, die Will Berthold im gleichnamigen Buch akribisch aufzählt? Hitlers Tod hätte zugleich das Ende des Krieges bedeutet. Keiner seiner Paladine hätte die Spur einer Chance gehabt, das deutsche Volk hinter sich zu vereinen.

Auch weit bedeutenderen Menschen als mir hat dieser Zwiespalt, hier Glauben, dort das Nichterfassenkönnen des göttlichen Willens, zu schaffen gemacht. Selbst mancher Jude ist offensichtlich nicht damit zurechtgekommen. So habe ich gelesen, dass es dem bekannten jüdischen Filmschauspieler Michael Degen, der als Kind im Berliner Untergrund den Holocaust überlebte, nach Auschwitz nicht mehr möglich gewesen sei, an einen Gott zu glauben.

Deutschland bleibt mein Vaterland. Und Patriot – im Sinne der Definition Sebastian Haffners – bleibe ich bis zu meinem letzten Atemzug. Kirche manifestiert sich für mich in der Person Martin Luthers. Als Lutheraner freut es mich, dass der neue Papst, Benedikt XVI., an den Grundwerten menschlichen Zusammenlebens festhält, die bereits sein Vorgänger, Johannes Paul II., bis zuletzt so tapfer verteidigt hat.

Zu danken aber habe ich Gott, der mir 1945 half, Kriegseinsatz und Gefangenschaft zu überstehen, ohne dessen Beistand 1957 die Flucht aus der DDR nach West-Berlin nicht gelungen wäre, der mich zu einer großartigen Frau führte, mit der ich nun 43 Jahre verheiratet bin.

Auch im Alter werde ich Optimist bleiben und es weiterhin mit Martin Luther halten, der einst sagte: »Und wenn die Welt morgen unterginge, dann würde ich noch heute ein Apfelbäumchen pflanzen!«

Hans Partschefeld

Anhang I

Leitgedanken zum Zeitzeugenbericht
Erklärung des ersten Bundeskanzlers der Bundesrepublik Deutschland, Konrad Adenauer, vor dem deutschen Bundestag am 3. Dezember 1952:
Wir möchten heute und vor diesem hohen Hause im Namen der Regierung erklären, dass wir alle Waffenträger unseres Volkes, die im Rahmen der hohen soldatischen Überlieferung ehrenhaft zu Lande, zu Wasser und in der Luft gekämpft haben, anerkennen.

Auszug aus einer Rede des französischen Staatspräsidenten Charles de Gaulle, gehalten am 9. September 1962 im Ludwigsburger Schloss:
Ich beglückwünsche Sie ferner, junge Deutsche zu sein, das heißt Kinder eines großen Volkes. Jawohl, eines großen Volkes, das manchmal im Laufe seiner Geschichte große Fehler begangen hat. Ein Volk, das aber auch der Welt geistige, wissenschaftliche, künstlerische, philosophische Wellen gespendet hat, ein Volk, das die Welt um zahlreiche Erzeugnisse seiner Erkundigungskraft, seiner Technik und seiner Arbeit bereichert hat; ein Volk, das im friedlichen Werk wie auch in den Leiden des Krieges wahre Schätze an Mut, Disziplin und Organisation entfaltet hat. Das französische Volk weiß es voll zu würdigen, weil es auch weiß, was es heißt, schaffensfreudig zu sein, zu geben und zu leiden.

Worte des französischen Staatspräsidenten Mitterand in Berlin zum 50. Jahrestag des Kriegsendes über die deutschen Soldaten:
Sie waren tapfer. Sie nahmen den Verlust ihres Lebens hin, zwar für eine schlechte Sache. Aber ... ihre Heldentat hatte damit nichts zu tun. Sie liebten ihr Vaterland.

Helmut Schmidt, Altbundeskanzler, im Dezember 2001 in einem Gespräch mit Sandra Maischberger, in dem er auch auf den Kriegsdienst junger Deutscher im Zweiten Weltkrieg einging:
... andererseits erfüllten sie, ohne zu zweifeln, die Pflichten, die das Vaterland ihnen auferlegte. In diesem übertriebenen Pflichtbewusstsein steckte eine ganze Menge preußisches Erbe.«

Vorwort zu Kurt Zentners »Illustrierte Geschichte des Zweiten Weltkrieges« (Südwest Verlag, München 1975):
Denn für jeden, der den Krieg miterlebt hat, ist es nur eine persönliche glückliche Fügung des Schicksals, wenn er nicht zu den Abermillionen der Opfer gehörte: ... zu den Opfern des Vabanque-Spielers Adolf Hitler.«

Vorwort von Guido Knopp zu Sebastian Haffners, »Anmerkungen zu Hitler« (Verlagsgruppe Weltbild GmbH, Augsburg 2004):
... das war die Tragik der missbrauchten Wehrmacht ..., dass im Rücken der von ihr gehaltenen Front der Holocaust vollzogen werden konnte ...«

Anhang II

*Die Bayer-Werke, Leverkusen, im
Zweiten Weltkrieg*

Erst die wissenschaftliche Arbeit von Michael Pohlenz
(siehe Literaturverzeichnis) gab mir, neben der Erklärung für das Entstehung des Namens »Leverkusen«,
einen Überblick über die Entwicklung der Bayer-Werke
und die glücklichen Umstände, die im Zweiten Weltkrieg eine Zerstörung dieses Werkes durch die alliierten
Bombenangriffe verhindert haben.

Die Stadt Leverkusen wurde, ähnlich wie Wolfsburg,
erst im Zuge der Industrialisierung gegründet. Ein Che-
miker namens Carl Leverkus hatte 1860 seine Ultrama-
rinfabrik in die Gemeinde Wiesdorf, die Urzelle des
heutigen Leverkusen, verlegt. Dort nannte er sein eigenes Anwesen nach seinem bergischen Familienstamm-
sitz »Leverkusen«. Seine Söhne haben dann 1891 Fabrik, Grund und Boden an die »Farbenfabriken vorm.
Friedrich Bayer & Co. AG« verkauft.

Erst am 1. April 1930 hat die durch Eingemeindungen erheblich vergrößerte, 1921 zur Stadt erhobene
Gemeinde Wiesdorf den Namen »Leverkusen« ange-
nommen. Geprägt wurden die Bayer-Werke von
Anfang an durch die in den 60er Jahren des 19. Jahrhunderts aufgenommene Fabrikation von syntheti-
schen, aus Teer hergestellten Anilinfarbstoffen. Zuvor
konnten diese für die Textilindustrie unentbehrlichen

Farbstoffe nur auf pflanzlicher Grundlage gewonnen werden. Der hohe Bedarf an Anilinfarben führte letztendlich auch zum Aufstieg der deutschen chemischen Industrie. 1888 engagierten sich die Bayer-Werke auch im pharmazeutischen Bereich und entwickelten das erste Bayer-Präparat: das Fieber- und Schmerzmittel »Phenacetin«. Neun Jahre danach begann der Siegeszug des weltbekannten »Aspirin«.

Im Ersten Weltkrieg kam es 1916 zum Zusammenschluss der acht führenden deutschen Teerfarbenfabriken: Agfa, BASF, Bayer, Cassella, Hoechst, Kalle, Weiler-ter Meer und Griesheim Elektron. Am 9. Dezember 1925 gründeten diese Firmen die allseits bekannte I.G. Farbenindustrie AG. Den Verkauf der Phamazeutika konzentrierte man in Leverkusen, das auch Zentrum der Betriebsgemeinschaft Niederrhein mit den Werken Leverkusen, Elberfeld, Dormagen und Uerdingen wurde.

Trotz ihrer überragenden Bedeutung für die deutsche Wirtschaft haben die Bayer-Werke den Zweiten Weltkrieg mit vergleichsweise geringen Schäden und Beeinträchtigungen überstanden. Die Leitung des Werkes Leverkusen übernahm 1943 Dr. Ulrich Haberland. Nach Luftangriffen im Oktober ersuchte dieser bei den zuständigen Behörden um verstärkten Flakschutz.

34 Luftangriffe sind laut Zählungen des Werkluftschutzes auf die Leverkusener Bayer-Werke geflogen worden, ab 27. September 1944 nur noch am Tag, zuletzt am 2. März 1945. Amerikanische Archive verzeichnen jedoch nur 14 Angriffe. Die anderen 20 Bombardements fanden im Rahmen flächendeckender Großangriffe auf Köln, Düsseldorf und Städte des Ruhrgebietes statt, bei denen auch Leverkusen in Mitleidenschaft gezogen wurde.

Die Trefferquote der alliierten Piloten sei ausgesprochen schlecht gewesen, schreibt Michael Pohlenz. Bei einem der Anflüge hätten 23 englische Mosquito-Bomber 36 Tonnen Bomben abgeworfen. Hierbei wäre keine dieser Bomben auf Leverkusener Gebiet gefallen, lediglich eine Luftmine habe auf einem Acker zwei Pferde getötet! Bei einem weiteren Angriff amerikanischer Jagdbomber seien 93 Tonnen Bomben abgeworfen worden. In diesem Falle hätten nur vier Bomben das Bayer-Werk getroffen!

Durch zwei präzise Treffer, so führt Michael Pohlenz an einer anderen Stelle aus, hätten die Alliierten die gesamte Produktion der Chemiebetriebe ins Stocken bringen können. Getroffen wurden diese neuralgischen Punkte, zwei Transformatorenstationen, seltsamerweise jedoch nicht. Soweit Einschläge zu Produktionsverlusten führten, hätten die Schäden nach Michael Pohlenz innerhalb kurzer Zeit wieder behoben werden können.

Die viel zitierte »Stunde null« habe es daher in Leverkusen nicht gegeben. Die Ausfallquoten lagen in den Monaten März bis August 1944 unter 1 Prozent, stiegen im September auf 4 und im Oktober auf 12 Prozent. Im November und Dezember 1944 sanken die Ausfallzeiten wieder auf 8 bzw. 7,5 Prozent.

Michael Pohlenz verneint in der Zusammenfassung seiner Arbeit die Möglichkeit, dass die Bayer-Werke absichtlich geschont worden sein könnten. Ich persönlich, der ich die Treffsicherheit amerikanischer Jagdbomberpiloten aus eigener Anschauung kennen gelernt habe, möchte eine solche Möglichkeit aber nicht ausschließen. Für mich bleibt eine Intervention der amerikanischen Anteilseigner bei den alliierten Regierungen die einzige logische Erklärung für das Unvermögen der

Piloten, das kriegswichtige Bayer-Werk durch gezielte Bombenabwürfe lahm zu legen. Bereits 1945 soll sich eine US-Kommission bei einer Besichtigung des Bayer-Werkes über die geringe Schadenshöhe gewundert haben.

Wen die Alliierten mit ihren verheerenden Bombenangriffen treffen wollten, den haben sie auch getroffen! Das zeigt das Beispiel der Henschel-Werke in Kassel. Auch Henschel war schon vor dem Zweiten Weltkrieg ein weltbekanntes Unternehmen, international angesehen insbesondere durch den Lokomotivbau. Alle drei Betriebe dieser Firma, Kassel-Mitte mit Zentrale, Rothenditmold und Mittelfeld, lagen im Stadtgebiet. Ihre Anlagen wurden zu 80 Prozent zerstört. Mit 100 Mitarbeitern haben die Henschel-Werke nach Kriegsende wieder den Betrieb aufgenommen. Dort konnte man also durchaus von einer »Stunde null« sprechen!

In der Endphase des Zweiten Weltkriegs lag die Verteidigung des Ruhrgebiets in den Händen des Feldmarschalls Walter Model. Dieser und Rüstungsminister Albert Speer kamen u. a. bei einem Treffen im Ruhrgebiet am 24. März 1945 überein, den so genannten »Nero-Befehl« Hitlers vom 19. März 1945 nicht zu befolgen. So wurden dank Models Intervention die Bayer-Werke, Leverkusen, sowie die Munitions- und Sprengstoffwerke in Troisdorf bei Köln vor der Sprengung durch deutsche Truppen bewahrt (Walter Görlitz, a.a.O.).

Charles Whiting weiß in seinem Buch »Die Schlacht um den Ruhrkessel« zu berichten: »Ein deutscher General, der dem Feldmarschall in der Schlacht um den Ruhrkessel sehr nahe gestanden hat, Friedrich Wilhelm von Mellenthin, beschrieb Models Einstellung zum ›Verbrannte-Erde-Dekret‹ des ›Führers‹ so: ›Model wich nie vom Pfad der eisernen militärischen Disziplin ab, als echter Diener Deutschlands war er stets bestrebt, sinnlose Befehle zu umgehen und unnötige Verwüstungen zu vermeiden. Hitler hatte befohlen, jede Fabrik und jedes Bergwerk im Ruhrgebiet zu vernichten, doch Model beschränkte sich auf Zerstörungen rein militärischer Anlagen. Der Feldmarschall war entschlossen, das industrielle Zentrum Deutschlands zu erhalten, er ließ nicht mehr jedes einzelne Haus bis zum Letzten verteidigen und missachtete die Befehle, die der Führer in einem letzten Anfall von sinnloser Zerstörungswut erteilte.‹«

Anhang III

Episoden aus dem Kampf um den Ruhrkessel
Ende März 1945

Um den Ring um Models Truppen im Ruhrkessel im Norden zu schließen, »waren die Kolonnen von General Simpsons 9. US-Armee mit Höchstgeschwindigkeit unterwegs ... An der Spitze war General Whites 2. US-Panzerdivision, die so genannte ›Hölle auf Rädern‹ ... Mit ihren Panzern, Schützenpanzern, Panzerwagen, Sturmgeschützen, Lastwagen und erbeuteten deutschen Fahrzeugen (sogar Bulldozer waren dabei) war diese Kolonne über 115 Kilometer lang ... Die Division benötigte fast zwölf Stunden, um einen vorgegebenen Punkt zu passieren ... Ganz vorn lag das 82. US-Aufklärungsbataillon unter dem Kommando von Oberstleutnant Wheeler Merriam ... Am 28. März 1945, als seine leichten Panzer entlang eines Bahndammes ausgeschwärmt waren, ließ Merriam halten, um sich Klarheit über seine Position zu verschaffen.

Plötzlich hörte er den Pfiff einer Lokomotive, und ein deutscher Truppentransportzug, schwer mit Panzerfahrzeugen und Truppen beladen, fuhr direkt vor den Rohren seiner total verblüfften Panzerbesatzungen vorbei. Merriam, ebenso überrascht, stand so nahe, dass er ›die Barthaare der Männer auf dem Zuge erkennen konnte‹. Er und seine Leute starrten dem Zug ungläubig nach: Auf keiner Seite war auch nur ein einziger Schuss gefallen!

Doch seine Verblüffung war schnell überwunden. Merriam riss das Funkgerät an sich. Einige Kilometer westlich sah General White den Zug im selben Moment, als er Merriams Warnung über Funk hörte. Doch auch er reagierte nicht schnell genug.

Während er noch wie hypnotisiert dastand, hob der Militärpolizist, der die Truppen über das Gleis dirigierte, die Hand, stoppte die Kolonne der Fahrzeuge und ließ den Zug ungehindert vorüberrollen.

Da riss sich White endlich zusammen und schickte einen Funkbefehl zur 92. Feldartillerie. Einige Minuten später eröffnete diese das Feuer und schoss den Zug in zwei Teile. Der Truppenzug blieb plötzlich, sehr zur Überraschung der deutschen Soldaten stehen, denn sie hatten die Amerikaner keinesfalls schon so weit östlich vermutet. Sie hatten den Feind noch immer am Rhein geglaubt.

Widerstandslos ließen sie sich ins Kriegsgefangenenlager abführen. Zurück als Beute blieb der Zug, der Panzerabwehrkanonen und Feldhaubitzen geladen hatte. Als besonderes Prunkstück erbeuteten die Amerikaner aber ein 40,6-cm-L/50-Eisenbahngeschütz. Dieses Monstrum mit seinem 21 Meter langen Kanonenrohr war auch als ›Adolf‹-Kanone bekannt.«

Am 29. März 1945 sollte die 3. amerikanische Panzerdivision unter dem Kommando von General Rose von ihrem bisherigen Standort aufbrechen und die 160 Kilometer entfernte Stadt Paderborn einnehmen. Unterwegs entdeckten die Fahrer der langen Panzerkolonne ein Champagnerlager und waren daher bald sinnlos betrunken. Für die meisten Männer der amerikanischen Kampfgruppe schien das Vorrücken ein Riesenspaß, dagegen für den Feldmarschall Model bitterer Ernst. Er wollte eine Gegenoffensive einleiten. Der deutsche General Zangen unterrichtete den Feldmarschall in dessen Hauptquartier über das Vorrücken der 3. amerikanischen Panzerdivision.

Zuvor war General Zangen von seinen eigenen Truppen abgeschnitten worden und hatte sich mit 200 Fahrzeugen in einem Wald versteckt, um die amerikanischen Panzer vorbeiziehen zu lassen. Dann hatte er sich mit seiner Fahrzeugkolonne an den letzten amerikanischen Panzer angehängt und war dessen Schlusslicht gefolgt. Eingekeilt zwischen der vorderen Gruppe feindlicher Panzer und einer bald folgenden weiteren amerikanischen Panzereinheit fuhr General Zangen mit seinem 200 Fahrzeuge umfassenden Verband so einige Stunden lang zwischen den feindlichen Panzerkolonnen, ehe es ihm gelang, in der Nähe von Brilon auf eine Nebenstrecke abzubiegen und schließlich zum Hauptquartier des Feldmarschalls Model zu gelangen. Model soll dem Vernehmen nach ungläubig ausgerufen haben: »Sie sind da?«[*]

---

[*] Zit. nach Charles Whiting (Hsg.), Die Schlacht um den Ruhrkessel, Verlagsunion Erich Pabel-Arthur Moewig KG, Rastatt 1983, Seite 43 ff.

Literatur

Baque, James, Der geplante Tod. Deutsche Kriegsgefangene in amerikanischen und französischen
Lagern 1945–1946, Berlin 9. Auflage 2002

Barbier, M. K., Die Schlacht im Kursker Bogen. Die
größte Panzerschlacht der Geschichte,
Wien 2002

Berthold, Will, Die 42 Attentate auf Adolf Hitler,
München 1981

Dahms, Hellmuth Günther, Der spanische Bürger-
krieg 1936–1939, Tübingen 1962

Der Rhein, Landschaft – Geschichte – Kultur, Frei-
burg i. Br. 1973

Die Berichte des Oberkommandos der Wehrmacht
1939–1945, München-Köln 2004

Die schwere Flak, Dörfler Zeitgeschichte, Wölfers-
heim-Bersta

Duffy, Christopher, Friedrich der Große, Düsseldorf
2001

Fitzgibbon, Constantine, London brennt, Rastatt 1982

Flemming, Thomas; Steinhage, Axel; Strunk Peter,
Chronik 1945, Gütersloh 1988

Follet, Ken, Die Nadel, Augsburg 2004

Friedrich, Jörg, Brandstätten, Augsburg 2004

Friedrich, Jörg, Der Brand, München 2002

Fuchs, Peter, Köln – damals, gestern, heute, Köln 1998

Galland, Adolf, Die Ersten und die Letzten, München 1953

Görlitz, Walter, Model, der Feldmarschall und sein Endkampf an der Ruhr, München 1989

Haffner, Sebastian, Anmerkungen zu Hitler, Augsburg 2005

Hartau, Friedrich, Wilhelm II., Reinbek bei Hamburg 1978

Hartmann, Christian; Hürter, Johannes, Die letzten 100 Tage des Zweiten Weltkrieges, München 2005

Hellmold, Wilhelm, Die V1, Esslingen und München 1999

Homburg, Herfried, Kassel mit seiner Wilhelmshöhe, Kassel 1967/68

Ishoven, Armand van, Udet, des Teufels General, Bergisch-Gladbach 1980

Kampf ums Reich, Dokumentation, Rastatt 1994

Kreidler, Eugen, Die Eisenbahnen im Zweiten Weltkrieg, Hamburg 2001

Kurowski, Franz, Der Luftkrieg über Deutschland, Düsseldorf und Wien 1977

Lamb, Richard, Der verfehlte Frieden, Frankfurt und Berlin 1989

Leipzig, Dumont Extra, Köln 2003

Lucas, James, Handbuch der Wehrmacht 1939–1945, Wien 2001

Maegerlein, Heinz, Leipzig, so wie es war, Düsseldorf 1974

Mayer, Edgar; Mehner, Thomas, Das Geheimnis der deutschen Atombombe, Rottenburg 2001

Müller, Werner, Die leichte und die mittlere Flak 1906–1945, Wölfersheim 1999

O'Donnel, James; Bahnsen, Uwe, Die Katakombe. Das Ende in der Reichskanzlei, München 1975

Paus, P., Raketenbomben über England, Rastatt 1994

Pearson, Michael, Der plombierte Waggon. Lenins Weg aus dem Exil zur Macht, München 1990

Piekalkiewicz, Janusz, Der Zweite Weltkrieg, Düsseldorf und Wien 1985

Plievier, Theodor, Stalingrad, München

Pohlenz, Michael, Leverkusen und das Bayer-Werk in den Jahren 1944–1945, eingereicht als schriftliche Hausarbeit für die Magisterprüfung an der philosophischen Fakultät der Universität Köln, Köln 1981

Rheinische Kunststätten, Heft 418, Köln 1996

Riedel, Christoph, Eisenbahn im Sauerland. Schienenwege zwischen Ruhr und Sieg, München 1999

Ripley, Tim, Die deutschen Spezialeinheiten und ihre Waffensysteme, Klagenfurt 2004

Schieder, Theodor, Friedrich der Große, Berlin, Gütersloh 1983

Schmidt, Helmut, Hand aufs Herz, München 2001

Schnöring, Kurt, Die Wuppertaler Schwebebahn, Gudensberg-Gleichen 2002

Schramm, Percy E., Kriegstagebuch des OKW 1940–1945, Bonn 1964

Schulze, Ludger, Die Mannschaft. Die Geschichte der deutschen Fußball-Nationalmannschaft, München 1986

Taege, Herbert, Die Hitler-Jugend, Geschichte einer betrogenen Generation, Graz 2002

Többicke, Peter, Militärgeschichtlicher Reiseführer Hürtgenwald, Hamburg, Bonn, Berlin 2001

Tugwill, Maurice, Arnheim, der letzte deutsche Sieg im Zweiten Weltkrieg, München 1978

Waffen des Zweiten Weltkrieges, Enzyklopädie, Augsburg 2000

Wagner, Wilhelm J., Drittes Reich, Augsburg 2001

Whiting, Charles, Die Schlacht um den Ruhrkessel, Rastatt 1983

Winchester, Jim, Panzer 1939–1945, 2000

Zentner, Kurt, Illustrierte Geschichte des Zweiten Weltkrieges, München 1963

Dank

Dank gilt all denjenigen, die dazu beigetragen haben, durch Informationen mein Gedächtnis zu reaktivieren. Nach 60 Jahren verblasst manches. Andere Ereignisse dagegen erscheinen so deutlich vor meinen Augen, als wären sie gestern geschehen. Schwer tut man sich nach einer so langen Zeit vor allen Dingen mit der Angabe von Entfernungen, den damaligen Namen von Straßen, Plätzen und Gebäuden.

Unterstützt haben mich die Archivare der Städte Bergisch-Gladbach, Kassel und Lüdenscheid, die Herren Dr. Albert Esser, Frank-Roland Klauber und Dieter Saal. Anregungen gab Frau Waltraud Albertz von der Gemeindeverwaltung Odenthal, zu der auch die Ortschaft Voiswinkel im Bergischen Land gehört.

Neue Erkenntnisse vermittelten Daten, die mir Herr Michael Pohlenz vom Bereich Unternehmensgeschichte der Bayer-Werke in Leverkusen zur Verfügung stellte. Hilfreich waren auch die Informationen des Herrn Christoph Riedel über die ehemalige Flakkaserne Lüdenscheid im Stadtteil Buckesfeld.

Hier in Hersbruck oblag Frau Hella Sartorius und meiner Frau das Korrekturlesen. Marco Barth, Student der Wirtschaftsinformatik, stand mir ab Januar 2005 bei der Einarbeitung in die digitale Textverarbeitung zur Seite. Ohne seine Hilfe wäre das Ganze bis zu dem vom Verlag gewünschten Termin nicht zu schaffen gewesen.